जयशंकर प्रसाद

जयशंकर प्रसाद

नन्ददुलारे वाजपेयी

लोकभारती प्रकाशन

लोकभारती प्रकाशन
पहली मंजिल, दरबारी बिल्डिंग, महात्मा गाँधी मार्ग
प्रयागराज-211 001

वेबसाइट : www.lokbhartiprakashan.com
ईमेल : info@lokbhartiprakashan.com

शाखाएँ : 1-बी, नेताजी सुभाष मार्ग, दरियागंज
नयी दिल्ली-110 002
अशोक राजपथ, साइंस कॉलेज के सामने
पटना-800 006
1, अनमोल सोराबजी संतुक लेन, मरीन लाइंस
मुम्बई-400002

मूल्य : ₹ 400

प्रथम संस्करण : 1958
वर्तमान संस्करण : 2026

आस्था पेपर कन्वर्टर
प्रयागराज द्वारा मुद्रित

JAISHANKAR PRASAD
Edited by Nand Dulare Vajpai

ISBN : 978-81-8031-048-5

विषय-क्रम

भूमिका

मेरी यह पुस्तक प्रसादजी के संबंध में लिखे हुए विविध निबंधों का संग्रह है। ये निबंध भिन्न-भिन्न समयों पर लिखे गए थे और इनमें से कुछ तो प्राय: बीस वर्ष पूर्व के हैं। उस समय मैं साहित्य-क्षेत्र में आया ही था, इसलिए एक आरंभिक लेखक का कच्चापन भी, संभव है, इनमें से कुछ निबंधों में मिले। मैंने दो-चार वाक्य इधर-उधर घटा-बढ़ा देने के अतिरिक्त शेष सब ज्यों-का-त्यों रहने दिया है। इससे पाठक मेरे समीक्षा-संबंधी उद्योगों को मूल रूप में ही देख सकेंगे। इन निबंधों को लिखते समय इन्हें किसी क्रमबद्ध पुस्तक का आकार देने की कल्पना नहीं थी। इसलिए पुस्तक-रूप में ये निबंध कुछ अपूर्ण भी मालूम दें, तो आश्चर्य नहीं (यद्यपि इनका एक सिलसिला स्थापित करने की चेष्टा की गई है)। प्रसादजी के संपूर्ण साहित्य का विवरण-सहित हवाला देना, इन निबंधों में मेरा उद्देश्य नहीं रहा। इनमें तो प्रसादजी की मनोभावना और चिन्ताधारा के विकास तथा उन्हें कलात्मक स्वरूप देने के उनके मुख्य प्रयासों की ही चर्चा की गई है। कहीं-कहीं यह चर्चा आनुषंगिक रूप में ही हो पाई है और कहीं-कहीं संकेतमात्र बनकर रह गई है। किसी प्रशस्त लेखक की तरह विषय को विस्तार के साथ समझाने और उसे पूरा-पूरा उद्‌घाटित करने का प्रयास नहीं किया गया (यदि ऐसा होता, तो यह पुस्तक अब की अपेक्षा दूने-तिगुने आकार की हो जाती)। मैं साहित्य में रचनाकार की अंत:प्रेरणा का अनुसंधान करने तथा उसके कलात्मक स्वरूप का परिचय देने में ही व्यस्त रहा हूँ। इसी के साथ-साथ संक्षेप में वाह्य स्थितियों का दिग्दर्शन करा देना और उन पर रचनाकार की प्रतिक्रिया दिखा देना बस समझता हूँ। फलत: मुझे विस्तार में जाने की आदत नहीं है। रचयिता की चुनी हुई विशेषताओं और प्रवृत्तियों का यथासंभव थोड़े में उल्लेख कर देना मेरे लिए पर्याप्त है। इसलिए यत्र-तत्र इंगित-शैली से काम लिया गया है। हाँ, यह चेष्टा अवश्य रही है कि विवेचित व्यक्ति या वस्तु के स्वरूप-विषयक कोई मुख्य बात छूटने न पावे। इतना ही कर सकना मैं अपने लिए बहुत मानता हूँ। अपनी असमर्थता का इजहार पाठकों के सम्मुख इसलिए करना पड़ रहा है कि वे इस पुस्तक में यत्र-तत्र सूत्र रूप से कही गई बातों को अपनी पैनी दृष्टि से पकड़ने की चेष्टा करें और साथ ही व्यास-शैली में बड़ा पोथा न लिख सकने की मेरी अक्षमता को क्षमा कर दें। आशा है, मेरा यह आत्मनिवेदन सफल होगा और अभ्यर्थना व्यर्थ न जायेगी।

इस पुस्तक में मैंने प्रसादजी की साहित्यिक प्रगति को अपने ढंग से समझने की चेष्टा की है। प्रसादजी एक नए साहित्य-युग के निर्माता ही नहीं हैं, एक नई रचना-शैली और नव्य दर्शन के उद्‌भावक भी हैं। उनमें अपने युग की प्रगतिशीलता प्रचुर मात्रा में पाई जाती है। यही नहीं, वे एक बड़ी हद तक भविष्यद्रष्टा और आगम के विधायक कलाकार हैं। सभी महान् साहित्यकारों की भाँति उन्होंने अपने युग की प्रगतिशील शक्तियों को पहचाना और उन्हें

अभिव्यक्ति दी। सामाजिक और सांस्कृतिक उत्थान सदैव नीचे स्तरों से होता है, इसलिए प्रसादजी ने बहिष्कृतों, अपाहिजों और विशेषकर अबलाओं का साथ दिया। प्रसादजी कोरी भावुकता में डूबने वाले व्यक्ति नहीं थे, वे एक सजग द्रष्टा, लक्ष्य और उपाय-निरूपक स्मृतिकार भी थे। कलाकार की हैसियत से उन्होंने उदात्त और शक्तिशाली भावनाओं तथा जीवनमय चरित्रों का निर्माण किया है। प्रातःकालीन स्वच्छ वनवायु की भाँति, प्रथम यौवन की मधुर कल्पना की भाँति, उन्होंने साहित्य में अपना आगम जनाया और क्रमशः गहनतर और उच्चतर भूमि पर पहुँचते गए। यदि वे 'कामायनी' में उच्चतम अध्यात्म की झलक दिखाते हैं, तो वह भी जीवन की सर्वदिक् अनुभूतियों के अंतराल से प्रकट हुए निष्कर्ष के रूप में। वह किसी कोरे स्वप्नद्रष्टा की काल्पनिक या अंधाधुन्ध उड़ान नहीं है। प्रसादजी की सचेत और जीवन से जुड़ी हुई रचनात्मकता की प्रतिष्ठा सबसे पहले होनी चाहिए।

एक महाशय ने कह दिया कि प्रसादजी तो बाबा आदम के जमाने के चरित्रों को अपने नाटकों में रखते हैं—गड़े मुर्दे उखाड़ते हैं, तो दूसरे महाशय नई भाषा में कहने लगे—प्रसादजी तो 'एस्केपिस्ट' हैं, जीवन से भागते हैं। एक तीसरे महाशय रहस्यवाद के नाम से ही इतने घबड़ा उठे कि प्रसादजी का सारा रहस्यवाद उन्हें रूढ़िवाद जँचने लगा। एक चौथे महाशय कुछ इधर-उधर की टोह लगाकर कहने लगे—प्रसादजी के साहित्य में मध्यकालीन विलास और खुमारी ही मिलती है। बस समालोचनाओं का ताँता इसी तरह बँध गया और लोग मनमानी हाँकने लगे। जिन्हें छायावाद की नई प्रगति का पृष्ठपोषक समझा जाता था, वे समीक्षा के नाम पर बिल्कुल कोरे थे। वे समीक्षक नामधारी अपना स्वतंत्र गद्यकाव्य लिखने में लगे हुए थे, जिसे वे अपनी 'मर्मज्ञता' के कारण समीक्षा समझने लगे थे और पाठकों का भावुक दल उन्हें समीक्षक कहकर पुकारने भी लगा था। ऐसी स्थिति में प्रसादजी के साहित्य का ठीक-ठीक सत्कार कैसे होता?

ऐसी ही स्थिति में मेरे ये निबन्ध लिखे गए हैं। इनमें मैंने यह दिखाने की चेष्टा की है कि प्रसादजी का साहित्य सच्चे अर्थ में नवीन जीवन से संबद्ध है और वह आधुनिक समस्याओं को प्रतिबिंबित करता है। वह साम्प्रतिक जीवन का उन्नायक है। उनका नाटक-साहित्य इतिहास और 'रोमान्स' के भीतर से नई सांस्कृतिक जागृति में सहायक हुआ है। यह बात साहित्य के विद्यार्थियों से छिपी नहीं है कि पश्चिमी सांस्कृतिक उत्थान के प्रभातकाल में ऐसी ही प्रवृत्तियाँ साहित्य में दिखाई दी थीं। प्रसाद की आख्यायिकाएँ या छोटी कहानियाँ कोमल, कल्पना-विशिष्ट, किन्तु उत्थानमूलक भावनाओं से भरी पड़ी हैं। उनके दो उपन्यासों में एक (कंकाल) रूढ़िबद्ध जाति-प्रतिष्ठा के विरुद्ध और दूसरा (तितली) उच्चवर्गीयता के विरुद्ध आन्दोलन करता है। तितली के नायक और नायिका दोनों ही श्रमिकवर्ग के हैं और यद्यपि वे कम्यूनिस्ट लेखकों के इस श्रेणी के चरित्रों की भाँति कर्कश, संघर्षमय और घृणाभिभूत नहीं हैं, फिर भी अपनी वास्तविकता से रिक्त नहीं हैं और भारतीय श्रमिक की संस्कारी भावनाओं से युक्त हैं। और प्रसादजी का काव्य, चाहे उसे छायावाद कहिए या रहस्यवाद, मानवीय भूमि पर ही खड़ा हुआ है। अपने काव्य के लिए जो कतिपय दार्शनिक उद्भावनाएँ उन्होंने की हैं, उनसे यह आभास मिल जाता है कि प्रसादजी शक्ति और आनन्द की ऊँची मानसिक अभिव्यक्ति को ही काव्य का प्रमुख लक्षण मानते हैं। मैं यह नहीं कहता

कि प्रसादजी की रचनाओं में कहीं मानसिक शैथिल्य, खुमारी या ऐन्द्रिय विकार हैं ही नहीं, कतिपय क्षणों में उन्होंने जीवन-संघर्ष के प्रति भीरुता या पलायन का भाव भी प्रकट किया होगा; किन्तु उन्हें हम अपवाद-स्वरूप ही मान सकेंगे।

अवश्य प्रसादजी का साहित्य 'रोमैन्टिक' या कल्पना-प्रधान श्रेणी में रक्खा जायेगा; किन्तु रोमान्स के अंतर्गत प्रगतिशील साहित्य भी आ सकता है और ह्रासशील भी। रोमैन्टिक नाम से ही कुछ-का-कुछ समझ बैठना ठीक नहीं। हमें साहित्य की परीक्षा उसमें निहित मनोभावना से ही करनी होगी। जो प्रगतिशील महानुभाव केवल ऊपरी दृष्टि से जीवन और साहित्य का ऐक्य देखना चाहते हैं, जो साहित्य की भावनात्मक गहराई में नहीं पैठना चाहते, जिनके लिए साहित्यिक प्रगति की पराकाष्ठा 'लाल तारा' तक पहुँचकर रह गई है और जो स्वभावतः 'रोमान्स' नाम से नफरत करने लगे हैं, उन्हें चाहिए कि साहित्य की सात्त्विक भूमि छोड़कर राजनीतिक गुटबन्दी के भीतर ही अपने विचारों का आदान-प्रदान किया करें।

यहाँ मैं उन असाहित्यिक प्रगतिवादियों के लिए उन्हीं के एक गुरुदेव की सम्मति का कुछ अंश उद्धृत करूँगा, जो उन्होंने एक शताब्दी पूर्व के रोमान्सवादी कवि 'स्काट' के सम्बन्ध में प्रकट की थी। उनके गुरुदेव महाशय हैवलक एलिस लिखते हैं :—

"Scott's work is the outcome of a rich and generous personality endowed with an eager imaginative receptivity. When he first came he brought into the world what was, in effect, with all its imperfections, a new vision of the panorama of human life on earth. It has ceased to thrill us by its novelty. But when it appeared, it appealed mightily to grown men and women and influenced the course of literature everywhere. Half a century ago it was still a paradise for the young. And now? Well, it remains a source of joy if you have the fine thirst do drink there.

Today I view Scott with more balanced judgment. His faults were many and his inequalities disconcerting; but the same may be said, I find, of the very different virtues and vices of the most modern men, D.H. Lawrence or whom you will."

यह तो हुई 'स्काट' की बात। प्रसादजी तो उसकी अपेक्षा बहुत आधुनिक हैं। वे कोरमकोर रोमान्सवादी भी नहीं, वे रहस्यवाद के ऊँचे समतल पर पहुँचते हैं और सबलतर भावना की सृष्टि करते हैं। मैं तो 'अध्यात्म' शब्द से नहीं घबड़ाता, क्योंकि मैंने 'अध्यात्म' का लेबल लगा हुआ उच्च काव्य पढ़ा है, किन्तु जो इस नाम से ही इसे जीवन के बाहर की वस्तु समझ लिया करते हैं, उनके आश्वासन के लिए मैंने कहा है कि प्रसादजी का रहस्यवाद अथवा उनकी आध्यात्मिक अनुभूति मानव-जीवन-व्यापार की नींव पर ही खड़ी है। आप नींव भी देख सकते हैं और प्रासाद भी। प्रसादजी ने अपने काव्य की मानवीय नींव इसलिए स्पष्ट रूप में दिखाई है कि आध्यात्मिक उच्च भावना का व्यावहारिक या संसारी पहलू भी हम देख लें। बिना इसे देखे आज के पाठक को शायद सन्तोष न हो।

ऊपर मैंने प्रसादजी के काव्य की मानवीय नींव की बात कही है। आजकल जहाँ देखिए, वहाँ मानवीय शब्द की भरमार हो रही है। सभी अपने काव्य को मानवीय करार देना चाहते हैं। फलतः 'मानवीय' शब्द इतना अनेकार्थी हो गया है कि उसे निरर्थक भी कह सकते हैं। बहुत-से लोग मैथिलीशरणजी के काव्य में मानवता का निरूपण देखते हैं। अवश्य, उसे हम अमानवीय नहीं कह सकते; पर वह एक प्रकार की आश्रमवासिनी मानवता है। आश्रमवासी की सारी पवित्रता और सम्पूर्ण सरलता उसमें है; किन्तु उनका काव्य आधुनिक जीवनव्यापी संघर्ष से अनाक्रान्त और अपरिचित है। वे आज के साहित्यिक को उपदेश देते हैं कि वह दीन-दुखियों का कष्ट देखे और उसका प्रदर्शन काव्य में करे। गुप्तजी शायद इस बात से सुपरिचित नहीं कि आज के साहित्यिक कर क्या रहे हैं। वे एक युग पहले का मध्यवर्गीय सन्तोष हमें सिखाते हैं, उन्हें आज की आग का अंदाज नहीं है।

गुप्तजी की मानवता और उसकी समस्त भावना और संस्कारों से भिन्न प्रसादजी की मानव-कल्पना है। प्रसादजी दार्शनिक और भावनात्मक दृष्टियों से मानव को जीवन-संघर्ष के लिए उद्यत कर देते हैं। वे कहीं कृत्रिम सन्तोष का पाठ नहीं पढ़ाते। प्रसादजी नारी और पुरुष को समता और सहकारिता के सूत्र में बाँधकर एक संगठित मोर्चा तैयार करते हैं (उनकी आख्यायिकाओं में यह सूत्र हमें मिलता है और 'तितली' में मोर्चा तैयार है)। प्रसादजी का मानव, धर्म की रूढ़ियों से छूटकर, आत्मा की अमरता की सीख लेता है और खुली आँखों सांसारिक स्थिति को देखता है। व्यक्तिगत सुख-दुःख से ऊपर उठानेवाली आध्यात्मिकता और रहस्यभावना का प्रयोग जीवन से पराङ्मुख करने का साधन क्यों माना जाय? गीता में यही निरूपण अर्जुन को महाभारत के संघर्ष के लिए तैयार कर सका था।

जो लोग दुःख और अभाव की समस्या का वैज्ञानिक समाधान चाहते हैं, वे इस आध्यात्मिक हल को कोई हल नहीं मानते। वे प्रत्यक्ष तथ्यवादी (प्राजिटिविस्ट्स) उल्टा इसे असली प्रगतिशील समाधान को दूर घसीटने वाला करार देते हैं। असली प्रगतिशील समाधान है ९० प्रतिशत समस्याओं के लिए वर्गसंघर्ष और क्रान्ति, सामाजिक विधि-निषेधों का परित्याग और नवीन प्रयोग। प्रसादजी का रहस्यवाद, चाहे उसे 'आँसू' के पद्यों में देखिए, अथवा 'कामायनी' के अंतिम सर्ग में, मानसिक संतुलन के रूप में प्रयुक्त हुआ है। गीता में भी रहस्यवाद या आध्यात्मिक समाधान सांसारिक द्वंद्व का प्रेरक ही सिद्ध हुआ है। हमें किसी वस्तु से न चिढ़कर उसके प्रयोग की परीक्षा कर देखनी चाहिए। तभी हम रचनाकार का ठीक उद्देश्य समझ सकेंगे।

रचनाकार की सम-सामयिक स्थिति से भी हमें अपरिचित नहीं रहना चाहिए। प्रसादजी मुख्यतः साम्य, सख्य और स्वातंत्र्य (equality, fraternity and liberty) के कल्पनाशील आदर्शवाद से अनुप्रेरित थे। फिर भी उन्होंने एक भविष्यद्रष्टा की भाँति आगामी वर्ग-संघर्ष का आभास दिया है। उन्होंने एक कल्पनाप्रवण, सहानुभूतिशील और अग्रगामी मध्यवर्ग के चित्रण से आरंभ कर श्रमिक दंपति के चरित्र-निर्माण तक अपना कथानक-साहित्य पहुँचा दिया है। कामायनी काव्य में उन्होंने एकांगी भौतिक प्रगति और संघर्ष का विरोध अवश्य किया है; किन्तु इस सम्बन्ध में हमें आगे कुछ और कहना है। यहाँ इतना ही कहेंगे कि प्रसादजी

कम्यूनिस्ट उपचारों को कट्टरपन के साथ ग्रहण नहीं करते; किन्तु अपने युग की प्रगति में वे पिछड़े हुए नहीं थे।

इस प्रश्न को इस हद तक बढ़ाना इसलिए आवश्यक था कि आजकल 'रोमान्स' और 'रहस्यवाद' का नाम देकर प्रसादजी के साहित्य के प्रति विरक्ति उत्पन्न की जाती है। यह विरक्ति अस्पृश्यता की सीमा तक पहुँच जाती है और हम प्रसादजी का वास्तविक ऐतिहासिक मूल्य आँकने से भी विरत रह जाते हैं। कुछ लोग तो साहित्यिक और कलात्मक उत्कर्ष की ओर ध्यान न देकर, जीवनमय चरित्रों के निर्माण से बहुत दूर रहनेवाले लीकपीटक संघर्षवादी को साहित्य-शिरोमणि करार देने लगे हैं। ये लोग अपने को साहित्य और जीवन का समन्वयकारी समझते हैं; किन्तु इन्हें यह पता नहीं कि साहित्य में जीवन केवल कुछ सैद्धान्तिक नुस्खों और कुछ चुने-चुनाए वाक्यांशों को नहीं कहते, उसकी और भी गहरी सत्ता है। न इन लोगों को यही मालूम है कि साहित्य के भीतर प्रगतिशील जीवन की सृष्टि कैसे की जाय। राजनीतिक प्रगतिशीलता का काम नुस्खों से चल सकता है; पर साहित्यिक प्रगतिशीलता जीवन की गहराई में बिना प्रवेश किए नहीं आती। फल यह होता है कि राजनीतिक सिद्धान्तवादी अपने नपे-तुले नुस्खे न देखकर प्रौढ़, जीवनमय साहित्य का निर्माण करनेवाले साहित्यिकों के प्रति नाक-भौंह सिकोड़ लेते हैं और इस प्रकार साहित्य में जीवन के सन्निवेश की समस्या को गहरी गलतफहमियों में डुबो देते हैं।

कला और साहित्य में प्रगतिशील निर्माण की समस्या उस प्रगतिशीलता से बिल्कुल भिन्न है, जिसे हम एक नवीन दार्शनिक सिद्धान्त या उपचार के रूप में जानते हैं। दोनों को एक ही लाठी से नहीं हाँका जा सकता। साहित्य में जीवन की वास्तविक रचना करनी होती है, अतः उसकी प्रगतिशीलता की माप जीवन-निर्माण की सफलता के आधार पर होगी। साहित्य में प्रगतिशीलता का स्वरूप सिद्धान्त-निरूपण और नपे-तुले हलों द्वारा नहीं जाना जायेगा। उसमें तो भावना का उद्रेक, उच्छ्वास, परिष्कृति और प्रेरकता ही मुख्य मापदंड होगी। जीती-जागती बहुरूप जीवन-परिस्थिति का प्रदर्शन उसके लिए आवश्यक है। साहित्यकार बाध्य नहीं है कि वह प्रगतिशील नामधारी एक दार्शनिक उपक्रम का अनुगामी हो। यदि उसने पतनोन्मुख समाज के जीवंत चित्र हमारे सामने उपस्थित किए हैं और यदि वे अपना ईप्सित प्रभाव हम पर छोड़ जाते हैं, तो हम उस कलाकार को अप्रगतिशील नहीं कहेंगे।

प्रसादजी तो विकासशील और उदार सामाजिक प्रवृत्तियों के निरूपक हैं। उनकी साहित्य-सृष्टि एक आशावादी और स्वातन्त्र्य-प्रेमी युग की प्रतिनिधि है। साहित्यिक अर्थ में उनका साहित्य सर्वथा प्रगतिशील है।

मैथिलीशरणजी जिस पूर्व युग के प्रतिनिधि हैं, उससे भिन्न युग की काव्य-सृष्टि प्रसादजी की है, इस बात की पुष्टि के लिए दोनों की दो-चार चुनी हुई रचनाओं की बानगी देख लेना आवश्यक होगा। गुप्तजी की प्रतिनिधि रचनाओं का चुनाव श्री डा० अमरनाथ झा ने एक स्थान पर दिया है, इससे हमारा काम और भी सरल हो गया है। गुप्तजी की शैली का विकास उन्होंने इन उद्धरणों में दिखाया है—

अहा, ग्राम्यजीवन भी क्या है!
क्यों न इसे सबका मन चाहे।
थोड़े में निर्वाह यहां है,
ऐसी सुविधा और कहां है।
* * *

वे मोह-बन्धन-मुक्त थे,
स्वच्छन्द थे, स्वाधीन थे।
संपूर्ण सुख संयुक्त थे,
वे शान्ति शिखरासीन थे।
मन से, वचन से, कर्म से
वे प्रभु भजन में लीन थे।
विख्यात ब्रह्मानन्द नद के,
वे मनोहर मीन थे।
* * *

ये गगनचुंबित महा प्रासाद,
मौन साधे हैं खड़े सविषाद।
शिल्प कौशल के सजीव प्रमाण,
शाप से किसके हुए पाषाण!
या अड़े हैं मेटने को आधि,
आत्मचिन्तन रत अचल समाधि।
किरणचूड़ गवाक्ष लोचन मींच,
प्राण से ब्रह्माण्ड में निज खींच।
* * *

प्रिय क्या भेंट धरूँगी मैं
यह नश्वर तनु लेकर कैसे,
स्वागत सिद्ध करूँगी मैं।
नश्वर तनु पर धूल किन्तु,
हां उन्हीं पदों की धूल
कर्मबीज जो रहे मूल में
उनके सब फल-फूल,
अर्पण तुम्हें करूँगी मैं,
प्रिय क्या भेंट धरूँगी मैं।
* * *

अब यदि इन्हें हम औसत तौर पर गुप्तजी की प्रतिनिधि रचना मान लें, तो हम देखेंगे कि इनमें एक विनयपूर्ण सीधा-सादा आदर्शवाद, जिसमें आरम्भिक राष्ट्रीयता का मीठा-मीठा

स्पन्दन है, कल्पना की ऊँची उड़ानों से रहित अनुभूति, द्वंद्वरहित भाव और एकहरी अभिव्यक्ति है। इसमें किसी जीवनतत्त्व का वैषम्य, आलोड़न-विलोड़न, संशय और तज्जनित भावोत्कर्ष आयोजित नहीं है। सीधा रास्ता, सीधी समस्या और सीधा समाधान; किन्तु जैसा कि मैं कह चुका हूँ, यह सिधाई आश्रमवासिनी सिधाई है। जहाँ तक मैं समझ पाया हूँ, प्रेमचन्दजी की भी सफलता इसी प्रकार की सीधी समस्याओं के समाधान में है, जो छोटी कहानियों में समा सकी हैं। कहानियों के निर्माण में साधारण उत्थान-पतन, भावों का आरोह-अवरोह, स्थितियों का वैचित्र्य दिखा सकना, ये प्राथमिक सफलताएँ उनकी हैं। बड़े जीवन-चक्रों को हाथ में लेना; पेचीदा भाव-धाराओं और सांस्कृतिक परिवर्तन के फलस्वरूप उठी हुई जटिल समस्याओं का निरूपण करना; व्यक्ति, देश और जाति के जीवन के वृहद् छाया-आलोकों को उद्‌घाटित कर सकना; सारांश यह कि जीवन के गहरे और बहुमुखी घात-प्रतिघातों और विस्तृत जीवन-दशाओं में पद-पद पर आनेवाले उद्वेलनों को चित्रित करना, उन्हें सँभालना और अपनी कला में उन सबको सजीव करना गुप्त और प्रेमचन्द की साहित्य-सीमा के बाहर है। प्रसादजी की अनुभूति तथा सूझ अधिक गहरी और उनकी कलात्मक प्रतिभा अधिक ऊँची अवश्य है, यद्यपि मैं यह नहीं कहता कि उन्होंने युगजीवन के उद्‌घाटन में सम्पूर्ण सफलता प्राप्त की है।

प्रसाद की रचनाओं से भी मैं चार ही पाँच उद्धरण दूँगा—

वे कुछ दिन कितने सुन्दर थे,
जब सावन-घन सघन बरसते
इन नयनों की छाया भर थे।
***　　*　　***

अरुण यह मधुमय देश हमारा।
जहां पहुँच अनजान क्षितिज को
मिलता एक सहारा।
सरस तामरस-गर्भ-विभा पर
नाच रही तरुशिखा मनोहर,
छिटका जीवन हरियाली पर
मंगल कुंकुम सारा।
***　　*　　***

तुम कनक किरण के अंतराल में
लुक छिप कर चलते हो क्यों?
नत मस्तक गर्व वहन करते
जीवन के घन रसकन ढलते।
हे लाज भरे सौन्दर्य बता दो
मौन बने रहते हो क्यों?
***　　*　　***

वह सारस्वत नगर पड़ा था
क्षुब्ध मलिन कुछ मौन बना।
जिसके ऊपर विगत कर्म का,
विष-विषाद आवरण तना।
उल्काधारी प्रहरी-से ग्रह
तारा नभ में टहल रहे।
वसुधा पर यह होता क्या है,
अणु-अणु क्यों हैं मचल रहे।
निशिचारी भीषण विचार के
पंख भर रहे सर्राटे।
सरस्वती थी चली जा रही
खींच रही थी सन्नाटे।

* * *

मैं रति की प्रतिकृति लज्जा हूँ
मैं शालीनता सिखाती हूँ।
मतवाली सुन्दरता पग में,
नूपुर-सी लिपट मनाती हूँ।
लाली बन सरल कपोलों में,
आंखों में अंजन-सी लगती।
कुंचित अलकों-सी घुंघराली,
मन की मरोर बन कर जगती।
चंचल किशोर सुन्दरता की,
मैं करती रहती रखवाली।
मैं वह हलकी-सी मसलन हूँ
जो बनती कानों की लाली।

ये प्रसादजी की औसत रचना के उदाहरण हैं और गुप्तजी के उद्‌धृत अवतरणों से मिलते-जुलते विषयों पर चुने गए हैं। पाठक देखेंगे कि इनमें एक नई कल्पनाशीलता, नूतन जागरूक चेतना, मानसवृत्तियों की सूक्ष्मतर और प्रौढ़तर पकड़, एक विलक्षण अवसाद, विस्मय, संशय और कौतूहल, जो नई चिन्तना का सूक्ष्म प्रभाव है, प्रकट हो रहा है। ये ही काव्य में छायावाद के उपकरण बनकर आए। इस नवीन प्रवर्तन के मूल में एक स्वातंत्र्य लालसा, शक्ति की अभिज्ञता और सांस्कृतिक द्वंद्व की एक अनिर्दिष्ट स्थिति देख पड़ती है। ये सभी एक कल्पनाविशिष्ट दर्शन के अंग बने हुए हैं, जिसमें बड़ी व्यापक सहानुभूतियाँ हैं। इस नवीन दर्शन में कल्पना, भावना और कर्मचेतना की सम्मिलित झाँकी है। इसे अकेले कर्म संघर्ष से सम्भूत दर्शन हम नहीं कह सकते। यह उसका पूर्वरंग अवश्य कहा जायेगा। इसमें कल्पनात्मक और भावनात्मक प्रवृत्तियों को प्रमुखता दी गई है। कामायनी काव्य में इड़ा

के प्रतीक-द्वारा जिस संघर्ष-प्रधान, कर्मप्रमुख जीवन-उपक्रम का प्रदर्शन कराया गया है, उसकी पूर्ण स्वीकृति न तो कामायनी में है और न छायावाद-काव्य में ही। किन्तु गुप्तजी की ऐकान्तिक आदर्शवादिता और सीधी-सादी भाव-व्यंजना से कई कदम आगे वह अवश्य है।

इस छायावाद को हम पंडित रामचन्द्र शुक्लजी के कथनानुसार केवल अभिव्यक्ति की एक लाक्षणिक प्रणाली-विशेष नहीं मान सकेंगे। इसमें एक नूतन सांस्कृतिक मनोभावना का उद्‌गम है और एक स्वतंत्र दर्शन की नियोजना भी। पूर्ववर्ती काव्य से इसका स्पष्टतः पृथक् अस्तित्व और गहराई है।

प्रसादजी के साहित्य की दार्शनिक सीमा-रेखा और भी स्पष्ट हो जाय, इस दृष्टि से कामायनी-काव्य में आए हुए श्रद्धा और इड़ा के प्रतीकों को नए सिरे से आपके सम्मुख रखना चाहूँगा। कामायनी-काव्य में दो पीढ़ियों के चार चरित्र हैं। पहली पीढ़ी मनु और श्रद्धा की है, जो काव्य के नायक-नायिका हैं और दूसरी पीढ़ी श्रद्धा-पुत्र और इड़ा की जोड़ी बनकर चलती है। इन दोनों पीढ़ियों में कुछ हद तक खींच-तान भी है। मनु को सारस्वत या बौद्ध-प्रदेश का पुनरुत्थान करने में लगाकर फिर उसके दुष्परिणामों से उन्हें अभिभूत कर दिया जाता है; प्रसादजी अपने काव्य का अधिनायकत्व श्रद्धात्यागी और इड़ासेवी मनु को नहीं देते, वे उसे रास्ते पर लाते हैं। फिर दूसरी पीढ़ी में उनकी संतति भी श्रद्धा और बुद्धि के सम्मिलित योग से नवीन जीवनक्रम चलाती है।

वन्य या ग्राम्य-जीवन से आरम्भ होकर कामायनी-काव्य की प्रगति नागरिक सभ्यता और नवीन औद्योगिक आयोजनों तक होती है। प्रसादजी यद्यपि यह स्वाभाविक विकास दिखाने में अपनी सूक्ष्म प्रतिभा का परिचय देते हैं; किन्तु वे औद्योगिक संघर्ष को यथार्थ और अनिवार्य रूप में नहीं लेते। वे उससे उत्पन्न होनेवाले द्वंद्व का समाधान करने के लिए श्रद्धा-पुत्र को छोड़ जाते हैं, इससे स्पष्ट है कि वे श्रद्धा और बुद्धि दो वस्तुओं के संतुलन में इस समस्या का समाधान देखते हैं।

मैंने कामायनी की आलोचना में यह दिखाने की चेष्टा की है कि उनकी दृष्टि समन्वय चाहती है, और वे संघर्षात्मक जीवन-दर्शन के अनुयायी नहीं हैं। अब मेरे सहृदय और विचक्षण काव्य-पारखी मित्र श्री इलाचन्द्र जोशी श्रद्धा और इड़ा के प्रतीकों द्वारा व्यंजित दो जीवन-दृष्टियों को विरोधी शिविरों में रखते हैं और श्रद्धा को 'अतिशय कल्याणीया, अनन्त करुणामयी, मंगल-अभिषेकमयी' आदि कहकर ग्रहण करते हैं और इड़ा को 'उन्मत्त-लालसा-प्रज्वालिनी, अनन्त-अतृप्ति-दायिनी' आदि रूपों में देखते हैं; किन्तु इसी 'उन्मत्त-लालसा-प्रज्वालिनी' को मनु अपने पुत्ररत्न की सहचरी बनाते हैं। स्पष्ट है कि प्रसादजी सभ्यता के इस बुद्धिवादी विकास को लांछित नहीं करते, न उसकी वास्तविकता से आँखें मूँदते हैं; किन्तु वे एक समन्वय-सूत्र हमारे सामने रखना चाहते हैं।

इस सम्बन्ध में मुझे अपने मित्र, हिन्दी के सुपठित मनोविश्लेषक और काव्यालोचक श्री नरोत्तमप्रसाद नागर की उद्‌भावना अधिक उपयुक्त प्रतीत हुई। वे पूछते हैं, श्रद्धा करुणामयी कहाँ है—जब कि वह इतनी असहनशील है? इड़ा यदि नारी होने के कारण ही उन्मत्त-लालसा-प्रज्वालिनी हो, तो इसमें उसका क्या दोष? और श्रद्धा का भी यही स्वरूप (बल्कि

इससे अधिक उन्मत्त लालसामय) पुस्तक के प्रारम्भिक सर्गों में देखा जा सकता है। इड़ा तो मनु को सच्छिक्षा ही देती है, उस बेचारी का अपराध क्या है?

मनु और इड़ा के सम्बन्ध को प्रसादजी ने मनुपुत्र और इड़ा के सम्बन्ध में परिणत कर दिया है। इससे इड़ा का त्याग नहीं, ग्रहण ही सिद्ध होता है। हाँ, प्रसादजी का मनु को श्रद्धा के साथ एकान्त मानस-प्रदेश की ओर ले जाना और वहाँ भाँति-भाँति के दृश्यों के बीच 'कर्म', 'भावना' और 'चेतना' के तीन गोलक दिखाना तथा उनके वैषम्य को मिटाकर उन्हें समन्वित कर देना प्रसादजी के समन्वयवाद का द्योतक है। वैज्ञानिक प्रगतिवाद की दृष्टि से प्रसादजी यहीं प्रवृत्तिमूलक वैज्ञानिक और बौद्धिक विचारधारा से पृथक् हो गए हैं; किन्तु मेरा यह कहना है कि बुद्धि की अति और उसके अवश्यम्भावी विकारों का ही प्रतिषेध प्रसादजी ने किया है और यह उनकी मूल आध्यात्मिक विचारणा के अनुकूल ही है।

वैज्ञानिक संघर्षात्मक प्रवृत्ति-दर्शन ही आधुनिक प्रगतिशील साहित्य के मूल में है। प्रसादजी इस दर्शन के साथ सारी दूरी तक नहीं जाते; किन्तु इस कारण कोई उन्हें अप्रगतिशील नहीं कह सकता। साहित्य में उन्होंने जागृति की मनोरम और प्रगतिमयी भावनाओं का ही विन्यास किया है, उषाकाल की प्रभाती हो गई है, कल्पना का प्रयोग नवीन शक्ति और नव सौन्दर्य की सृष्टि में ही किया है। मैं कह चुका हूँ कि साहित्यिक प्रगति और दार्शनिक प्रगतिवाद दो भिन्न वस्तुएँ हैं, और यह आवश्यक नहीं कि साहित्य किसी विशेष दार्शनिक मतवाद से बँधकर ही प्रगतिशील कहलाए। इतना कहने के पश्चात् यह स्वीकार करने में हमें कोई आपत्ति नहीं है कि प्रसादजी ने नवीन संघर्ष से उत्पन्न भौतिक विकासवादी दर्शन को सम्पूर्ण स्वीकृति नहीं दी है। संक्षेप में प्रसादजी की साहित्यिक और दार्शनिक स्थिति यही है।

अब प्रसादजी की शैली, वस्तु-संघटन और कथानिर्माण के पक्ष पर दो शब्द कहके मैं इस निबन्ध को समाप्त करूँगा। इस सम्बन्ध में अधिकांश समीक्षकों का कथन रहा है कि उनकी शैली जटिल और दुरूह है तथा उनका वस्तुविन्यास शिथिल और बोझीला है। उनके नाट्यसमीक्षक श्री कृष्णानन्द गुप्त ने इस विषय की शिकायत की है। कृष्णानन्दजी यदि इब्सन या डी० एल० राय की शैली के प्रभाव से मुक्त होकर प्रसादजी की नाट्यशैली की स्वतंत्र परीक्षा करते, तो अधिक अच्छा होता। प्रसादजी की भाषा और अभिव्यक्ति में जटिलता उन्हें अधिक दीखी है, जिन्हें यह नहीं दीखा कि प्रसादजी किन नवीन समस्याओं के सम्पर्क में थे और किस नवीन विचारणा तथा भावलोक का निर्माण कर रहे थे और इस कार्य में उनकी कठिनाइयाँ कितनी थीं। फिर क्रमविकास की दृष्टि से भी उन्होंने प्रसादजी की परीक्षा नहीं की। क्रमशः प्रसादजी भाषा के सारल्य और भावों के नैसर्गिक निर्माण और उत्कर्ष की ओर बढ़ते गए हैं, यह भी उन्हें देखना चाहिए। कथानक के कलात्मक निर्माण के सम्बन्ध में हम इतना ही कहेंगे कि प्रसादजी अपने सम-सामयिक हिन्दी-रचनाकारों के समकक्ष हैं। यदि उनमें बहुत बड़ी 'एन्जीनियरिंग' करामात हमें नहीं मिलती, तो हम स्मरण रक्खेंगे कि वे किन नवीन प्रयासों में व्यस्त थे। और हमें यह भी नहीं भूलना होगा कि प्रसादजी नई कला-प्रणाली की अपेक्षा नई भावना और नई चिन्तना के निर्माण-कार्य में अधिक संलग्न थे। साथ ही

हम यह भी कहेंगे कि नई भावधारा आरम्भ में पाठकों के लिए विचित्र और बेपहचान होती है। वे शिकायत करने लगते हैं भाषा की और उसकी जटिलता की। क्रमशः वह शिकायत घटती जाती है और हम उस भावधारा को अपना लेते हैं। तब भाषा और शैली-सम्बन्धी आरोप भी कम हो जाते हैं। यही बात प्रसादजी के समीक्षकों के सम्बन्ध में भी चरितार्थ हुई है।

किन्तु इसका यह आशय नहीं कि हम प्रसादजी की त्रुटियों पर लीपापोती करें और उनके ऐसे गुणों की स्थापना करें, जिनका अस्तित्व नहीं है। उनके गुणों को बढ़ा-चढ़ाकर उपस्थित करना भी अनुचित होगा। वे जितने हैं और जो कुछ हैं, हमें उतने से ही प्रयोजन है। है। उतने गुणों में भी वे महान् और युग-प्रवर्तक सिद्ध होते हैं। 'कंकाल' की कथा-रचना में बहुतों को शिकायत है कि प्रसादजी ने अपने कुछ विचारों को व्यक्त करने के लिए ही यह कथा रची है, इसलिए कथा की दृष्टि से वह सफल नहीं हो पाई। चरित्रों का निर्माण इसी कारण यथेष्ट सजीव नहीं हो पाया। सम्भव है, ये त्रुटियाँ किसी हद तक 'कंकाल' में हों (यद्यपि चरित्र-निर्माण के सम्बन्ध में मैं यह नहीं कह सकूँगा कि वे सजीव नहीं हैं), किन्तु, ये त्रुटियाँ उन सभी साहित्यकारों में किसी-न-किसी मात्रा में पाई जाती हैं, जिनका उद्देश्य मुख्यतः नई सांस्कृतिक विचारधारा का साहित्य में प्रवेश कराना होता है। ऐसे थोड़े कलाकार मिलेंगे, जो वस्तु के कलात्मक निरूपण, चरित्र-निर्माण और विशिष्ट चिन्ताधारा के संनिवेश में समान रूप से सफल हुए हों। प्रसादजी को जितनी सफलता इस कार्य में मिली है, वह अपने में कम नहीं है। समय को देखते हुए वह बहुत ही कही जा सकती है।

अन्त में मैं फिर कहूँगा कि साहित्य का क्षेत्र स्वस्थ और सबल भावनाओं के सृजन का क्षेत्र है। अस्वस्थ और निर्बल भावनाओं का चित्रण भी नेगेटिव या अपर पक्ष को दिखाने के लिए किया जा सकता है; किन्तु उसे आदर्श मान बैठना, रास्ते से भटक जाना है। समय के प्रवाह के साथ नई विचारधाराएँ और नवीन जीवन-दर्शन साहित्य में समाविष्ट होते हैं। समाज के परिवर्तनशील स्वरूपों पर साहित्यकार को सूक्ष्म निगाह रखनी होती है और उन नवीन विचारधाराओं और जीवन-दर्शनों को विवेक (Discrimination) के साथ ग्रहण करना पड़ता है। साहित्यकार अपने युग की बहुमुखी सामाजिक और सांस्कृतिक समस्याओं का प्रदर्शन करता है और उनके सम्बन्ध में प्रचलित प्रतिक्रियाओं का निरूपण कर दिखाता है। कभी-कभी वह अपने स्वतंत्र समाधान भी उन समस्याओं के सम्बन्ध में उपस्थित करता है और कभी-कभी तटस्थ दृष्टि से उनका चित्रण कर देना पर्याप्त समझता है। कभी सामयिक हीनताओं के प्रति परिहास और आवर्जना प्रकट करने में वह नहीं हिचकता और कभी गुमसुम रहकर पाठकों को अपना निष्कर्ष आप निकालने के लिए छोड़ देता है।

इस सब के लिए अतिशय आवश्यक है कि साहित्य का स्रष्टा युग के विकासोन्मुख जीवन और प्रवृत्तियों का अनुभवी और हिमायती हो। इससे भी अधिक उसमें वह ऊँची प्रतिभा होनी चाहिए कि वह न केवल जीवन-विकास का साक्षात्कार कर सके, बल्कि ललित, उदात्त और सुग्रथित कल्पनाओं और रचना-शैलियों द्वारा उनका साक्षात्कार पाठकों

को भी करा सके। उसे विवेकवान् और पारदर्शी ही नहीं, काव्य-शक्ति से भी सम्पन्न होना चाहिए। प्रसादजी न केवल इन दोनों गुणों से युक्त थे, ऐसी असाधारण क्षमता इनमें रखते थे कि उतनी क्षमता का कोई दूसरा कलाकार हिन्दी-साहित्य के इस युग में दिखाई नहीं देता। इस प्रकार वे युग के प्रवर्त्तक ही नहीं, उसकी सर्वश्रेष्ठ विभूति भी सिद्ध होते हैं।

सम्वत् २०१५ नन्ददुलारे वाजपेयी

व्यक्ति की एक झलक

गत वर्ष जब प्रेमचन्दजी हिन्दी-संसार को सूना करके जा रहे थे, तब उनके साथ श्मशान तक प्रसादजी भी गए थे और मैं भी गया था। अर्थी काशी की गलियों से होकर जा रही थी, इतने में किसी ने वहीं की बोली में कहा—"मालूम होता है कोई मास्टर मर गया है।" बात यह थी कि अर्थी के साथ थोड़े-से पढ़े-लिखे लोग थे, कोई भीड़ न थी, और 'राम-नाम सत्य है' की आवाज भी वैसी नहीं हो रही थी। ऐसी अवस्था में कोई मामूली मास्टर ही मर सकता था, और कौन मरता!

स्पष्ट ही मुझे उसकी वह बात अच्छी नहीं लगी और मैं कुछ गम्भीर-सा बन गया। अर्थी चली जा रही थी और हम लोग उसके पीछे चल रहे थे। इतने में देखता क्या हूँ कि प्रसादजी ने मेरे कन्धे पर हाथ रख दिया है और कान से लग कर धीरे-से, किन्तु अपनी सुपरिचित मुस्कान के साथ कह रहे हैं—"बाजपेयीजी, ई का कहि रहा है, कुछ समझ में आवता है?" प्रसादजी को जब विनोद करना होता, तब वे इसी प्रकार खड़ी बोली को ज़रा टेढ़ी-मेढ़ी कर दिया करते थे।

मैं अपनी वही फिलासफी सुनाने को हुआ, यह कि आज किसी दूसरे देश का इतना बड़ा व्यक्ति उठ गया होता, तो क्या दृश्य होता, कोई यह कैसे कह सकता कि कोई मास्टर मर गया है सिर्फ; यह मैं कह रहा था कि प्रसादजी ने बीच ही में बात काट दी। कहने लगे—"अरे यार तुम कुछ समझते नहीं हो, का नाम के बीच मा, यहै बनारसी रंग आय।" जब कभी प्रसादजी की इच्छा होती, बहुत प्रसन्न होते, मुझसे कानपुर की बोली में बातें करते। वे स्वयं उसी प्रान्त के मूल निवासी थे, यह भी झलक उनकी बोली में रहती।

मेरी उदासी कम हुई। मैंने यह समझा कि उसने मास्टर के मरने की बात किसी तुच्छता के विचार से नहीं कही। वह अपने किसी काम में लगा हुआ था। जो बात स्वाभाविक उसके मन में आई, वही उसने कही। इसमें मेरे लिए गम्भीर होने की कोई बात नहीं थी। लाखों मनुष्यों का किसी मनुष्य के मरने पर काम-धाम छोड़ कर तन्मय हो जाना, कुछ बहुत आवश्यक नहीं; न मरनेवाले की महत्ता ही इससे प्रकट होती है कि उसकी अर्थी के साथ कितने अधिक व्यक्ति थे, न इससे मृत व्यक्ति को कुछ सुख है, न कुछ लाभ। देखने की बात तो यह है कि किसी ने अपने जीवनकाल में क्या किया। अपने जीवन से स्वयं उसको कितना संतोष या पछतावा रहा और दूसरों के लिए वह क्या छोड़ गया? यही दो मुख्य बातें किसी के जीवन का महत्त्व निर्णय कर सकती हैं। काल इतना विशाल है और पृथ्वी इतनी विस्तृत है कि बड़े-बड़े सम्राटों की कीर्ति भी फीकी पड़ जाती है। जिनके जीवन और मरण के अवसर, एक ही साँस में, संसार को आनन्द के कोलाहल और शोक के सन्नाटे से भर सकते हैं, वे ही बड़े नहीं हैं। बड़े वे भी हैं, जिनका जीवन-दीप सूने में ही बुझ गया है, किन्तु जिनकी अमर

ज्योति एक के पास से दूसरे के पास जाकर सबको आलोकित करेगी, धीरे-ही-धीरे सबके अनुभव में आएगी, सबको प्रकाश देगी। ये सब बातें उसी क्षण मेरे माथे में आ गईं और मैंने प्रसादजी की ओर हँस कर देखा और कहा—"सचमुच आप ठीक कहते हैं, यही बनारसी रंग है।"

प्रसादजी फिर मुस्कराए और बोले—"अब समुझ मा आवा, बनारसी रंग का आय?" मैंने कहा—"आवा समुझ मा।"

पर सच तो यह है कि प्रसादजी की बात मेरी समझ में फिर भी नहीं आई; क्योंकि मैं उसे समझना चाहता ही नहीं था। अथवा यह कहूँ कि मेरी समझ के परे उनकी बात थी। मैं तो भविष्य की बात सोच रहा था कि आगे चलकर प्रेमचन्दजी का सम्मान होगा, अभी लोग उन्हें मामूली मास्टर ही समझें तो समझ लें। पर प्रसादजी का यह मतलब बनारसी रंग से नहीं था। उनका मतलब तो यह था कि कोई किसी के मरने पर क्यों मातम मनावे। हम स्वयं कितनों के मरने की खबर रखते हैं? सब अपने-अपने काम में लगे हुए हैं, अपनी-अपनी धुन में मस्त हैं, यही अच्छा है। आनन्द तो अपने काम में अपनी कृति में है; दूसरी जगह उसे कोई कहाँ ढूँढ़े और ढूँढ़े भी क्यों? सब अपने में ही आनन्द पाते हैं। जिसको यह आनन्द उपलब्ध नहीं, वही उसकी खोज में इधर-उधर भटकेगा।

भविष्य की आशा भी एक प्रकार का भटकना ही है। मैं भी इसी में भटक रहा था और प्रसादजी की बात समझना नहीं चाहता था; पर प्रसादजी जैसे निर्मम और निर्लेप व्यक्ति का वैसा कहना स्वाभाविक ही था।

जो कोई किसी की आशा करता है, वह अपने साथ प्रवंचना करता है। जो भविष्य पर आस्था रखता है, वह अपने अन्तःकरण की दुर्बलता प्रकट करता है। जो अपनी कृति पर अविश्वास करेगा, वही अपनी कीर्ति चाहेगा। जो अपनी करनी से प्रसन्न नहीं है, संसार में उसे कभी प्रसन्नता नसीब न होगी। बनारसी रंग से प्रसादजी का एकमात्र यही आशय था; किन्तु मैं इसे समझना नहीं चाहता था। दुर्बलता तो मेरे अन्दर थी।

मैंने प्रसादजी का सदैव यही बनारसी रंग देखा। बाहर से उनका व्यक्तित्व देखकर कोई उनकी मुस्कान से मुग्ध होता, कोई उनकी व्यवहार-पटुता और मैत्री से मोहित होता। किन्तु उनके इस दिव्य, किन्तु मोहक वाह्य के भीतर जाकर अपनी ही कृति में आनन्द माननेवाले, कीर्ति की लिप्सा न रखनेवाले, भली-बुरी समीक्षाओं से समान रूप से तटस्थ रहनेवाले निस्पृह तथा दिव्यतर प्रसादजी को बहुत कम लोगों ने देखा। मैं जब उन्हें पहचानने के योग्य हो रहा था, इतने में वे स्वयं ही न रहे!

मेरे पास प्रसादजी के जाने कितने संस्मरण हैं, कितनी स्मृतियाँ हैं। अपने जीवन का कितना आनन्द मैंने उनके सम्पर्क से प्राप्त किया, मैं नहीं कह सकता। उसे कहना उसका मूल्य घटाना होगा; पर, एक बात मैं बिना कहे नहीं रह सकता। प्रसादजी अपने युग के सबसे बड़े पौरुषवान् कवि थे। मैथिलीशरणजी का काव्य करुणा के रंग से ओत-प्रोत है, शक्ति का संकल्पात्मक स्रोत उसमें उतना नहीं। 'प्रियप्रवास' के हरिऔधजी के संगीत में पौरुष है; किन्तु अपने समय की संकोचशील प्रवृत्तियों की छाया भी उसमें पड़ी हुई है। 'निरालाजी' का

पौरुष नारी के स्नेह से ही नहीं, सम्मान से भी सम्बद्ध होने के कारण 'रोमैण्टिक टाइप' का है। श्री सुमित्रानन्दन पंतजी के काव्य में (मेरा मतलब उनके सर्वश्रेष्ठ 'पल्लव' काव्य से है) बाल्यसुलभ स्निग्धता और निर्मलता है; किन्तु प्रसादजी का काव्य शक्ति और एकमात्र शक्ति की साधना का एक अविरल प्रवाह है। उनके पुरुष और उनकी नारियाँ दोनों ही इसी शक्ति की साधना में तन्मय हैं। इसीलिए मैं प्रसादजी को हिन्दी का सबसे प्रथम और सबसे श्रेष्ठ शक्तिवादी और आनन्दवादी कवि मानता हूँ। प्रसादजी का साहित्य सौन्दर्य और कल्पना-प्रधान होता हुआ भी उनके काव्य-प्रतीक वास्तविक जीवन-रस से अभिषिक्त है। जीवन से वैराग्य, तटस्थता और निषेधों का प्राबल्य हम उनमें कहीं नहीं पाते। छायावाद, जिसके ये आविर्भावक थे, उनकी पुरुष-वृत्ति का साधक हुआ है। नारी और पुरुष दोनों में शक्ति की एक ही तरंग समान रूप से भरने के कारण प्रसादजी में किसी प्रकार का मानसिक स्खलन या दुर्बलता नहीं दीख पड़ती। स्वस्थ स्त्री और पुरुष जैसे और जो कुछ होते हैं, वही प्रसादजी के काव्य में हैं। और उनके चित्रण में भी प्रसादजी मनोवैज्ञानिक यथार्थता की ओर निरन्तर बढ़ते गए हैं, जिसका विकास उनके अन्तिम काव्य-ग्रन्थ 'कामायनी' में बड़े उत्तम रूप से हुआ है।

प्रसादजी और प्रेमचन्दजी एक दृष्टि से एक-दूसरे के पूरक हैं। प्रेमचन्द का साहित्य मुख्यतः दुःख के आधार पर स्थित है। दुःख का बोध करा देना ही शक्ति का स्रोत बहा देना है। उनका यही मूलमन्त्र था। (यद्यपि दुःख या दैन्य का परिचय कराने में वे सब जगह सफल नहीं हुए) प्रेमचन्दजी ने आनन्द के विधानात्मक पक्ष की ओर अधिक ध्यान नहीं दिया। इसके विपरीत प्रसादजी संस्कृत और स्वस्थ नारी और पुरुष की शक्ति का रहस्य ही प्रकट करते रहे। शक्ति का परिचय करा देना ही दुःख का उच्छेद कर डालना है। उनका यही विधान-पक्ष था। जहाँ तक रूढ़ि है, वहाँ तक शुद्ध शक्ति नहीं है, इसलिए प्रसादजी रूढ़ियों का तिरस्कार करके एकमात्र शक्ति के ही साधक हुए। इस साधना में उनके समान सफल साहित्यकार मुझे इस युग में कोई दूसरा नहीं दिखाई देता। भारतवर्ष के इने-गिने आधुनिक श्रेष्ठ साहित्यकारों में प्रसादजी का पद सदैव ऊँचा रहेगा, इसमें तो सन्देह ही क्या है; किन्तु मुझे कहना यह है कि अपने उद्देश्य के प्रति ऐसी एकनिष्ठा मैंने किसी आधुनिक कलाकार में नहीं देखी। इसे आप बनारसी रंग कहें, या काशी की महिमा कहें, या 'प्रसादजी' की अपनी सूझ कहें, संस्कृति कहें, जो कुछ चाहें, कहें।

आज वह बनारसी रंग कहाँ है, वह काशी की महिमा कहाँ है, शक्ति का एकनिष्ठ उपासक वह आधुनिक शैव कहाँ है? हिन्दी-साहित्य के सर्वश्रेष्ठ नेता, मेरे सम्मानित मित्र 'प्रसादजी' कहाँ हैं? हार मानकर कहना पड़ता है, 'प्रसादजी' अब नहीं रहे!

नवम्बर, १९३७

'प्रसाद' का व्यक्तित्व और कृतित्व

जयशंकर 'प्रसाद' हिन्दी के युग-निर्माता कवि और साहित्यकार हो गए हैं। उनका निधन १५ नवम्बर सन् १९३७ को हुआ था; परन्तु इन बीस वर्षों में उनकी कीर्ति लेशमात्र मलिन नहीं हुई है। इस बीच उनके सम्बन्ध में अनेकानेक निबंध और पुस्तकें प्रकाशित हुई हैं। उनके साहित्य के विविध अंगों पर तथ्यपूर्ण अनुशीलन हुए हैं। कतिपय विश्वविद्यालयों में उन पर तथा छायावादी साहित्य युग पर, जिसके वे एक प्रधान प्रतिनिधि थे, साहित्यिक शोधकार्य भी किया गया है, जिससे उनकी रचनाओं और उनके व्यक्तित्व का महत्त्व प्रकाश में आया है। यह ठीक है कि अभी हम प्रसादजी के जीवन और व्यक्तित्व के इतने समीप हैं कि अपने देश की साहित्यिक परंपरा और इतिहास में उनकी वास्तविक देन का निरूपण और निश्चय करना हमारे लिए कठिन कार्य है; परन्तु प्रसादजी के जीवन और कृतित्व के सम्बन्ध में जितनी भी प्रामाणिक सामग्री एकत्र की जा सके, की जानी चाहिए। समय बीत जाने पर उनकी प्रत्यक्ष जानकारी-संबंधी संस्मरण नहीं मिल सकेंगे, न उस संपूर्ण व्यक्तित्व और वातावरण का ही आँखों देखा उल्लेख किया जा सकेगा, जिसके भीतर से प्रसाद की प्रतिभा प्रस्फुटित और विकसित हुई थी।

श्री जयशंकर 'प्रसाद' एक असाधारण व्यक्तित्व-संपन्न पुरुष थे। वे अधिक ऊँचे न थे; किन्तु उनका पुष्ट और सुसंगठित शरीर था। गोरे मुख पर मुस्कान प्रायः सदैव खेला करती थी। मित्र-मंडली में उनके समक्ष अनावश्यक गंभीरता, विषण्णता या दिखावट तो रह ही नहीं सकती थी। प्रसादजी मित्रों का स्वागत बड़ी आकर्षक और आत्मीय नेत्रगति से करते थे, अक्सर मित्रों के कंधे पकड़कर हल्के ढंग से झकझोर देते थे, जिससे यदि कहीं खिन्नता या उपालंभ का भूत सवार हो, तो तुरन्त उतर जाय। रहा-सहा अवसाद उनके ठहाकों से दूर हो जाता था। प्रसादजी के ठहाकों में उदारता और घनिष्ठ मैत्री के भाव व्यंजित होते थे। यह कहना सत्य है कि प्रसाद की गोष्ठी में कृत्रिमता के लिए कोई स्थान न था, यह भी सच है कि उनकी गोष्ठी से लोग प्रसन्न और हँसते हुए ही निकलते थे।

प्रसादजी के पतले ओठों में सरल आत्मीय मुस्कान खूब फबती थी। पान का हल्का रंग उनके ओठों को ताजगी और चमक दिए रहता था। प्रसादजी घर पर प्रायः खद्दर के कुर्ते और धोती में रहा करते थे; परन्तु बाहर निकलने पर रेशमी कुर्ता, रेशमी गांधी टोपी, महीन खद्दर की धोती, रेशमी चादर या दुपट्टा, फुल-स्लीपर जूते और एक छड़ी हाथ में रहती थी, प्रसादजी को छड़ी रखने का विशेष शौक था, यद्यपि वह पूरी तरह अलंकार का ही काम देती थी। एक बार जब आचार्य श्यामसुन्दरदासजी ने उन्हें मसूरी से लाकर एक सुन्दर पहाड़ी छड़ी भेंट की थी, तब प्रसादजी बड़े प्रसन्न हुए थे और सभी मित्रों को बारी-बारी से दिखाकर ही उन्हें संतोष हुआ था।

मन्दिर, फुलवारी और अखाड़ा प्रसाद-गृह के तीन सर्वप्रिय अंग रहे हैं। प्रसादजी अपने मित्रों को, जब वे अकेले दुकेले जाते थे, अपने साथ ले जाकर फुलवारी में ही बैठालते थे, वहीं बातचीत चलती थी। अधिक संख्या होने पर वे मित्रों के लिए बैठक खुलवाते थे। फुलवारी में ही अखाड़ा था और उसी के एक शीर्ष पर शिव-मन्दिर था। अखाड़े की सबसे अधिक स्मरणीय वस्तु वे मुग्दर थे, जिनका वजन देखकर यह अनुमान करना कठिन हो जाता था कि प्रसाद-जैसे कलाकार भी उन्हें भाँजते रहे होंगे। परन्तु बात सच है, प्रसादजी बतलाते थे कि वे मुग्दर उन्हीं के भाँजने के लिए बनवाए गए थे और एक पहलवान उन्हें इसकी शिक्षा देने के लिए आया करता था।

मन्दिर में पूजा तो नित्य होती थी; परन्तु उत्सव आयोजन वर्ष में एक ही दो बार हुआ करते थे। प्रसादजी शैव थे और बड़ी श्रद्धा से शंकरजी की भावना करते थे। उन्हें शिव-सम्बन्धी भारतीय दर्शन की निष्पत्तियाँ बड़ी प्रिय थीं। शंकर से सम्बन्ध रखनेवाले पौराणिक प्रतीकों को वे बड़ी रुचि और मनोयोग से समझने और समझाने की चेष्टा करते थे। शंकरजी के बाद वे कृष्ण के चमत्कारपूर्ण चरित्र के प्रशंसक और श्रद्धालु थे। पिछले दिनों में वे इन्द्र के चरित्र की ओर विशेष रूप से आकृष्ट हुए थे और उस पर एक नाटक लिखने का भी विचार करते थे। यह कार्य वे पूरा न कर पाए परन्तु अपने निबन्धों में उन्होंने इस बात की स्पष्ट सूचना दी है कि आनन्दवादी और शक्तिवादी विचारधारा के प्राचीनतम प्रतिनिधि इन्द्र ही थे और वर्तमान भारतीय जीवन में इन्द्र के उस स्वरूप का, देश की रक्षा का दायित्व रखनेवाले नवयुवकों के लिए, विशेष महत्व है।

अखाड़े और मन्दिर से भी कदाचित् अधिक प्रिय प्रसादजी को उनकी फुलवारी थी, जिसमें एक-न-एक चीज बोने और दिखाने का शौक उन्हें अंत तक रहा। प्रसाद की वह वाटिका बहुत बड़ी न थी और न विशेष सज्जित ही, फिर भी इसके प्रति उनका एक अनोखा अनुराग था। कदाचित् इस वाटिका से उनकी कतिपय मनोरम जीवन-स्मृतियाँ संलग्न रही हैं। प्राय: प्रसादजी अपनी लिखने की कापी लेकर यहाँ आ जाते थे और यहीं बैठकर जब तक इच्छा होती, लिखा करते थे। उनकी अधिकांश काव्य-रचनाएँ या तो इस फुलवारी में हुई हैं, या रात्रि के समय मकान की दूसरी मंजिल पर। 'कामायनी' का मुख्य भाग नए घर और नई बैठक में रात्रि के पिछले पहरों में लिखा गया था।

अस्तु, यह तो प्रसादजी को घर की चौहद्दी में देखने की चेष्टा की गई। उनके पारिवारिक और सामाजिक जीवन की भी थोड़ी-सी चर्चा अप्रासंगिक न होगी। प्रसाद का परिवार बहुत बड़ा न था। पत्नी, भाभी और एक ही पुत्र रत्नशंकर। यह मैं उनके प्रौढ़काल की चर्चा कर रहा हूँ। उनकी बाल्यावस्था में उनका परिवार काफी भरा-पूरा था; किन्तु क्रमश: वह घटता और क्षीण होता चला गया। कदाचित् इसीलिए प्रसादजी को शेष कुटुम्बियों के प्रति घनिष्ट स्नेह हो गया था। भाभी के प्रति अपने समादर की वे कभी-कभी चर्चा करते। पुत्र के लिए उनके मन में एक हल्का आवेग भरा, किन्तु ऊपर से सौम्य और संयत स्नेह था। पत्नी के प्रति उनकी भावना का पता उनके पुत्र के 'माँ' स्वर से ही लगाया जा सकता था, क्योंकि वे उनके सम्बन्ध में, भारतीय शालीनता के अनुसार कभी कुछ कहते न थे। प्रसाद का पारिवारिक जीवन सामान्य रूप से सुखी था, यह कहा जा सकता है।

परिवार और मित्र-मंडली के बाहर एक सार्वजनिक या सामाजिक व्यक्ति के रूप में प्रसादजी कम ही आते थे। उन्हें अपने साहित्यिक और गार्हस्थिक कार्य से अवकाश ही नहीं मिलता था। प्रायः संध्या समय वे बनारस के चौक के समीप गली वाली अपनी सुँघनीसाहु की दुकान पर बैठते थे, जहाँ जाने-अनजाने सभी प्रकार के लोग उनसे मिलने आते। मित्रों से प्रसादजी जितने खुले रहते थे, अपरिचितों से उतने ही शालीन और मितभाषी थे। कुछ थोड़े-से चुने हुए वाक्यों में वे उनके प्रश्नों का उत्तर दे देते। यदि कहीं किसी वाद-विवाद की संभावना देखते, तो मौन ही रह जाते। परन्तु यदि मित्रों का जमावड़ा रहता, तो दिल खोलकर बातें करते, फब्तियाँ कसते और कभी किसी का रहस्योद्घाटन भी करते। परन्तु इन समस्त चर्चाओं में प्रसादजी के खुले दिल की प्रसन्न भावना ही काम करती, वैमनस्य या ईर्ष्या-द्वेष के लिए उनके व्यक्तित्व में स्थान न था।

सभा-सोसाइटियों अथवा भाषण-व्याख्यानों से प्रसादजी को बहुत कम रुचि थी, परन्तु विस्मय या कौतूहलपूर्ण वात., देश-विदेश के अनुभव और यात्रा-वर्णनों से वे विशेष आकृष्ट रहते थे। कभी कोई ऐसा व्याख्याता आ गया, तो प्रसादजी उसे सुनने अवश्य जाते। मुझे स्मरण है कि एक बार तिब्बत-यात्रा-सम्बन्धी राहुलजी का भाषण सुनने के लिए वे दूर तक पैदल चलकर गए थे, और मुझे भी उसे सुनने का आग्रह किया था। कवि-सम्मेलनों को प्रसादजी नापसन्द करते थे; पर छोटी गोष्ठियों में कविता सुनना या सुनाना उन्हें पसन्द था। एक ही बार नागरी-प्रचारिणी सभा के बड़े समारोह में मैंने उन्हें 'आँसू' की पंक्तियों का सस्वर पाठ करते सुना था। सारी सभा उनके कविता-पाठ से मुग्ध हो गई थी।

प्रसाद के साहित्यिक जीवन का आरम्भ एक कवि के रूप में हुआ था। उनके आरम्भिक पद्यों में अतीत की सुखद स्मृतियों की एक हल्के विषाद से भरी प्रतिक्रिया दिखाई दी; साथ ही उसमें यौवन और शृंगार की अतृप्त अतिशयता भी लगी हुई थी। 'चित्राधार' और 'कानन-कुसुम' के छाया-संकेतों में इन्हीं दबी भावनाओं का आभास मिलता है और 'झरना' की 'छेड़ो मत यह सुख का कण है, उत्तेजित कर मत दौड़ाओ यह करुणा का थका चरण है' आदि पंक्तियों में इसी की गूँज है। 'आँसू' के कवि का यह वैयक्तिक पक्ष पूरी तरह उभर आया है; परन्तु इसी के साथ कवि की एक अभिनव दार्शनिकता उतनी ही प्रभावशालिता के साथ काव्य का अंग बन गई है। उद्दाम शृंगारिक स्मृतियों के साथ संपूर्ण समाधानकारक दार्शनिकता 'आँसू' की विशेषता है। भावनाओं के असाधारण उद्वेग के साथ उतनी ही प्रगाढ़ दार्शनिक अनुभूति का योग रचना में एक अपूर्ण मार्मिकता और संतुलन ले आता है। यह दर्शन-शासित प्रेम-गीति, नई कल्पना तथा नए काव्याभरण का योग पाकर, युग की एक प्रतिनिधि कृति हो गई है। अनेक कवियों ने इस छन्द और इसी भावधारा की अनुकृति करनी चाही। इससे केवल इतना ही लक्षित होता है कि इस रचना के प्रति साहित्यिक क्षेत्र में असाधारण आकर्षण रहा है। 'आँसू' के अनन्तर प्रसादजी के प्रगीतों में वह उद्वेग नहीं मिलता। 'लहर' में अधिक परिष्कृत सौंदर्य-चित्रण और संयमित भावना-धारा है। दो चार गीतों में अतीत की मनोरम स्मृतियाँ भी आई हैं; पर उनमें 'आँसू' की सी अभाव या शून्यता की व्यंजना नहीं है। अब तो वे मनोरम क्षण जगत् में नया सौन्दर्य लाने की चेष्टा में संलग्न हैं। 'ओ सागर संगम अरुण नील' जैसे कुछ गीत प्रसादजी की पुरी-यात्रा के स्मारक हैं और प्राकृतिक सौन्दर्य की अनोखी झाँकी से

समन्वित है। प्रेम और करुणा की तात्त्विक भावना का चित्रण 'लहर' में महात्मा बुद्ध के जीवन-प्रसंग और उनकी दार्शनिकता की पार्श्वभूमि पर किया गया है। 'शेरसिंह का शस्त्र समर्पण' और 'प्रलय की छाया' के रूप में दो नाटकीय आख्यानक-गीतियाँ भी 'लहर' में हैं; उनमें क्रमशः 'पराजित वीरत्व' और 'सौन्दर्य गर्व' का विवरणपूर्ण मनोवैज्ञानिक चित्रण है। प्रसादजी की रेखाएँ इन चित्रणों में पर्याप्त पुष्ट हैं, जो उनकी कलात्मक समृद्धि का प्रमाण कही जा सकती हैं। 'लहर' में 'बीती विभावरी जाग री' शीर्षक वह जागरण गीत भी है, जो कदाचित् प्रसाद के सम्पूर्ण काव्य-प्रयास के साथ उनकी युग-चेतना का परिचायक प्रतिनिधि गीत कहा जा सकता है।

'कामायनी' प्रसादजी के कृतित्व का सर्वोत्कृष्ट स्वरूप है। उसमें सर्वांगपूर्ण जीवन-दर्शन, नारी-पुरुष का संपूर्ण चित्रण और नई परिस्थितियों का व्यापक निरूपण है। नए ज्ञान का विस्तृत उपयोग उसमें किया गया है। 'कामायनी' में कवि प्रसाद ने आदि मानव का आख्यान लिया है और उसे प्राचीन कथातन्तु का सहारा लेकर नए उपकरणों से सज्जित किया है। कथानक में मनोविज्ञान के साथ मानव सभ्यता के विकास का वैज्ञानिक चित्र भी दिखाया गया है। इस प्रकार काव्य का कथानक तो नए विज्ञान का उपयोग करता है, उसे गति और विस्तार देता है, और इस विज्ञान सम्मत विकास की सार्थकता और आलोक देने के लिए कवि ने भारतीय दर्शन का सुन्दर उपयोग किया है, उसी के अनुरूप 'कामायनी' में दो नारी चरित्र भी हैं एक 'श्रद्धा', भारतीय भावना और दर्शन की प्रतिनिधि, दूसरी 'इड़ा', नए वैज्ञानिक विकास की प्रतीक। इन दोनों का संतुलन और समन्वय नवीन भारतीय संस्कृति को 'कामायनी' के कवि की नई देन है।

प्रसादजी ने नाट्य-क्षेत्र में नाटक को नए चरित्र, नई घटनाएँ, नया ऐतिहासिक देशकाल, नया आलाप-संलाप, संक्षेप में संपूर्ण नया समारंभ दिया। हिन्दी नाटकों में नया युग-प्रवर्त्तन होने लगा। प्रसाद के नाटक ऐतिहासिक हैं, इसलिए घटना और चरित्र का स्वतंत्र निर्माण और जीवन-समस्याओं और संघर्षों की योजना उनमें इतिहास की पाबन्दी के भीतर हुई है, पूर्ण स्वतंत्रता के साथ नहीं। इस दृष्टि से प्रसाद के नाटक उनके 'कामायनी' काव्य की भाँति पूर्ण निर्माणात्मक मौलिकता लेकर नहीं आए हैं; पर ऐतिहासिक नाटक के इस प्रारंभिक प्रतिबंध को स्वीकार कर लेने पर, इतिहास की पाबंदी के भीतर, घटनाओं की नाट्योपयोगी योजना, चरित्रों और परिस्थितियों का संघर्ष और द्वन्द्व, और नाटक में ऐतिहासिक देशकाल के समुचित प्रसार के साथ शिष्ट और सौम्य भाषा में कहीं कुछ काव्यात्मकता लिए हुए और कहीं विनोद के हल्के पुट से अनुरंजित संवादों की सृष्टि प्रसादजी ने की है। उनके नाटकों में कई प्रकार की त्रुटियाँ लोगों ने देखी हैं और संभव है, भविष्य में भी देखें; पर हिन्दी नाटकों को नवीन स्वरूप और नया जीवन देने में प्रसादजी का कार्य ही सर्वोपरि है। इतिहास की घटनाओं को नाटकीय वस्तु के रूप में ढाल कर सजीव पात्रों की सृष्टि करना और अतीत के उन व्यक्तियों और परिस्थितियों के प्रति आज के पाठक और नाट्यदर्शक का मन रमा लेना प्रसादजी की विशेषता है। उनके नाटकों में घटनाओं के आकर्षण की अपेक्षा चरित्रों की विविधता और उनकी मनोभावनाओं का उन्मेष और प्रदर्शन अधिक है। प्रसाद के नाटक इतिहास के रूखे अस्तित्व को नाटकीय कौतूहल, प्रभावशाली दृश्य-विधान और कला की चमत्कारिता देने में

समर्थ हुए हैं।

प्रसाद की कहानियाँ कल्पना-प्रधान हैं और प्राकृतिक वातावरण का बड़ा सुन्दर उपयोग करती हैं। उनकी अधिकांश कहानियों की रंगभूमि प्रकृति के खुले प्रसार में है। उन्मुक्त वायुमंडल की विस्मयकारक और साहसिक घटनावली के बीच मनोवैज्ञानिक और सांस्कृतिक चित्रण प्रसाद की कहानियों की विशेषता है। उनके प्रेम-कथानकों में भी मनोवैज्ञानिक और प्राकृतिक पार्श्वभूमियाँ रहा करती हैं और प्रसंगानुरूप देशप्रेम या कोई ऐसी ही सांस्कृतिक भावना या आदर्श जुड़ा रहता है। प्रसाद की कहानियों में वातावरण का चित्रण विशुद्ध कहानी के लिए कुछ अधिक हो जाता है। उनमें वस्तु-अंकन की प्रवृत्ति अधिक है, जिसके कारण कहानियों की गति में किंचित् शिथिलता भी दिखाई पड़ती है। अतीत को सजीव करने की चिन्ता प्रसादजी को अधिक रहती है, कदाचित् इसीलिए संपूर्ण कहानी असाधारण काव्यत्व के साथ प्रस्तुत होती है। उसमें भाषा की पर्याप्त आलंकारिता रहती है। प्रसाद की कहानियाँ सांस्कृतिक और भावनात्मक रचना की दृष्टि से अनुपम हैं। 'पुरस्कार', 'आकाशदीप', 'गुंडा', 'ममता', 'सालवती' आदि उनकी कहानियों के उत्कृष्ट उदाहरण हैं।

प्रसाद के उपन्यास मध्यवर्गीय सामाजिक समस्याओं, व्यवहारों और परिस्थितियों को लेकर आरंभ हुए थे। 'कंकाल' उनका प्रथम उपन्यास, विचार-प्रधान है। उसमें प्रसादजी ने उच्च जातीयता और आभिजात्य की भावनाओं पर एक बड़ा प्रश्न-चिन्ह लगाया है। हमारे आदर्शवादी चरित्र को भी वास्तविक परिस्थितियों में परखकर कच्चा सिद्ध किया है। 'कंकाल' की अपेक्षा 'तितली' उनकी अधिक कलात्मक कृति है। इसमें प्रसादजी ने किसानों और मजदूरों के जीवन-चित्र उपस्थित किए हैं। किसान बालिका 'तितली' उपन्यास की प्रमुख पात्र है। वह स्वल्प शिक्षित; किन्तु महान् अध्यवसायी लड़की है। उसके चित्रण द्वारा प्रसादजी ने ग्रामीण परिस्थिति में नया उत्साह भरने की चेष्टा की है। उन्होंने ग्रामीण नव-निर्माण-संबंधी अपने सुझाव भी रक्खे हैं, जो सहयोगिता और सहकारिता के आदर्शों पर आधारित हैं। प्रसाद का तीसरा उपन्यास 'इरावती' ऐतिहासिक आधार पर लिखा जा रहा था। उसका जितना अंश लिखा गया है, उतने से ही उसके एक श्रेष्ठ औपन्यासिक कृति होने का प्रमाण मिलता है; किन्तु प्रसादजी की असामयिक मृत्यु से उनकी यह कृति अधूरी रह गई।

प्रसाद की समस्त रचनाओं को देखने पर यह स्पष्ट हो जाता है कि वे एक प्रतिभा-संपन्न साहित्यकार तो थे ही, बड़े मनस्वी और चिन्तनशील लेखक भी थे। उनकी रचनाएँ क्रमश: प्रौढ़ होती गई हैं, जो उनके व्यक्तित्व के विकास की परिचायक हैं। प्रसादजी ने अपने जीवन के अंतिम वर्षों में कुछ निबंध भी लिखे थे, जो उनके साहित्यिक और शास्त्रीय ज्ञान तथा अंतर्दृष्टि का प्रमाण देते हैं। यदि वे सांघातिक रोग द्वारा समय के पूर्व ही हमसे विच्छिन्न न कर लिए जाते, तो हिन्दी-साहित्य और भारतीय जीवन उनकी अन्य उत्तमोत्तम कृतियों से भी विभूषित होता। उनकी अन्तिम कृतियों को देखने से यह लक्षित होता है कि उनकी प्रतिभा लेशमात्र भी कुंठित नहीं हुई थी, वरन् उनका मानस-भंडार अनेक सुन्दर और मूल्यवान रत्नों की भेंट भारती के चरणों में समर्पित करने की तैयारी कर रहा था।

——✦——

मौलिक निर्माण

प्रसादजी के न रहने पर उनके प्रेमियों की आँखों में आँसू आना तो स्वाभाविक ही है; किन्तु इतने ही से उनके कर्तव्य की इतिश्री नहीं हो जाती। हमारे लिए यह भी उचित है कि जहाँ तक हो सके, शीघ्र आँसू पोंछ कर हम उनके प्रति अपने उत्तरदायित्व की भी थोड़ी-बहुत रक्षा कर लें। उनके जीवनकाल में यदि हम उनके प्रति अकृतज्ञ रहे, तो उतनी हानि नहीं, किन्तु अब जब अमरों में उनकी गणना होने जा रही है, तब यह आवश्यक है कि यह देवऋण तो हम चुका ही दें। हमारे साहित्य में उनका अमर स्थान है, किन्तु वह क्यों है, यह स्पष्ट कर देना ही उक्त ऋण चुका देना है। उन्हें हम नवीन युग का प्रतिनिधि कवि मानते हैं, तो किस हैसियत से, यह बात प्रकट करनी ही होगी। अब हम उनके प्रति किसी द्विअर्थक शब्द का प्रयोग नहीं कर सकते, क्योंकि दिव्यात्माओं का स्वरूप आईने की तरह पारदर्शी ही होना चाहिए। उन्हें शाब्दिक मलिनता से स्पर्श करना उचित नहीं; इसलिए हमें सचेत होकर, बिना किसी व्यतिक्रम के, जो कुछ उनका प्राप्य है, उन्हें दे देना होगा।

किसी साहित्य में नवीन युग का सूत्रपात करने के लिए किसी व्यक्ति में कुछ तो विशेषता होनी ही चाहिए। प्रसादजी की यह विशेषता थी कि वे कुछ विशेष आदर्शों के उपासक युग में, नवीन वस्तुस्थिति का, नए युग की स्वस्थ मनुष्यता का, संचार करने वाले प्रथम पुरुष थे। उन्होंने अपने समय के आदर्शों की सीमा को, जो संकुचित हो रही थी, इतिहास और मनोविज्ञान की सहायता से बढ़ाने, अथवा न बढ़े तो तोड़ने की चेष्टा की, इसलिए वे इस युग के सबसे पहले विद्रोही कवि हुए।

प्रसादजी के ऐतिहासिक नाटकों का मुख्य दार्शनिक प्रयोजन यह है कि हमारी संकुचित चेतना का विस्तार हो और हम रूढ़िबद्ध विचार-शृंखला को छोड़कर व्यापक मानवीय स्वरूपों को देखें और इतिहास के प्रकाश में मनुष्यों के उठने-गिरने के हेतुओं को समझकर किसी व्यक्ति में यों ही उच्चता और नीचता का आरोप न कर लें। किसी की परिस्थितियों को समझना ही मुख्य प्रयोजनीय वस्तु है, उसके प्रति ईर्ष्या-द्वेष कोई वस्तु नहीं। यह उदारता बौद्ध साहित्य के अध्ययन से आई, जिसमें मनस्तत्त्व का अक्षय भण्डार भरा हुआ था।

सच पूछिए तो यह उदारता भी स्वतः कोई लक्ष्य नहीं थी। कम-से-कम प्रसादजी के लिए तो वह नवीन समाज के स्वस्थ निर्माण में सहायक होने की साधना-भर थी। यह उनके नाटकों की बात है और उनकी कविता की, जो रहस्यवाद कहलाती है, बात यह है कि उनमें पहली बार स्वस्थ और वास्तविक शृंगार रस का प्रवेश हुआ। प्रकृति के रमणीक दृश्यों में किसी प्रेमी की आभा, नारी और पुरुष के नैसर्गिक आकर्षण में दिव्य सौन्दर्य का प्रकाश और विकर्षण में प्रकृति का उतना ही प्रशस्त क्षोभ, यही वह परिष्कृत शृंगार है, जिसकी प्रतिष्ठा प्रसादजी ने एक ऐसे नीतिवादी युग में की, जिसमें नारी और पुरुष का सम्बन्ध एक ओर

महाकाव्योचित औदात्य खो चुका था और दूसरी ओर मानवोचित सौष्ठव और सहज प्रवेग भी खो कर जीवन के बाहर की वस्तु बन रहा था; किन्तु जीवन की वह वास्तविकता क्या नाक-भौंह सिकोड़ने मात्र से दूर होती? हमारे नित्य के पारिवारिक और सामाजिक जीवन में जो इसके विकृत रूप देखे जाते हैं, वे यदि किसी प्रकार कम हो सकते हैं, तो शुद्ध शृंगार का ही प्रतिष्ठा से, वह शृंगार जो पूर्ण परिष्कृत पुरुषत्व और नारीत्व का नित्य धर्म है। प्रसादजी के पहले ऐसे खुले हुए विचार किसी ने नहीं व्यक्त किए, न किसी ने इस वस्तुस्थिति का इतना सूक्ष्म, रहस्यमय और परिष्कृत रूप ही उपस्थित किया।

यह वस्तुस्थिति न वाह्य त्याग और संकोच में है, न यह वाह्य उत्तेजना या उपभोग में ही है। यह तो वस्तु का सहज स्वरूप ही है। इसी सहज स्वरूप को प्रसादजी ने अपने कल्पना-बल से विशद आध्यात्मिक रूप दे दिया है। जो लोग प्रसादजी को रूप और विलास का ही कवि मानते हैं, उन्हें इस बात पर ध्यान देना चाहिए कि सुख और दुःख, संयोग और वियोग में समान रूप से विशद आनन्द की सृष्टि करने वाला कवि, और इससे भी अधिक दोनों को समता में जीवन की पूर्णता मानने वाला कवि किस रूप और किस विलास से आकृष्ट हो रहा है। वह तो एकमात्र प्रेम वस्तु से ही आकृष्ट हो रहा है, जो मानव-जीवन की प्रधान वास्तविकता है। प्रेम की वास्तविकता की स्वीकृति हमारे साहित्य के इतिहास में एक उल्लेखनीय घटना है। यहाँ से हमारा साहित्य विधि और नीतिवादी कृत्रिम प्रतीकों को छोड़कर सहज आनन्द की ओर प्रवाहित हुआ। प्रसादजी और परवर्ती छायावादियों ने इस प्रवाह को उच्च मानसिक भूमि पर प्रतिष्ठित किया और उसमें आध्यात्मिक आभा भर दी। यह उत्थान युगप्रवर्तक था और इसका आरम्भ प्रसादजी से ही हुआ।

भले और बुरे, पुण्य और पाप, देवता और दानव, दुःख और सुख, प्रसादजी के लिए एक सिक्के के दो पहलू-भर हैं। दोनों इस जगत्-काव्य के लिए समान रूप से आवश्यक हैं। बिना एक के दूसरे की सत्ता ही नहीं है। कवि न तो देवता का भक्त है, न दानव का दुश्मन। उसके लिए तो दोनों उपयोगी हैं, दोनों बराबर हैं। यह उनका तात्त्विक विचार था और इस तात्त्विक विचार को हम वस्तुस्थितिमूलक दर्शन का हिन्दी में प्रथम प्रवेश कह सकते हैं। इसमें नवीन मनोवैज्ञानिक प्रसार और बौद्धिक उपक्रम की स्पष्ट झलक है। यही उस 'जनसत्तात्मक' विचारधारा की आधारशिला बनी, जो प्रसादजी के साहित्य में मिलती है, जिसमें स्त्री-पुरुष की समता, व्यक्तिगत स्वातंत्र्य और समानाधिकार के आदर्श निहित हैं। आज तो वे ही अपने को वस्तुवादी कहते हैं, जो आधुनिक अशान्त जीवन के प्रवाह में बहते हुए दैनिक घटनाओं का चित्रण करते और प्रायः उत्तेजना, स्थूल मनोभाव या अशान्ति में ही कथाक्रम को चलाते और समाप्त करते हैं; किन्तु वस्तुवाद की यह परिभाषा अतिशय सीमित और संकुचित है। गोर्की का जीवनदर्शन वस्तुवादी है; किन्तु उसकी काव्य शैली 'रोमैण्टिक' है। प्रसादजी की काव्य शैली भी कल्पना-प्रधान है; किन्तु उसमें युग की यथार्थोन्मुख प्रवृत्तियों और मानवीय वास्तविकताओं का भी कम प्रवेश नहीं है। प्रसादजी का दर्शन रहस्यवादी, उनकी काव्य-प्रणाली रोमैण्टिक और उनकी कथावस्तु का मूल वस्तून्मुखी है, यह कहना अधिक संगत होगा।

प्रसादजी का वस्तुवाद उत्तेजक कोटि का नहीं है, वह उच्च कोटि की मानसिक साधनाओं और अनुभूतियों पर अवलंबित है। यदि कहें कि वह वस्तुस्थिति भी कुछ काल्पनिक आदर्शों पर स्थित है और वास्तविक वस्तुस्थिति तो स्थूल, अकृत्रिम कुरूपता ही है, तो यह बात कहते नहीं बनती। कोरा कायिक प्रेम तो बर्बर युग की वस्तु है। उसका मानसिक और सांस्कृतिक परिष्कार प्रत्येक युग अपनी-अपनी दृष्टि से करता आया है। साहित्य में हम इसका परिचय सभी समयों में पाते हैं। यह बात दूसरी है कि किसी विशेष युग में पूर्व युग की प्रतिक्रियास्वरूप स्थूल यौन-आकर्षण को प्रधानता दी गई हो अथवा किसी अन्य में ह्रासोन्मुख विलासिता के लक्षण प्रमुख हो गए हों। पर, इन अवसरों को छोड़ देने पर हम साहित्य में आरम्भ से ही परिष्करण का सांस्कृतिक उद्योग पाते हैं। प्रसादजी ने भी इस उद्योग में महत्त्वपूर्ण भाग लिया। उन्होंने हमारी दृष्टि से अस्वाभाविक संकोचों को दूर किया और व्यापक मानवीय मनोभाव प्रतिष्ठित किए। 'सु' और 'कु' के रहस्यों का इतिहास में अनुसंधान किया और चुप हो रहे। केवल परिस्थिति ही मनुष्य को भला-बुरा बनाती है। इनके अलग-अलग श्रेणी-विभाग उनकी दृष्टि में नैतिक जड़ता-मात्र थे। इसी जड़ता से हमारा उस समय का 'आदर्शवादी' साहित्य छूट नहीं पाया था। प्रसादजी ने उसे छुड़ाने की चेष्टा की और यदि हमारी आज की नजर पहलेवालों की नजर से कुछ साफ है, तो इसका अधिकांश श्रेय प्रसादजी के युग-प्रवर्तक उद्योगों को ही है।

दार्शनिक और मनोवैज्ञानिक भूमि के विस्तार के साथ ही प्रसादजी ने सामाजिक क्षेत्र में भी नए स्वातंत्र्य और नवीन आदर्शों का प्रवेश कराया, जिनकी झलक हम विशेषकर उनके उपन्यासों में देखते हैं। यद्यपि प्रसादजी के आदर्श, युग की प्रगति के अनुकूल, उनकी स्वतंत्र विचारणा के परिमाण थे, किन्तु यदि हमें पाश्चात्य विचारकों से तुलना करनी हो, तो हम कहेंगे कि प्रसादजी के सामाजिक आदर्श फ्रांसीसी राज्यक्रान्ति के पश्चात् प्रतिष्ठित होनेवाले समता और स्वतंत्रता के आदर्शों से मिलते-जुलते हैं। फ्रांस के विक्टर ह्यूगो और इंगलैंड के सुप्रसिद्ध समाज-शास्त्री मिल की विचारणा के बहुत निकट प्रसादजी की सामाजिक विचारणा है, इसका कारण मुख्यत: भारतीय परिस्थिति और तत्कालीन यूरोप की समानता ही है। एक उदार जड़सत्तात्मक भावना और परम्परागत आभिजात्य का विरोध प्रसादजी के कल्पनाशील, नवोन्मेषशाली साहित्य की आधारभूमि है।

इस वस्तुस्थिति तक पहुँचने की सीढ़ियों पर भी एक दृष्टि डाल लें। जो संकीर्ण और कलाहीन संस्कृति उनके आगमन के समय हिन्दी में थी, वह हममें से बहुतों को मालूम ही है। जो हम अपने घरों में गलीज और मनों में अर्द्ध-चेतन उत्साह और अर्द्ध-निद्रित अज्ञान लेकर अचानक, महाराणा प्रताप से सहानुभूति प्रकट करने निकल पड़े, तो सहसा कहाँ पहुँचे, इसका पता हम नहीं बता सकते। कुछ सौन्दर्य, कुछ साधना की सामग्री हमारे पास भी है, हमारे आस-पास चारों ओर भी है, और सहानुभूति प्रदर्शित करने की अपेक्षा कुछ वास्तविक कार्य करने को अपने घर में भी है, यह बात हम भूल ही गए थे। पहले-पहल प्रेम का पुट देकर हमारी दैनिक परिस्थिति को, रात की उजियाली और कलियों की मुस्कान को, ताराओं की दमक, लहरों की उठान और ऐसी न जाने कितनी सौन्दर्य-रेखाओं को दिखाकर एक नवीन वस्तुस्थिति की पहली प्रेरणा उत्पन्न की। यहाँ 'वस्तुस्थिति' का प्रयोग किसी संकीर्ण

अर्थ में मैं नहीं कर रहा हूँ। यहाँ उसका प्रयोग नीति, विवेक और वैराग्य की कृत्रिम धारणा और तज्जन्य कला-अभिव्यंजना के विपरीत प्रेम, सौन्दर्य और आनन्द के सहज आध्यात्मिक प्रवाह के लिए किया जा रहा है, जो उच्चतर कला की प्रेरक है। यह सारी प्रकृति किसी सुन्दरतम के हाथ की सजाई, उसी प्रियतम के द्वारा उपहार में दी गई है, यह रहस्य उन्होंने ही बताया और यह बताना कोई साधारण बात नहीं थी। यह साहित्य में एक नई दृष्टि का उन्मेष था। इससे सर्वप्रथम एक हल्की जिज्ञासा, कौतूहल, सौन्दर्य-चेतना, फिर क्रमशः कला की अभिज्ञता उत्पन्न हुई और हम एक युग को पार करने लगे। तत्काल प्रसादजी मनोविज्ञान की भूमि में, बौद्ध-साहित्य में प्रविष्ट हुए और वहाँ से हमारे लिए सुप्रसिद्ध करुणा और अहिंसा आदि विभूतियाँ लाए, जिनका प्रयोजन धार्मिक नहीं, विशुद्ध मनोवैज्ञानिक ही था। मनोभावों के विकास के लिए इन वृत्तियों की कितनी आवश्यकता है, यह प्रसादजी के नाटकों में देखने को मिलता है। और इन अन्वेषणों के सिलसिले में प्रसादजी ने सबसे महत्त्वपूर्ण वस्तु एक और दी—नारी, जो पुरुष की उद्धारक है। यह अभिज्ञता यद्यपि उनकी पहली कृतियों से भी होती है, पर कामायनी में पहुँचकर उसकी पूरी परिपुष्टि हो जाती है। आप पूछेंगे कि क्या यह कोई वस्तुस्थिति है, यह भी तो एक आदर्श ही है। इसका उत्तर यही है कि नारी के प्रति किए गए पुरुष के शताब्दियों के अत्याचार के परिणामस्वरूप नारी की श्रेष्ठता भविष्य युगों में बहुत दिनों तक वस्तुस्थिति ही रहेगी। यह प्रसादजी के ऐतिहासिक अध्ययन से प्राप्त हुई वस्तुस्थिति कही जा सकती है। अस्तु, इस ओर उनके साहित्य में मनोविज्ञान की व्यापकता आती गई, उस ओर उनके व्यक्तित्व में चित्त की विक्षेपरहित स्थिति का आध्यात्मिक उत्कर्ष समाता गया। दोनों ही कार्य-कारण रूप में अथवा युगपत ही हुए और 'कामायनी' में उनका पूर्ण विकास हुआ है। इसलिए 'कामायनी' अपने युग की सर्वश्रेष्ठ कलाकृति हुई है।

कामायनी काव्य अपने पूर्व युग की कृतियों से अनेक विशेषताएँ रखता है। प्रथम, उसका मनोवैज्ञानिक आधार सुविकसित और प्रौढ़तर है तथा उसमें एक व्यापक अन्तर्निहित दार्शनिक निरूपण अपने लिए स्थान बना सका है। यह निरूपण प्रसादजी की समन्वयशील विचारणा का प्रतिष्ठापक है। द्वितीय, कामायनी में पूर्व युग की नीतिवादी प्रतीक-व्यंजना के स्थान पर आनन्दवादी आध्यात्मिक व्यंजना की स्थापना है। तृतीय, इसमें पूर्व युग की 'प्रवृत्ति और निवृत्ति' की बँधी हुई, आदर्शवादी लीक को तोड़कर जीवन-प्रयोगों का विस्तार दिखाया गया है। यह विस्तार नवीन यथार्थोन्मुख प्रवृत्तियों का प्रतीक है। चतुर्थ, रहस्यवाद और प्रेमाख्यानक काव्य के भीतर प्रसादजी ने नवीन सांस्कृतिक निर्माण का कार्य प्रचुर परिमाण में कामायनी द्वारा किया है। और पंचम, केवल काव्योत्कर्ष की दृष्टि से भी कामायनी का स्थान आधुनिक हिन्दी में अत्यन्त ऊँचा है।

ऐतिहासिक और मनोवैज्ञानिक अध्ययन के साथ-साथ सामयिक साहित्य और संस्कृति का भी प्रसादजी ने अच्छी तरह अवलोकन किया था, जिनका उपयोग उन्होंने अपने उपन्यासों और कितनी ही आख्यायिकाओं में बड़ी योग्यता के साथ किया है। प्रसादजी स्त्री-पुरुष के समानाधिकार, मानव-मानव के समानाधिकार और स्वातंत्र्य के हामी थे और इस सम्बन्ध में उनके विचारों से सुप्रसिद्ध दार्शनिक मिल के विचारों का अद्भुत मेल दिखाई देता है। इसका यह आशय नहीं कि प्रसादजी पर मिल का प्रभाव पड़ा था। सम्भव है, प्रसादजी ने मिल का

अध्ययन भी न किया हो (वे दार्शनिक अध्ययन के लिए भारतीय ग्रन्थों से बाहर प्रायः कम जाते थे, केवल साहित्य की कुछ पाश्चात्य चीजें पढ़ा करते थे), किन्तु दोनों की परिस्थितियाँ एक-सी थीं। दोनों ही मध्यवर्ग के बौद्धिक उत्थान और जनसत्तात्मक प्रवृत्तियों के युग और वातावरण में उपस्थित थे। अतः सामाजिक और सांस्कृतिक क्षेत्र में दोनों का विचार-साम्य स्वाभाविक ही है। ह्यूगो और वाल्टेयर के आदर्श भी प्रसादजी के अनुकूल थे। प्रसादजी की संस्कृति पौरुष-गुण-सम्पन्न होने के कारण उनके साहित्य में शक्ति और आनन्द का स्रोत प्रधान है, तथा इस युग के लिए यदि उनका कोई सन्देश है, तो वह शक्ति और आनन्द की उपासना का, संवर्द्धना का ही संदेश है। दुखों और सुखों में, मनुष्य की सम्पूर्ण वस्तुस्थिति में, यह शक्ति का ही प्रवाह बहता रहे, यही उनकी एकान्त साधना थी। इसीलिए हम उन्हें नवयुग के प्राणों का कवि कह सकते हैं। यही संक्षेप में उनका साहित्यिक व्यक्तित्व है।

दिसम्बर, १९३७

'कंकाल' का समाज-दर्शन

'कंकाल' प्रसादजी का सामाजिक उपन्यास है। उसका समाज आधुनिक, नागरिक और मध्य श्रेणी का है। थोड़े-से अपवादों को छोड़कर जहाँ भिखारियों का जमघट छत पर से फेंकी गई पत्तल के लिए कुत्तों से छीना-झपटी करता है, अथवा दूसरी ओर, जहाँ कलाविद् विजय अपने चित्रों की कलात्मक चर्चा करता है, अधिकांश आजकल के मध्यवर्गीय समाज के नित्यप्रति के जीवन के चित्र आए हैं। इसमें काशी, प्रयाग और हरिद्वार की यात्रा करने वाले गृहस्थ और साधु-संत हैं, स्कूलों की सेवा-समिति के विद्यार्थी, चौक के वेश्यालय, गिरजाघर और पादरी, कचहरी और मुसाफिरखाने हैं। इसमें आर्यसमाज और सनातनधर्म की तकरीरें, सूफियों की कौवाली और ईसाइयों की मिशनरी भी है। यह हमारा सारा समाज जाना-पहचाना, नित्यप्रति हमारे संसर्ग में आने वाला है। उपन्यास का समस्त वातावरण हमारे लिए परिचित ही नहीं, घरेलू-सा है। हम उसकी हर एक हरकत से दिलचस्पी रखते हैं, प्रत्येक प्रगति में उसका साथ देते हैं।

कंकाल एक व्यंग्यपूर्ण उपन्यास भी है। यह प्रचलित समाज के दृढ़ आवरण, उसकी शिष्टता और सभ्यता के कवच को भेद कर प्रहार करता है और बलपूर्वक हमारी चेतना को जगा देता है। प्रेमचन्द साहित्य में अपनी मीठी चुटकियों के लिए प्रसिद्ध हैं। ये मीठी चुटकियाँ समाज-सुधार के लिए आवश्यक और उपयोगी होती हैं; पर ये मॉडरेट नीति की प्रतिनिधि हैं। इससे भिन्न प्रसादजी की कंकाल की शैली है। अंग्रेजी के आधुनिक प्रख्यात लेखक एच०जी० वेल्स अपने उपन्यासों में जिस तरह की कठोर कटूक्तियों का प्रयोग करते हैं, कंकाल में उनकी मात्रा अधिक नहीं है; पर कंकाल की विशेषता यह है कि इसके व्यंग्य केवल वर्णन-प्रसंग में ही नहीं आए हैं, वे उपन्यास की घटनाओं से ध्वनित भी होते हैं, कथानक के भीतर भी निहित हैं। चरित्रों की सृष्टि में ही व्यंग्य है—जातीयता की दृष्टि से सब-के-सब वर्णसंकर हैं। 'शुद्ध' प्रेम का उसमें कहीं भी नाम नहीं है। वैवाहिक जीवन की एकोन्मुख पवित्रता कहीं दीख नहीं पड़ती। धार्मिक विशप साहब 'घंटी' के पीछे पागल हैं। कंकाल के देवनिरंजन कुंभ मेले के सर्वमान्य साधु शिरोमणि हैं, गूँगे के गुड़ की तरह स्वयं ब्रह्मानन्द का रस लेनेवाले तथा अगणित भक्तों को पान करानेवाले हैं, पर श्रीचंद की पत्नी, अपनी बाल-सहचरी किशोरी की पुत्र-कामना पूरी करने का कर्तव्य (?) भी आप ही पालन कर लेते हैं! सेवा-समिति का उत्साही और आदर्शवादी छात्र मंगलदेव वेश्यालय से एक युवती की रक्षा करता है, कई महीनों तक उसका संरक्षक बना रहता है और अंत में उसे गर्भवती और निराश्रिता छोड़कर चंपत हो जाता है! इस तरह के एक नहीं अनेक उदाहरण मिलेंगे, जिनके चित्रण के भीतर और चरित्र की कल्पना में ही व्यंग्य और विडंबना भरी हुई है।

कंकाल के लेखक का प्रयोजन प्रचलित समाज, उसके विश्वासों, उसकी कार्य-प्रणालियों और उसके अनर्थकारी बन्धनों (चाहे वे बंधन प्रत्यक्ष हों, मानसिक हों अथवा संस्कार-रूप में ही हों) के विरुद्ध जबर्दस्त प्रोपेगेण्डा करना है। समाज की एक भी मान्यता उसमें स्वीकार नहीं की गई—सबकी जड़ें हिला दी गई हैं। एक भी ईमानदार आदमी, जिस अर्थ में ईमानदारी मानी गई है, सारे समाज में नहीं है। जिसे सामाजिक पैमाने के अनुसार ऊँच-नीच या कुलीन-अकुलीन मानते हैं, उसकी खिल्ली उड़ाई गई है। सबके कच्चे चिट्ठे खोलकर रक्खे गए हैं। कहीं शाही घराने की महिषियाँ गूजरों के घरों में विराजमान हैं, कहीं सुसभ्य पादरी साहब स्थितिहीना छोकरी के प्रेम-पाश में पड़े हुए हैं। कामना के तीव्रवाही प्रवाह में हिन्दू-मुस्लिम-ईसाई जातीयता बही जा रही है। धर्म की समस्त सामाजिक प्रक्रियाएँ मटियामेट हो रही हैं। इतिहास के आलोक में कुलीनता का कुहासा साफ हुआ जा रहा है।

एक प्रधान बात जो कंकाल द्वारा पुष्ट की गई और सामने रक्खी गई है, यह है कि ऐकान्तिक आध्यात्मिक साधना को, जिसमें संसार के छोड़ने का संदेश है, और निवृत्ति-प्रधान संस्कृति को प्रसादजी आदि से अंत तक अव्यवहार्य और आज के लिए हानिकर सिद्ध करते हैं। इसका यह अर्थ नहीं कि वे आध्यात्मिकता के ही विरुद्ध हैं; किन्तु आध्यात्मिक साधना का वह स्वरूप उन्हें अरुचिकर है। उसके प्रति अनास्था दिखाना कंकाल का एक लक्ष्य है। निवृत्तिमूलक आदर्शवाद की यह बौद्धिक और यथार्थोन्मुख प्रतिक्रिया है।

इसे हम कंकाल का प्रोपेगेण्डा कहते हैं। इस शब्द से हिन्दी के साहित्यिक डरते-से हैं, क्योंकि इसने प्रेमचंदजी को बहुत कुछ बदनाम किया था। पर वास्तव में यह डर मिथ्या है। प्रत्येक साहित्यकार जीवन और जगत्-सम्बन्धी अपने अनुभव और अपनी धारणाएँ रखता है, जो उसकी साहित्यिक कृतियों में प्रतिफलित हुआ करती हैं। जिसके ये अनुभव और धारणाएँ, जितनी अधिक दृढ़ होंगी और जो जितने अधिक कौशलपूर्वक उनकी शक्ति समेटकर अपने साहित्य में संकलित कर सकेगा, उसकी कृति उतनी ही अधिक प्रभावशालिनी होगी। जब हम कहते हैं कि 'ला मिजराब्ल' संसार के शक्तिशाली उपन्यासों में प्रमुख है, तब हम दूसरे शब्दों में उस प्रोपेगेण्डा की ही प्रशंसा करते हैं, जो साहित्य-कला के नियमों के अनुसार उसमें मौजूद है। जिन कृतियों में यह बौद्धिक आयोजन नहीं होता, वे सरस और सुरुचिपूर्ण हो सकती हैं; किन्तु उन्हें हम शक्तिशाली नहीं कह सकते। इन विचार-वैशिष्ट्यपूर्ण शक्तिशाली कृतियों का साहित्य में एक अलग ही स्थान है। हाँ, जब वह कृत्रिम और कौशलहीन होकर, अनपेक्षित अवसरों पर आकर अपनी कीमत आप ही कम कर देता है, तब उसकी ओर सबकी उँगली उठती है।

परन्तु हिन्दी में यह प्रोपेगेण्डा शब्द इतना बदनाम हो गया है कि उससे बचने की चेष्टा जी-जान से की जाती है। स्वयं कंकाल के प्रकाशकीय वक्तव्य में कहा गया है कि 'कंकाल में सामाजिक, धार्मिक और सांसारिक समस्याओं का क्रियात्मक रूप ही अंकित किया गया है, किसी प्रकार का प्रोपेगेण्डा नहीं किया गया है', किन्तु कंकाल में आदि से अन्त तक निहित बौद्धिक प्रयास की ओर से हम आँखें नहीं मूँद सकते और उसके रहते उपन्यास को ऐसी तटस्थता का पद नहीं दिया जा सकता, जिसका प्रकाशक ने उल्लेख किया है। हमारी सम्मति

में ऐसा करना पाठकों के प्रति ही नहीं, प्रसादजी और उनके उपन्यास के प्रति भी अन्याय या अधूरा न्याय है।

(२)

यह सही है कि 'कंकाल' के प्रोपेगेण्डा को समझने की योग्यता हिन्दी-भाषी समाज में अब तक पर्याप्त रूप से नहीं हुई है। कंकाल को इसका इंतजार करना होगा। स्वयं वह तथा उसी शैली की अन्य रचनाएँ अपने लिए क्षेत्र तैयार करेंगी, तब काम चलेगा। हमने पुस्तक की एक प्रति अपने एक सुपरिचित उपन्यासों के पाठक को पढ़ने को दी थी। उनकी उस पर सम्मति जानने को हम विशेष रूप से उत्सुक थे। वे औसत दर्जे के हिन्दी पाठकों के प्रतिनिधि थे, बहुत-सी चीजें पढ़ चुके थे, इसलिए हमें उनकी राय जानने में दिलचस्पी थी। दूसरी बात यह भी थी कि हिन्दी की औसत सामाजिक और सांस्कृतिक प्रवृत्तियों का पूरा-पूरा प्रभाव उन पर था, इसलिए उनके मत का और भी मूल्य था। मैंने देखा, कंकाल के प्रति उनका कोई असाधारण आकर्षण न था। सबके वर्णसंकर होने की उन्हें शिकायत थी, 'घंटी' के आचरण को वे आदि से अन्त तक सदोष बतलाते थे। और यदि किसी को अच्छा समझते थे, तो अकेले हरिहरशरण गोस्वामी को!

साधारण पढ़े-लिखे लोग ही नहीं, श्री कालिदास कपूर-जैसे शिक्षित सज्जन भी कंकाल के दृष्टिकोण को नहीं समझ सके। यह हिन्दी की साहित्यिक परम्परा का ही परिणाम है। समाज के समाने हिन्दी के जो उपन्यास अब तक आए हैं, उनमें किसी प्रकार की द्विविधा नहीं है। उनमें से अधिकांश के कथानक मिलते-जुलते भी हैं। पात्रों में कुछ अच्छे और कुछ बुरे बना लिए जाते हैं और उनका द्वंद्व दिखा दिया जाता है। अन्त में बुरे का बुरा अन्त हो जाता है, या उसका सुधार कर लेते हैं। इस प्रकार के उपन्यासों के आलोचक जैसे होने चाहिए, वैसे ही श्री कपूर भी हैं। आचार्य पंडित महावीरप्रसाद द्विवेदी ने जिस आदर्श-प्रधान आलोचना-शैली की सृष्टि की, उसका सम्यक् विकास भी न हो पाया, इतने में ही वे साहित्य की गृहस्थी छोड़कर उससे तटस्थ हो गए। आगे का मार्ग सूना ही पड़ा रहा—जैसी चाहिए प्रगति न हो सकी।

श्री कालिदास कपूर को यह भ्रम हो गया कि अश्लीलता फैलाना कंकाल का उद्देश्य है और उस भ्रम का कारण यही है कि वे हिन्दी-उपन्यासों की उस छिछली धारा में ही तैरते रहे हैं, जिसमें गहरे पैठने भर को पानी ही नहीं है। उपन्यासों के अच्छे-बुरे होने की परख अब तक यही रही है कि किसमें कितने उच्च आदर्शों का निरूपण है और किसमें नहीं। किन्तु, वे आदर्श समाज की व्यावहारिक स्थितियों का कहाँ तक स्पर्श करते हैं और समाज के दैनिक जीवन में उनका कितना और किस रूप में प्रभाव पड़ रहा है, यह किसी को मालूम नहीं। व्यक्तिगत और वैयक्तिक रूप में जो आदर्श उन्नतिकारक हैं, वे ही सामाजिक संस्था का रूप धारण कर लेने पर किसी समय अत्याचारी और अनुपयोगी भी हो सकते हैं, इसकी कल्पना ही नहीं थी। अश्लीलता क्या है? किसी उपन्यास में अश्लीलता कहाँ से आरम्भ होती है, श्लील वर्णन कहाँ समाप्त होता है—अश्लीलता स्वयं साध्य बनी हुई है, या साधन बनकर किसी अन्य लक्ष्य की ओर हमें ले जाती है, इन बातों की ओर ध्यान देने का किसी को अवसर

ही नहीं था। इसके अतिरिक्त, जैसा कि डाक्टर रामप्रसाद त्रिपाठीजी कहा करते हैं, कि हिन्दी के शृंगार-काल के अनेक सुन्दर संकेतात्मक पद्यों की रस-धारा में डाक्टर ग्रियर्सन की आज्ञा से लोग कलुष ही देखने के अभ्यस्त हो गए हैं। यही हाल कुछ भिन्नता के साथ आधुनिक हिन्दी के कथा-साहित्य का भी हो रहा था।

जो समाज में रहते हुए भी उसकी वस्तुस्थिति से परिचित नहीं हैं, वे या तो बहुत बड़े निर्लिप्त दार्शनिक हैं, या बहुत ही दुर्बल और मोहाच्छन्न! हिन्दी में समय के प्रवाह के अनुकूल अब साहित्य के द्वारा सामाजिक समस्याओं को सुलझाने की चेष्टा भी की जाने लगी है। साथ ही साहित्य की अभिव्यंजना-शैलियों का इस रूप में विकास भी हो रहा है कि उन्हें समझने के लिए बुद्धि का अधिकाधिक आयास आवश्यक है। उन सब से परिचित हुए बिना आलोचक बनने की लालसा रखने पर बँधी हुई प्रतिष्ठा के खो जाने का खतरा भी है। बिना नवीन अभ्यास और अन्तर्दृष्टि के साहित्यिक कृतियों का अनुशीलन करना, उनका रहस्य जानना और मूल्य आँकना प्रतिदिन कठिन होता जा रहा है। समय की प्रगति के साथ हमारे साहित्य में भी नई व्यंजना-प्रणालियों, नए संकेतों और नवीन भाव-विन्यास का आगमन हो रहा है। साथ ही नवीन सांस्कृतिक माध्यमों से बहकर आनेवाली साहित्य की धारा कुछ नवीन सन्देशों और अनुभूतियों को भी साथ लाई है। आधुनिक साहित्य में यह सब प्रवेश पा रही हैं और पाती जायेंगी। ऐसी अवस्था में अपने ही संस्कारों के घेरे के भीतर से साहित्य पर फतवा निकाल देने का इस जमाने में कुछ अर्थ नहीं रहा। कम-से-कम हमें यह आशा तो छोड़ ही देनी चाहिए कि प्रत्येक साहित्य-पुस्तक में राम-रावण की लड़ाई ही देखने को मिलेगी—नपे-तुले आदर्शों की ही व्यवस्था की जायेगी। एक नवीन और व्यावहारिक युग हमारे सामने आया हुआ है। पश्चिम के सम्पर्क से हमारी परम्परागत मान्यताओं को नया रूप-रंग धारण करना और नये साँचे में ढलना पड़ रहा है। हममें बुद्धिवाद का प्रसार हो रहा है। साहित्य की जटिलता और अनेकरूपता प्रतिदिन बढ़ती जा रही है। इस युगजीवन की जागृत और प्राणमय श्वासों का जो अनुभव नहीं करते, वे कंकाल के साथ न्याय नहीं कर सकते। हमारे कहने का यह आशय कदापि नहीं है कि आलोचक किसी साहित्यिक कृति के सम्बन्ध में अपने निजी विचार प्रकट करने में स्वतन्त्र नहीं हैं, किन्तु साहित्य और सामयिक जीवन की प्रगतिशील रूप-रेखाओं से परिचित हुए बिना ऐसा करना दुःसाहस ही होगा।

(३)

कंकाल समाज के विरुद्ध विद्रोह करता और व्यक्ति के लिए पूरे-पूरे अधिकार चाहता है। समाज के कठघरे में बन्द करके व्यक्ति को बौना बना दिया गया है, उपन्यास को यह सहन नहीं है। पाप क्या है? पाप और कुछ नहीं है, जो कुछ समाज के भय से छिप कर किया जाता है, वही पाप है। कंकाल की इस परिभाषा में समाज को ही पाप का प्रेरक बतलाया गया है और पाप का दायित्व समाज के ऊपर है तथा समाज और उसके अनुशासनों के बाहर पाप की कहीं सत्ता नहीं है, यह भी स्पष्ट निर्देश किया गया है। पाप की प्रेरणा चाहे भय द्वारा दी जाय, चाहे प्रलोभन द्वारा अथवा सामाजिक संस्कार मात्र ही पाप के प्रेरक क्यों न हों, उनका उद्‌गम है समाज से ही। बेचारा व्यक्ति इस परम्परागत पाप-चक्र से इस बुरी तरह से दबा हुआ है कि

वह क्षण-भर के लिएं भी अपनी विवशता का त्याग कर स्वतंत्र नहीं हो सकता। वह एक निश्चेतन समाज-चक्र का बलात् काम करने वाला पुर्जा है। वह इस परवश अवस्था से उठ कर एक क्षण भी यह विचार नहीं कर सकता कि अपनी आत्मा ही, हम स्वयं ही, पाप और पुण्य के निर्णायक हों; अथवा यदि वह बहुत बड़ी धृष्टता हो, तो कम-से-कम इस पाप-पुण्य के मामले में समाज को अपनी स्थिति का परिचय तो दे दें, इतनी भी उसमें क्षमता नहीं है। समाज ने हमसे सुनवाई की प्रार्थना का अधिकार भी छीन लिया है। और अब स्थिति यह है कि पूर्ण सचेत और महान् संभावनाओं वाला मानवात्मा जड़-समाज-यन्त्र के द्वारा निरंतर पीसा जा रहा है। उसके कर्तृव्य, उसकी विचारणा और उसकी भावना के सभी क्षेत्र अवरुद्ध हैं और वह अपने को सब ओर से पंगु पा रहा है।

और इस सामाजिक यन्त्र से लाभ उठानेवाले हैं कौन? मूलतः तो कोई नहीं, क्योंकि सभी अपनी सर्वोच्च स्वतंत्रता को उसके हाथ बेच बैठे हैं; किन्तु तुलना की दृष्टि सें इस समाज-यन्त्र का दुरुपयोग करनेवाले उच्च पदस्थ और सशक्त व्यक्ति और वर्ग हैं, जो अपने को निरापद बनाकर दुर्बलों, अशक्तों और अबलाओं पर विशेष रूप से अत्याचार करने की सहूलियत पा गए हैं। प्रकारान्तर से पाप का सबसे अधिक भार सिर पर रक्खे हुए भी वे अपने पापों पर कई प्रकार के आवरण डाल लेते हैं, और अपने को अछूता सिद्ध करने में नहीं हिचकते। साथ ही जो नीची सामाजिक भूमियों पर हैं, उन पर ये उच्च पदस्थ अन्यायी ऐसे कृत्रिम और जटिल विधि-निषेध लाद देते हैं, जिनसे वे कभी छुटकारा पा नहीं सकते। ध्यान देने की बात यह है कि सामाजिक विधि-निषेधों का यह दुर्वह भार उन पर सबसे अधिक है, जो सबसे अधिक अशक्त, अपाहिज और दीन-हीन हैं। सामाजिक नियम-बन्धनों का यही क्रियात्मक रूप कंकाल में देखने को मिलता है!

स्मरण रखना चाहिए कि एक संघटित और चुस्त कथानक के अन्तर्गत रोचक घटना-चक्र और अतिशय रोचक वर्णन-शैली अंकित होकर समाज के अत्याचारों और पाखंडों की यह कथा अतीव मार्मिक हो गई है। कंकाल की यह सफलता हिन्दी में अपूर्व है। आधुनिक अंग्रेजी साहित्य में गाल्सवर्दी के नाटक व्यक्ति पर समाज के अत्याचारों को दिखाते हैं। विपन्नता के चित्रण में वे सामयिक साहित्य में शायद सर्वोच्च स्थान रखते हैं; पर उनके पात्रों का अर्थकष्ट हमें उतना अधिक आकर्षित नहीं करता, जितना कंकाल के पात्रों की समाज-पीड़ा, दंभ और दुर्गुणों का भंडाफोड़; नकली और खोखले आदर्शों की निस्सारता, अनर्थकारी बन्धनों की जटिलता के प्रदर्शन पद-पद पर करते हैं। समाज का यह रूप देख कर हम आशंकित और क्षुब्ध होते हैं, अश्लीलता की शिकायत नहीं करते। ग्लानि, क्षोभ और विडम्बना के भाव ही हम पर अधिकार कर लेते हैं। इस महाकार, दुर्लंघ्य और विवशकारी कालिमा का प्रदर्शन तथा उसके प्रति विद्रोह का सृजन ही उपन्यास का उज्ज्वल लक्ष्य है।

कंकाल के आक्रमण-पक्ष की तीव्रता देख लेने के बाद हमें यह देख कर आश्चर्य नहीं होता कि उसका निर्माण-पक्ष अतिशय व्यक्तिवादी या एनार्किस्ट (Anarchist) है। किसी भी सामाजिक संस्था, प्रणाली या परिणाम में उसका विश्वास नहीं है। व्यक्ति की प्राकृतिक चेष्टाओं, सहज कर्तव्यों, और किसी भी कृत्रिम भार से रहित व्यवहार में उसकी अटल आस्था है। प्रसादजी का यह व्यक्तिवाद सात्त्विक प्रेममय, उत्कृष्ट चेष्टामय, शुद्ध, निर्दंभ, शक्तिमय

और सतत् आयोजनमय है। प्रसाद के संपूर्ण साहित्य की प्रकृति-आभा यहाँ है; वही प्रेम, वही प्रमोद, वही उत्साह, जो हृदय के विशुद्ध स्रोत से निकल पड़ा है, किसी सामाजिक आवश्यकता या संस्कार का ऋणी नहीं। अंतर है तो इतना ही कि उनके काव्य और नाटकों की भूमिका अधिक उदात्त, रहस्यमय और अलोकसामान्य है, जब कि इस उपन्यास का वातावरण अतिशय प्राकृतिक, प्रत्यक्ष और अन-अलंकृत है। इसके अतिरिक्त मूल प्रेरणाएँ प्रायः एक-सी ही हैं। जो सज्जन प्रसादजी की इस और उन रचनाओं में परस्पर विरोध या विभेद देखते हैं, उन्हें इस दृष्टि से उनकी कृतियों का निरीक्षण करने की सिफारिश की जाती है।

अस्तु, प्रसादजी का व्यक्तिवाद उनकी सुसंबद्ध विचारधारा का स्वाभाविक और अनिवार्य परिणाम है। क्रिया के अनुरूप प्रतिक्रिया होती ही है। जिसने हमारा अनिष्ट किया है, उससे कुछ भी सम्बन्ध न रखने की प्रवृत्ति स्वभाव-सिद्ध है। कंकाल में समाज से—उसकी सम्पूर्ण आस्थाओं और प्रभाव-क्षेत्रों से—सम्बन्ध-विच्छेद का प्रश्न आया है। कंकाल के लेखक को समाज का रोग असाध्य और व्यक्ति की शक्ति अपार जान पड़ती है। प्रसिद्ध जर्मन एनार्किस्ट बेकुनिन राजनीतिक क्षेत्र में प्रत्येक प्रकार की शासन-संस्था का नाश कर डालने का पक्षपाती था। उसकी यह धारणा थी कि व्यक्ति यदि शुद्ध मानव-प्रकृति के नियमों का अनुसरण करे, तो किसी प्रकार के शासन की आवश्यकता ही नहीं है। कंकाल में भी सामाजिक समस्या को लेकर इसी प्रकार की धारणा व्यक्त हुई है। समाज की एक भी रीति-परम्परा, मान्यता (कुल-शील आदि की), व्यवस्था शुद्ध और साधार नहीं है, न व्यक्ति के लिए उपयोगी है। उपन्यास में व्यक्ति पर समाज की विवशताओं और उसके परिणाम में होने वाले अनर्थों और दुःखों को दिखाकर व्यक्ति से पुनः-पुनः यही आग्रह किया गया है कि वह अपनी हस्ती को समझे और आत्मशक्ति का उपयोग करे। समाज का नकारवाद, (यह न करो, वह न करो) जो आए दिन केवल उच्चपदस्थ और अधिकार-प्राप्त पक्षों का सहायक हो रहा है, वास्तविक धर्म का नियामक नहीं—इस नकारवाद की कुछ भी परवा न करके, व्यक्ति अपनी प्रकृति के आदेश को माने। प्रकृति और अंतरात्मा एक ही है। भाव-रूप में जो आत्मा है, क्रिया-रूप में वही प्रकृति है। बस, अंतरात्मा की प्रेरणा से सारे कार्य करने चाहिए। यह सब बड़े ही मार्मिक ढंग से उपन्यास में व्यंजित और ध्वनित है। इस व्यक्तिवाद का बड़ा मोदमय निरूपण 'घंटी' और 'विजय' के चरित्रों में करने की चेष्टा की गई है। एक हल्के और प्रसन्न वातावरण के द्वारा उन गुरु-गंभीर और बोझीले मनोभावों की चुटकी ली गई है, जो सामाजिक विधि-निषेध के भार से आनत हो रहे हैं; किन्तु जो गंभीरता वास्तविक चारित्रिक उत्कर्ष की प्रतीक नहीं है, वरं अवसर आने पर धोखा देने वाली है। ऐसे धोखे के कई अवसर उपन्यास में आए हैं।

कंकाल के लेखक को व्यक्ति के शुद्ध स्वभाव पर अटल विश्वास है। प्रिंस क्रोपाटकिन ने डार्विन के सिद्धान्तों के प्रतिकूल यह मत उपस्थित किया है कि व्यक्ति पर यदि किसी प्रकार का प्रतिबन्ध न रहे, तो उसमें स्वभावतः पारस्परिक 'सद्भाव' और 'सहयोग' की प्रवृत्ति होगी। कंकाल का रचनात्मक कार्यक्रम जो व्यक्तियों के सिपुर्द किया गया है, सुचारु रूप से चल रहा है। इस रचनात्मक कार्यक्रम का प्रतीक उपन्यास का 'भारत-संघ' है।

(४)

यदि आदर्श की ओर ध्यान दिया जाये, तो यह आदर्श बड़ा ही उच्च है। जो व्यक्ति स्वतन्त्र और मुक्त है, वह सदा हितवस्तु की ही इच्छा रक्खेगा। सब व्यक्ति ऐसे ही स्वतन्त्र और मुक्त हो जायें, यही एनार्किस्ट चाहते हैं। उनका मूल विश्वास यह है कि यदि प्रत्येक मनुष्य 'स्वाधीन' हो, तो वह कभी संघर्ष नहीं चाहेगा। इसी दृष्टि से एनार्किस्ट प्रोढन ने शासन-सत्ता पर आक्रमण करते हुए कहा है कि गवर्नमेण्ट का इतना ही लक्ष्य होना चाहिए कि वह मनुष्यों को बिना गवर्नमेण्ट के काम चलाना सिखा दे। यह बड़ा ही श्रेष्ठ आदर्श है; पर वर्तमान अर्धसभ्य समाज में सब व्यक्ति उस ऊँचे स्तर पर कैसे पहुँच सकते हैं? यह भी विचारने की बात है। व्यक्ति अपनी शुद्ध प्रवृत्ति का आदेश सुन सके और सुन कर उसका पालन कर सके, सामाजिक नियन्त्रण की आवश्यकता न रह जाये—जो नियन्त्रण माना हुआ हानिकर है—यह संभव है या नहीं और सम्भव है, तो किस तरह?

कंकाल के लेखक का विश्वास है कि यह सब संभव है और इसके लिए उन्होंने दो व्यवस्थाएँ दी हैं—लोक-शिक्षण की और लोक-सेवा की। व्यक्तिवादी दार्शनिक मिल ने अपने 'लिबर्टी' नामक ग्रन्थ में लिखा है कि समाज को शिक्षा के लिए विशेष उद्योग करना चाहिए। वह शिक्षा-प्रवेश घर-घर में करे, पर अपनी रुचि और प्रवृत्ति के अनुकूल शिक्षा प्राप्त करने की सुविधा प्रत्येक व्यक्ति को दी जाये। जो समाज अपने आदमियों को बच्चे पैदा करने की इजाजत देता है, पर उनके बुद्धि-संस्कार की व्यवस्था नहीं करता, वह अपने कर्तव्य से रहित है और इसके कुफल का स्वयं जिम्मेदार है। कंकाल का 'मंगलदेव' प्रायश्चित्त के ब्याज से लोक-शिक्षण का व्रत लेता हैं और अनेक कठिन परिस्थितियों में पड़ कर भी उसे नहीं छोड़ता। अपने हाथों ईंट-गारा जोड़ कर वह पाठशाला स्थापित करता, लड़के एकत्र करता और अपने तथा उनके निर्वाह के लिए भीख माँगता फिरता है। वह असभ्य गूजरों के लड़कों को जंगल के एक गाँव में पढ़ाता देखा जाता है। मंगलदेव मानो एक संकेत है, लेखक का यह उद्देश्य है कि सारे देश में शिक्षा-प्रचार के लिए मंगलदेव-जैसे व्यक्तियों की आवश्यकता है। लेखक ने जिस शिक्षा-क्रम का आयोजन किया है, वह भी उपयोगी और सरल है। सेवा-कार्य की प्रेरणा कंकाल में 'भारत-संघ' के द्वारा मिलती है। उपन्यास के अंत में सेवा-कार्य के शुभ फल फलित होते दीख पड़ते हैं। ध्यान देने की बात है कि इस सेवा-कार्य में स्त्रियों का प्रमुख स्थान है।

कंकाल के लेखक का आदर्श तो व्यक्तिवाद है; पर उपन्यास में उक्त आदर्श पूरा सफल होता नहीं देखा जाता। यह स्वाभाविक और यथार्थ सत्य भी जीवन में नित्यप्रति हम जिस सत्य को देखते हैं, 'कंकाल' में उसी की झलक है। मानवीय प्रयासों के भीतर एक उज्ज्वल आदर्श की आकर्षक आकांक्षा, उसकी प्राप्ति का मनस्वी प्रयत्न—मानव-धर्म इतना ही है। इस प्रयत्न की सफलता आंशिक हो, तो आश्चर्य नहीं। मनुष्य का निर्माण ही इसी धातु से हुआ है। इस दुनिया में असफलताओं की अन्तिम लड़ी सफलता है। कंकाल की आत्मा व्यक्ति की मुक्ति की पुकार उठा रही है; पर वह किसी ओर से पूर्णतः सफल होती नहीं दीखती। उपन्यास का नायक 'विजय' है, किन्तु उपन्यास के अन्त में 'विजय' की हड्डियों का करुण

कंकाल देख कर हम द्रवित होते और दु:खान्त उपन्यास का परिचय पाते हैं। समाज के कठोर हाथों से कुचला जाकर नायक 'विजय' का विकास बहुत कुछ दबा रहता है। उसकी साधनाएँ सफल नहीं हो पातीं। उसका समाज-विद्रोही संघर्ष और आयोजन असाधारण उत्कर्ष को प्राप्त हुए हैं। अंतिम समय में 'यमुना' और 'घंटी' रूपी सौभाग्य देवियाँ 'विजय' की अन्त्येष्टि का प्रबन्ध करती हैं। इस प्रकार उपन्यास के अन्त में यद्यपि 'विजय' का विकृत कंकाल ही नजर आता है; किन्तु आशा और शान्ति के वातावरण में ही उपन्यास का परदा गिरता है। 'विजय' की मृत्यु ऐसी है, जो अन्त में एक करुण, किन्तु सात्त्विक सन्तोष का उदय करा जाती है।

नारी और पुरुष के स्वाभाविक आकर्षण और उनकी स्वतन्त्र गति-विधि के हामी होने के कारण ही प्रसादजी को प्रचलित पवित्रतावादी विचार-धारा के प्रति विद्रोह करना पड़ा है। उनके अधिकांश पात्र इसी विद्रोही मनोभावना की उपज हैं और उपेक्षा तथा भगोड़ेपन का-सा जीवन व्यतीत करते हैं। पर, यह भगोड़ापन नवीन सामाजिक और सांस्कृतिक साधना का अंग बन कर आया है। वह अपना विशिष्ट उद्देश्य रखता है, निरुद्देश्य नहीं है।

कंकाल की आत्मा व्यक्ति की मुक्ति की आवाज उठाती है; किन्तु वह किसी ओर से पूर्णत: परिफलित होती नहीं दीखती। इस तथ्य की ओर हमें दुबारा ध्यान देने की आवश्यकता है। यहीं से कंकाल आजकल के पश्चिमी बुद्धिवादियों की कृतियों से अलग हो जाता है, जो अपने निरूपित सिद्धान्त से एक इंच भी घटना-बढ़ना नहीं जानते और जिनकी आधार-शिला बौद्धिक तर्कों पर ही स्थित होती है, मानवीय परिस्थितियों पर नहीं। विशाल फ्रान्स देश के करोड़ों निवासी आज शताब्दियों से 'जोन ऑफ आर्क' नाम की राष्ट्र-भक्त महिला की अर्चना राष्ट्रदेवी के रूप में करते आए हैं। समष्टि में उसका बड़ा ही शुभ प्रभाव फैला हुआ है; पर बुद्धिवादी बर्नार्ड शॉ बड़े अनुसन्धान के बाद एक दिन यह संदेश लेकर निकल पड़े कि 'जोन ऑफ आर्क' डरपोक औरत थी और मरने के पहले उसने कई बार माफी माँगी थी। यह भावना-रहित बुद्धिवाद, बौद्धिक सिद्धान्तों और विचार-प्रणालियों की प्रतिष्ठा करना चाहता है। इसका लक्ष्य मानव-चरित्र-चित्रण नहीं है। यद्यपि कंकाल भी बुद्धिवाद की ओर उन्मुख है; किन्तु प्रसादजी कोरे सिद्धान्त की अपेक्षा मानव-चरित्र और जीवन-व्यापार से अधिक अनुरक्ति रखते हैं। इसलिए, उनका यह उपन्यास कोरी बौद्धिक समस्या का साहित्यिक निरूपण-मात्र नहीं है, वह एक सजीव मानव-आख्यान भी है। जीवन-घटनाओं का अनिवार्य प्रवाह उसमें है।

यह उपन्यास जहाँ एक ओर बुद्धिवाद की आधुनिक प्रणाली से पृथक् हो गया है, वहाँ दूसरी ओर यह उस अव्यवहार्य और रूढ़ आदर्शवाद को भी प्रश्रय नहीं देता, जिसकी हमारे साहित्य में अतिमात्रा हो रही थी। कहा जा सकता है कि कंकाल में उस आदर्श-प्रधान रचना-प्रणाली की प्रतिक्रिया हुई है, जिसके प्रतिनिधि प्रेमचन्दजी हैं। प्रेमचन्दजी के 'कायाकल्प' से प्रसादजी के 'कंकाल' की तुलना कीजिए। हिन्दू-मुस्लिम-समस्या का प्रसंग दोनों में आया हुआ है। प्रेमचन्दजी ने इस समस्या के समाधान के लिए एक ऐसा महान् नायक खड़ा कर दिया है, जो आदर्शवादी प्रणाली के अनुरूप है। उसके व्याख्यानों का वैसा ही असर होता है, जैसा किसी महापुरुष का हुआ करता है; किन्तु कंकाल उस परंपरा से छूट कर अलग हो गया है। वह इस सस्ती प्रथा से काम नहीं लेता, क्योंकि उसकी अव्यावहारिकता उसकी दृष्टि में

आ गई है। वह सामान्य मानवीय धरातल पर से ही मानो प्रणत होकर कहता है—'ओ दुर्बल मनुष्य, पहले अपने को देख! हिन्दू-मुस्लिम-ईसाई तो तुझे समाज ने बनाया है। मूलतः तू मानव है। तू अपने को धार्मिक और खानदानी समझता है; किन्तु सच पूछें, तो तेरी नस्ल का कोई ठिकाना नहीं है। धार्मिकता और खानदानीपन की आड़ में तू प्रतिदिन पतित ही होता गया है, जिसका परिणाम यह है कि आज तू अपनी प्रकृत मानवता से वंचित होकर वासनाओं का गुलाम बन गया है। आज तुझमें और तेरे समाज में एक भी सत्प्रेरणा, सद्गुण और सत्पुरुष नहीं रहा; इसलिए पहले उठकर अपना घर सँभाल।'' और यह कह कर समाज के मुकुर में उपन्यास हिन्दू-मुसलमान सबका चित्र दिखा देता है। कहने की आवश्यकता नहीं कि ये सभी चित्र एक-से भद्दे, कद्रूप और ग्लानि-जनक हैं। साहित्यिक परंपरा की दृष्टि से कंकाल का यह उपक्रम नवीन है और इसमें नवीन यथार्थवाद के बीज निहित हैं तथा समाज की वर्तमान स्थिति को देखते हुए उसकी तजवीज कारगर होने वाली है।

(५)

आदर्श की दृष्टि से कंकाल के समाज-विद्रोही व्यक्तिवाद के पक्ष-विपक्ष में बहुत कुछ कहा जा सकता है। यूरोप के समाजवादी और व्यक्तिवादी राजनीतिक दार्शनिकों की कृपा से इस विषय के तर्कों की कमी नहीं है। यदि एक पक्ष में हर्बर्ट स्पेन्सर, मिल, सिजविक और अनेकानेक फ्रान्सीसी तथा जर्मन एनार्किस्ट हैं, तो दूसरे पक्ष में भी ओवेन, हक्सले, हीगेल, डार्विन और मार्क्स-जैसे समाजवादी हैं। उदाहरण के लिए कंकाल के एनार्किस्ट व्यक्तिवाद के विरुद्ध कहा जा सकता है कि उसमें व्यक्ति को एकाकी मान कर नित्यप्रति के अत्यन्त प्राकृतिक और अनिवार्य सामाजिक सम्बन्धों की अवहेलना की गई है। प्रत्येक सामाजिक संस्था मनुष्य की आवश्यकताओं से बनी है और इतिहास-क्रम से उसका विकास होता आया है। इस अकाट्य सत्य की ओर ध्यान नहीं दिया गया। व्यक्ति में ही दोष हो सकते हैं, जो समाज में हैं अथवा समाज के दोष वस्तुतः व्यक्ति के ही दोष हैं, इसका विचार नहीं किया गया। किन्तु, कंकाल का लक्ष्य समाज-संस्था के अनिवार्य दोषों, अवश्यम्भावी जड़ताओं, कुसंस्कारों आदि का प्रतिकार करना है। इन अवगुणों के विपरीत वे एक सचेत और सुशिक्षित 'व्यक्तित्व' का प्रतिपादन करते हैं। हमें यह कहते हुए कोई संकोच नहीं है कि उपन्यास के वर्णन और चित्रण-क्रम द्वारा प्रसादजी ने अपना पक्ष यथेष्ट प्रामाणिक और प्रभावशाली रूप में उपस्थित किया है।

किन्तु कंकाल की इस दार्शनिक उपपत्ति के सम्बन्ध में इतना कह चुकने पर अब यह कहने में कोई आपत्ति नहीं है कि सैद्धान्तिक ऊहापोह उपन्यास का मुख्य विषय नहीं है। मुख्य विषय तो है, सामाजिक जीवन के विभिन्न अंगों का चित्रण। इसलिए यह कहना भी अनुचित न होगा कि समाज की वर्तमान विवशताओं और अवरोधों से विक्षुब्ध होकर ही कंकाल की उपर्युक्त विचारधारा संघटित हुई हो, तो भी कोई आश्चर्य नहीं। साथ ही हम यह कह सकते हैं कि प्रसादजी का व्यक्तिवाद सार्वभौम सिद्धान्त के रूप में चाहे कंकाल द्वारा यथेष्ट परिपुष्ट न हो सका हो; किन्तु वर्तमान उपचार के रूप में तो उसके प्रयोग अनुभूत और औषधि अमोघ सिद्ध होगी। इसका कारण यही है कि प्रसादजी समाज के एक सूक्ष्मदृष्टि पारखी हैं,

विशेषकर दोषों और दुर्बलताओं को देखने की अचूक क्षमता रखते हैं। उनके अनुभव का क्षेत्र पुस्तकों तक सीमित नहीं है, वह बहुत ही विस्तृत, वास्तविक, सजीव और सजग है। हमारा वर्तमान समाज अपनी कुलीनता के थोथे, निष्प्रयोजन, विभेदकारी और ह्रासकारी बंधनों में आबद्ध है। वह एक निष्क्रिय, गतिहीन और कहीं न ले जाने वाले धर्माभास का शिकार हो रहा है। अशिक्षा के कारण कर्मण्यता लुप्त है। राजनीतिक और सामाजिक परतन्त्रता हमें जकड़े हुए है। बौद्धिक स्वाधीनता, जो नाममात्र को है, वह भी सामाजिक अगतियों के कारण कुंठित हो रही है। हमारा समाज-यंत्र जड़ होकर स्थिर है। अब यह चले तो कैसे? कंकाल हमें सुझाता है कि यह एक समाजव्यापी विद्रोह द्वारा ही गतिशील हो सकेगा और यह विद्रोह प्रारम्भ में स्वभावत: व्यक्तिगत ही हो सकता है। यही संक्षेप में कंकाल का व्यक्तिवादी निर्देश या संदेश है। जैसी स्थिति है, उसे देखते हुए न तो हमें बहुमत का सहारा है और न राजकीय शक्ति की ही सहायता है। ऐसी अवस्था में हमारे व्यक्तिगत प्रयास ही हमें इष्ट की ओर ले जायेंगे और व्यक्तिगत प्रयास के लिए बौद्धिक स्वाधीनता अत्यावश्यक है। कंकाल अपनी सारी शक्ति इसी अर्थ लगा देता है; इसलिए हम कह सकते हैं कि वह युग के अनुकूल साहित्य-सृष्टि है।

इस समय हमारा देश एक नवीन चेतना से संचालित होकर युगों से तिरोहित प्रकाश की प्रत्यागत ऊषा-रश्मि में आँखें खोल रहा है। आज जन्म-सिद्ध अधिकार के रूप में स्वराज्य की झाँकी हमें मिली है। शक्ति का ऐसा उन्मेष हो रहा है कि यदि कहीं उसका समीकरण हो सके, तो नवीन भारतीय राष्ट्र अपने नवीन कला-कौशल, साहित्य, संगीत और ज्ञान-विज्ञान की कृति-सृष्टियों से संसार को चकित कर दे। डाक्टर एनी बेसेंट-जैसी विवेकवती विदुषी महिला ने कई वर्ष पूर्व कहा था कि भारत की राष्ट्रीय जागृति में संसार के लिए महान् संभावनाएँ हैं। भारतीय स्वराज्य में ये सभी संभावनाएँ सन्निहित हैं; किन्तु, राजनीतिक स्वराज्य ही सब कुछ नहीं है, अथवा वह सब कुछ तभी है, जब वह हमारी सर्वदिक् स्वाधीनता का हामी होकर रहे। सब दिशाओं से, जीवन के सारे क्षेत्रों से उठने वाली स्वाधीनता की ध्वनियाँ ही आने वाले स्वराज्य का स्वागत-गान बनेंगी। कंकाल व्यक्ति के लिए बुद्धिजन्य और बुद्धिसम्मत क्रियाजन्य स्वराज्य चाहता है। इस स्वराज्य में अधिकार-पक्ष के साथ ही कर्तव्य-पक्ष आप ही सन्निविष्ट है, वरन् कहना यह चाहिए कि वर्तमान स्थिति में स्वाधीन बुद्धि से कर्तव्य-पालन और कष्ट-सहन ही इसका प्रधान अंग है। प्रसन्नता की बात है कि भारतीय राष्ट्रीय कांग्रेस ने भी अपने विधान में इस स्वराज्य की हामी भरी है; किन्तु व्यावहारिक दृष्टि से इस क्षेत्र में अभी बहुत-सी मंजिलें तय करनी हैं। तब कहीं कंकाल का अभीष्ट बौद्धिक और वैयक्तिक स्वतन्त्रता-सम्बन्धी लक्ष्य यथेष्ट सफलता प्राप्त कर सकेगा। फिर भी अपूर्ण तो वह रहेगा ही; क्योंकि मानव-व्यापार में पूर्णता है नहीं। कम-से-कम कंकाल के लेखक की ऐसी पूर्णता पर आस्था नहीं है, यह हम ऊपर देख चुके हैं। इस दृष्टि से हम चाहें, तो कंकाल को व्यक्तिवादी कृति न कहकर, व्यक्तिगत साधनावादी कृति कह सकते हैं। इस शब्द के रूढ़ धार्मिक अर्थ को मन से हटा कर खुली आँखों कंकाल को देखने पर, इससे बढ़कर दूसरा उपयुक्त विशेषण उपन्यास के लिए शायद ही कोई मिले।

जून, १९३७ जून

आरंभिक काव्य-विकास

नवीन युग की हिन्दी की वृहत्त्रयी के रूप में श्री जयशंकर प्रसाद, श्री सूर्यकान्त त्रिपाठी 'निराला' और श्री सुमित्रानन्दन पंत की प्रतिष्ठा मानी जाती है। उनसे पीछे के कवियों में कतिपय ऐसे हैं, जो उनकी स्पर्द्धा करते हैं और पूर्ववर्ती कवियों में भी दो-एक अपने रचना-विषय को उनकी पंक्ति में रखकर खड़े हुए हैं, परन्तु परवर्तियों की स्पर्द्धा अब तक सफल नहीं समझी गई और पूर्ववर्तियों का प्रयास भी भाषा और भाव के क्षेत्रों में अधिकतर अनुकरण ही माना गया है। यह नहीं कहा जा सकता कि इस प्रकार की समझ कहाँ तक ठीक है; पर यह तो निश्चय है कि उपर्युक्त वृहत्त्रयी ऐतिहासिक दृष्टि से हिन्दी-काव्य में युगान्तर उपस्थित कर चुकी है। यह कविता के अन्तरंग और बाह्यांगों की मौलिक सृष्टि करके साहित्य-समाज के सामने आई। इनमें भी ऐतिहासिक दृष्टि से जयशंकर प्रसादजी का कार्य अधिक विशेषता-समन्वित है। उन्होंने कविता-विषय को सब से प्रथम रसमय बनाया, कल्पना और सौन्दर्य के नए स्पर्श अनुभव कराए। उनके पूर्व के हिन्दी कवि, प्राचीन शृंगारी कवियों के शृंगार से इतना भयभीत-से हो गए थे कि वे उसे स्पर्श करने में ही संकोच मानने लगे थे। काव्य में मधुर भावों का प्रवेश सशंक दृष्टि से देखा जा रहा था, जिसके कारण कविता के प्रति आकर्षण की कमी हो रही थी। समालोचकों ने लिखा है कि आचार्य महावीरप्रसाद द्विवेदी पर मराठी भाषा का प्रभाव था और मराठी की पदावली स्वभाव-कर्कश थी। उनका कथन है कि द्विवेदीजी तत्कालीन हिन्दी-कविता के अध्वर्यु थे, इसलिए मराठी की उक्त कर्कश पदावली हिन्दी में भी आ गई; परन्तु इस प्रकार के आरोप विशेष संगत नहीं समझ पड़ते। आचार्य द्विवेदीजी पर मराठी से कहीं अधिक संस्कृत का प्रभाव था और वे हिन्दी के नेता होते हुए भी कविता के डिक्टेटर नहीं बने। इसलिए ऐसा कहना कदाचित् भ्रमपूर्ण होगा कि मराठी के प्रभाव और हिन्दी में द्विवेदीजी के नेतृत्व के कारण नीरसता का प्रसार हो रहा था। यह कहना समुचित नहीं कि हिंन्दी की तत्कालीन कर्कशता खड़ी बोली के व्यवहार के कारण थी। यदि थोड़ा-सा ध्यान देकर देखा जाये, तो समझ में आ जायेगा कि खड़ी बोली का व्यवहार, मराठी का प्रभाव आदि हिन्दी की तत्कालीन कठोरता के कारण नहीं थे, वरन् वे स्वयं लक्षण थे, जिनका कारण तत्कालीन वातावरण में ढूँढ़ना चाहिए।

हम उल्लेख कर चुके हैं कि हिन्दी के द्विवेदी-युग के साहित्यिकों को शृंगारी कविता के प्रति स्वभाव-सिद्ध शंका रहती थी। उस समय की यत्किंचित् शृंगारोन्मुख रचनाएँ देखने से यह स्पष्ट हो जाता है कि कविगण कितना भयभीत होकर कदम रखते थे। अभी-अभी हम 'कविता-कलाप' नाम का आचार्य द्विवेदीजी-कृत संग्रह देख रहे थे, जिसमें 'महाश्वेता' आदि कितने ही स्त्री-चरित्रों पर कविताएँ लिखी गई हैं। हमने देखा कि सर्वत्र संकोच के कारण कविताएँ त्रुटिपूर्ण हो गई हैं। अधिकतर एक कृत्रिम उपदेश की भावना लिए हुए नारी का

सौन्दर्यांकण किया गया है और वह सौन्दर्य बहुत ही स्थूल, बाह्य-रेखा-बद्ध और नपा-तुला है। आश्चर्य तो यह है कि कवियों ने श्रृंगार-विषय को काव्य-वस्तु बनाने की प्रवृत्ति ही क्यों दिखाई! शायद वह प्रवृत्ति मनुष्यता की अनिवार्य माँग है। जब वह अनिवार्य है, तब श्रृंगार यदि विष भी हो, तो उसे शोध कर गुणकारी बनाना चाहिए। किन्तु, वह गुणकारी किस प्रकार बन सकता है, इसकी विधि द्विवेदी-काल के साहित्य-सेवियों को निश्चयपूर्वक मालूम न थी। स्मरण रखना चाहिए कि वह ऋषि दयानन्द के आर्य-समाज का युग था, जिसकी विशेषता संघर्ष बतलाई जाती है। चित्रकला में रविवर्मा उस काल के प्रतिनिधि थे। उनकी भी रुखाई हम लोगों को मालूम ही है। उस समय लोग घर में लड़ाई करके बाहर देश-प्रेम जनाने में गौरव का अनुभव करते थे। नारी के प्रति न तो प्राचीन महाकाव्यों का-सा औदात्य, न कादंबरी का-सा सहज स्वातंत्र्य और न पाश्चात्य यथार्थोन्मुख रचनाओं की-सी अकृत्रिम भावना व्यक्त हो सकी। बहुत-से कवि जीवन के व्यापक क्षेत्र से हटकर डिप्टी कलक्टरों और तहसीलदारों को 'जुग-जुग जिलाने' में ही लगे हुए थे। ऐसी परिस्थिति में जब कभी कविगण अपने हृदय की टोह लगाते होंगे, तब अपनी रचनाओं में एक अपूर्णता और कृत्रिमता का अनुभव अवश्य करते होंगे। शायद यही अनुभव कर वे प्राचीन रसमय संस्कृत काव्यों का अनुवाद करने को प्रेरित हुए। श्री श्रीधर पाठक ने इसी समय के लगभग कुछ अंग्रेजी कविताएँ पढ़ीं और हिन्दी में उन्हें उद्धृत किया; परन्तु अनुवाद तो आखिर अनुवाद ही है।

एक और बात भी ध्यान देने योग्य है। ब्रजभाषा में उस समय श्रृंगारिक समस्यापूर्तियाँ हो रही थीं, जिनके विरुद्ध खड़ी बोली में एक आन्दोलन ही चल उठा था। इन समस्यापूर्तियों में भी ऊपरी हाव-भावों, बाहरी मुद्राओं और स्थूल इंगितों की ही प्रधानता रहती थी। उधर उन लोगों ने श्रृंगार के अतिरिक्त सब कुछ अस्पृश्य समझ लिया और उसे कोरी शारीरिक वर्णना तक ही सीमित रक्खा, इधर इन लोगों ने श्रृंगार को ही अस्पृश्य समझ लिया और उसका या तो त्याग ही कर दिया, या उसे उपदेशात्मक काव्य का विषय बना डाला। वे लोग प्राचीनतावादी हो गए, ये लोग नवीनतावादी। उन लोगों को यह चिन्ता नहीं थी कि श्रृंगार का संस्कार करते। इन लोगों को श्रृंगार नाम से ही इतनी चिढ़ थी कि उसके संस्कार की कल्पना भी न कर सके। एक प्रकार का द्वंद्व-युद्ध चल रहा था, जिसमें विवेक का प्राय: दोनों ओर से अभाव था। तथापि नवीन नवीन ही है और प्राचीन प्राचीन ही। सामयिकता की ओर प्राय: सबकी रुचि होती है। द्विवेदी-युग अपनी नवीनता के कारण सम्मानित हुआ। नवीन युग का उत्साह नवीन कविता में अवश्य देखा गया; पर जीवन के अंतरंग को स्पर्श करनेवाली वास्तविक काव्य-सृष्टि कम ही हो सकी।

एक चौथी बात और है। हिन्दी में द्विवेदी-युग गद्य के अभ्युदय का युग था। विचारों का प्रकाश जितना गद्य में प्रकट होता है, उतना पद्य में कठिनाई से हो सकता है। समूह की भाषा गद्य की ही हो सकती है, और उस समय समूह को भाषा की आवश्यकता थी। काव्य के द्वारा तर्क नहीं किया जा सकता; पर उस समय लोग तर्क पसन्द करते थे। अभ्युदयशील जनतावाद के युग में पद्य की अपेक्षा गद्य का अधिक प्रयोग किया जाना स्वाभाविक ही है, वही किया भी गया। सिद्धान्तों की चर्चा के लिए, साधारण विचार व्यक्त करने के लिए, वक्तृताओं के लिए गद्य का सभी लोग प्रश्रय लेते हैं, उस युग ने भी साहित्यिकों ने लिया। आचार्य द्विवेदीजी की

अधिकांश प्रतिभा गद्यशैली की स्थापना में ही व्यय हुई। छन्द की ओर उतना ध्यान नहीं रहा, जितना व्याकरण की ओर। काव्य-संगीत को छोड़कर साहित्यिकों ने गद्य-प्रवाह का पल्ला पकड़ा। कोई नहीं कह सकता कि वे अपने कार्य में असफल हुए। कुछ ही वर्षों के प्रयास से उन्होंने हिन्दी में गद्य-शैली की ऐसी सुदृढ़ स्थापना कर दी, जिसका लोहा अब भी माना जाता है। कविता के क्षेत्र में द्विवेदी-युग का अतिक्रमण किया जा चुका है। विचारों की दुनिया आगे बढ़ चुकी है; पर गद्य-शैली तो उसी युग की अब भी चल रही है। आज भी आचार्य द्विवेदीजी गद्य के सबसे बड़े अधिष्ठाता माने जाते हैं। जिस प्रकार काव्य में खड़ी बोली का प्रयोग सामयिक वातावरण का एक लक्षण-मात्र था, उसी प्रकार गद्य का विकास भी। उसी वातावरण में रविवर्मा के चित्रों का सार्वदेशिक सम्मान हो रहा था। उस वातावरण को हम एक प्रकार का सामूहिक पवित्रतावादी, नवोत्साहपूर्ण वातावरण कह सकते हैं, जिसमें स्थूलता और कृत्रिमता की छाप भी देखी जाती है।

सब लोगों को इस प्रकार का वातावरण रुचिकर नहीं होता। यदि कुछ लोग सिद्धान्त-निरूपण और तर्क पसन्द करते हैं, तो सब लोग नहीं कर सकते। गद्य का चमत्कार उन्हीं के कानों में संगीत से बढ़कर आनन्द उत्पन्न कर सकता है, जिनकी वैसी अभिरुचि हो। बहुत-से ऐसे आदमी मिलेंगे, जो श्री महावीरप्रसाद द्विवेदी के गद्य-सौन्दर्य को श्री सुमित्रानन्दन पंत के छन्दों से अधिक पसन्द करें; पर बहुत-से ऐसे नहीं भी मिलेंगे। 'कविता-कलाप' की रचनाएँ तो आज बहुत ही कम रुचिकर लगेंगी। उसकी शृंगार-सम्बन्धी कविताएँ तो निम्न कोटि की समझ पड़ेंगी। उनमें कवियों का हृदय खुल कर कल्पना और भावना की तरंगों में बहा ही नहीं। जिन्होंने रवीन्द्रनाथ की 'उर्वशी' पढ़ी है, फिर 'कविता-कलाप' की 'तिलोत्तमा' आदि का वर्णन पढ़ा है, वे यह समझ लेंगे कि द्विवेदी-युग कविता के लिए कितना अनुपयोगी और अनुर्वर था। यदि काव्य के लिए अनुपयोगी न होता, तो शायद इतने अल्प समय में गद्य की इतनी सुन्दर प्रतिमा खड़ी न की जा सकती। कविता के लिए अनुपयोगी हो, तो भी हिन्दी के लिए वह सुयोग ही था।

उस समय की प्रचलित कविता की दिशा बदलने में अग्रणी श्री जयशंकर प्रसाद ही ठहरते हैं। श्री श्रीधर पाठक की अनुवादित कृतियों के अतिरिक्त इनकी अन्य रचनाएँ प्रसादजी के पहले की नहीं हैं। कवि श्री रत्नाकर प्राचीन पौराणिक कथा-वस्तुओं को लेकर आलंकारिक रचनाएँ कर रहे थे। उनकी भाषा पुरानी और कान्य-संस्कृति मध्यकालीन थी। नवीनता केवल नवीन रूपकों, अलंकारों और प्राचीन भावों को नवीन उक्तियों से सज्जित करने में थी। आप कह सकते हैं कि कथानक के प्राचीन होने से क्या उनका चित्रण नवीन नहीं हो सकता? हो सकता है, जैसा श्री मैथिलीशरणजी के 'साकेत' आदि काव्यों में हुआ भी है, किन्तु रत्नाकरजी की वह दृष्टि नहीं थी। वे प्राचीन आत्मा में नव्य प्रकृति का सन्निवेश नहीं करना चाहते थे, इसलिए उन्होंने प्राचीन आत्मा को ही रंगीन बनाकर उपस्थित किया। उनकी रचना इसलिए उक्ति-बहुल और आलंकारिक हुई। एक बात और समझने की है। जिसे हम आज प्राचीन या मध्यकालीन कहते हैं, वह उन-उन कालों में प्राचीन नहीं थी, जब उसकी सृष्टि हुई थी। उदाहरण के लिए सूरदासजी को लीजिए और उनकी तुलना रत्नाकर से कीजिए। सूरदासजी के काव्य में वही भाव अतिशय प्राकृतिक, रसमय, मनोरम और परिपुष्ट

संस्कृति के उन्नायक होकर आए हैं। उनकी काव्य-धारा 'रत्नाकर' जी की-सी उक्ति-बहुल, अलंकृत और कोरी साहित्यिक नहीं है।

श्री मैथिलीशरण गुप्त तथा पंडित अयोध्यासिंह उपाध्याय काव्यगत नवीनता, एक नया संदेश और नई दृष्टि लेकर आए। रत्नाकरजी के 'गंगावतरण' से गुप्तजी के 'जयद्रथ-वध' की तुलना करने पर यह स्पष्ट हो जाता है कि शैली में एक नई खराद और काव्य में पौराणिकता के स्थान पर आदर्शात्मक मनोभावों का प्रवेश भी हो रहा है। किन्तु, वह प्रवेश भी आरंभिक और आंशिक है। श्री मैथिलीशरण में वह एक करुण मानवीय सात्त्विकता तथा उपाध्यायजी में प्रशान्त सात्त्विकता तक सीमित है। अपने समय के ये उत्थान कम उल्लेखनीय नहीं हैं; किन्तु ये शैशवावस्था के हैं। ये जीवन की व्यावहारिक वास्तविकताओं और यौवनोद्वेग की किरणों-से ऊष्म नहीं हैं। कथावस्तु प्राचीन है, यद्यपि निरूपण नया है। सामाजिक और सांस्कृतिक दृष्टि पूर्वयुग की है। उदाहरण के लिए गुप्तजी की नवीनतम रचना 'द्वापर' काव्य को भी देखें, तो स्त्री का वही करुण समर्पण, भावुक परावलंबन आदि देखने को मिलेंगे। काव्य-चित्र और काव्य-शैली भी स्थूल रेखाबद्ध, अनुदात्त और अनुत्कर्षपूर्ण है। सिख गुरु के कारण उपाध्यायजी में करुणा की अपेक्षा शान्त और भावना की अपेक्षा कर्तव्य-परायणता की प्रमुखता है, किन्तु दोनों हैं एक ही युग के दो रत्न, साहित्य में भी समानधर्मी, सांस्कृतिक दृष्टि भी मिलती-जुलती। कुछ समीक्षकों ने लिखा है कि कवियों का प्रकृति-प्रेम और प्राकृतिक चित्रण भी उल्लेखनीय है, किन्तु प्रकृति का स्वतंत्र और वास्तविक चित्रण तथा उसकी निजी सत्ता के प्रति आकर्षण हमें इन कवियों में कहीं नहीं दीख पड़ता। यत्किंचित् वह उपाध्यायजी में है, पर कथा के अंग-रूप में ही। यह भी एक कारण है कि हमें इन कवियों में प्रबंध-रचनाओं की ही प्रवृत्ति दीख पड़ती है, सुन्दर भाव-गीतों की सृष्टि की नहीं।

श्री जयशंकर प्रसाद ने काव्य के लिए परम आवश्यक माधुर्य-भाव की सृष्टि प्राकृतिक वर्णनों-द्वारा प्रारम्भ की। 'चित्राधार' की उनकी उस काल की कविताएँ लोगों को अनोखी लगी थीं।

'चित्राधार' से प्रकृति-प्रेम की जो कविता आरम्भ हुई, उसका विश्लेषण करने पर कई बातें मालूम होती हैं। एक तो वह गीति-कविता के रूप में है। जहाँ छोटी-छोटी भावनाएँ एक में केन्द्रित होकर गेय हो उठती हैं, उसे गीति-काव्य कहते हैं। हिन्दी के आलोचकों ने गीति-काव्य के सम्बन्ध में भयानक भ्रम फैला रखा है। अपनी विचित्र व्याख्याओं में वे कहा करते हैं कि जहाँ अन्तःसौंदर्य व्यक्त करना होता है, वहाँ गीति-काव्य-द्वारा और जहाँ बाह्यसौन्दर्य व्यक्त करना होता है, वहाँ प्रबन्ध-काव्य-द्वारा किया जाता है; पर इस प्रकार की बात वास्तव में है नहीं। द्विवेदी-कालीन काव्यकारों या पुस्तक-रचयिताओं को ही लीजिए। क्या उनमें हम केवल बाह्य आकार-प्रकार और व्यवहार की स्थूल वर्णना ही मुख्यतः नहीं पाते? यही नहीं, प्रेममूलक जिन कविताओं में वे समीक्षक अन्तःसौन्दर्य देखा करते हैं, उनमें कहीं-कहीं तो ...तःसौन्दर्य यही होता है कि वे एक उत्तेजनाशील प्रभाव-मात्र उत्पन्न करती हैं। यदि देखा ...ये, तो इस प्रकार के अन्तःसौन्दर्य से तो बाह्यसौन्दर्य ही श्रेष्ठ है। इसी के विपरीत हम ...बन्ध-काव्य के विस्तृत कथानकों और चरित्र-चित्रणों में, जो ऊपरी दृष्टि से बाह्य प्रतीत होते

हैं, उत्कृष्ट श्रेणी का भाव-सौन्दर्य देखते हैं। वास्तव में सौन्दर्य की सत्ता किसी काव्य के साँचे की बंदिनी नहीं। वर्णनात्मक और गीतात्मक काव्य-भेद से इसके बाह्य और आंतर सौन्दर्य के भेद करना मेरे विचार से असंगत है। गीति-काव्य और प्रबन्ध-रचना में भेद यह है कि एक में काव्य किसी एक स्फुट, किन्तु प्रभावशाली मनोभाव, दृश्य या जीवन-समस्या को लेकर केन्द्रित हो जाता है और दूसरे में बहुमुखी जीवन-दशाओं और स्थितियों का चित्रण किया जाता है। महाकाव्य की भूमिका प्रायः उदात्त और उसका स्वर गंभीर हुआ करता है, जब कि गीतों में माधुर्य की प्रधानता होती है। वर्णनात्मक काव्य में बाह्य जगत् और जीवन-व्यापारों का सौन्दर्य दर्शनीय होता है और मुक्तक काव्य में मानसिक स्वरूपों, सूक्ष्म मनोभावनाओं और मनोगतियों की सुषमा अधिक देखने को मिलती है। दोनों में ही उच्च कोटि का काव्य एवं जीवन-सौन्दर्य की अभिव्यक्ति हमें मिल सकती है।

यह सब कहने की आवश्यकता इसलिए पड़ी है कि उपर्युक्त अद्भुत आलोचकों के कारण हिन्दी-काव्य-जगत् में अत्यन्त हानिकारिणी विचार-परम्परा स्थिर होती जा रही है। जहाँ कोई सौन्दर्य नहीं, वहाँ अन्तःसौन्दर्य देखा जाता है। जहाँ सौन्दर्य है, उसकी अवहेलना की जाती है। जो गीति-काव्य केवल काव्य-सम्बन्धी बाह्य वर्गीकरण की वस्तु है, उसे जीवन के अन्तःसौन्दर्य का प्रतिनिधि समझा जाता है। यह सब-का-सब भीषण भ्रम है। सब प्रकार के काव्य में सब प्रकार का सौन्दर्य समाहित किया जाने योग्य है। हमें देखना यही चाहिए कि कहाँ पर क्या है?

श्री जयशंकर प्रसाद के 'चित्राधार' में उनकी विशिष्ट प्रकार की दार्शनिक अभिरुचि के कारण प्रकृति-प्रेम एक विशिष्ट प्रकार से व्यक्त हुआ है। अंग्रेज कवि वर्ड्सवर्थ की भाँति प्रकृति के प्रति उनका निसर्ग-सिद्ध तादात्म्य नहीं दीख पड़ता। प्रत्येक पुष्प में उन्हें वह प्रीति नहीं, जो वर्ड्सवर्थ को थी। प्रत्येक पर्वत, प्रत्येक घाटी उनकी आत्मीय नहीं। वे प्रत्येक पक्षी को प्यार नहीं करते। यह 'चित्राधार' की बात कही जा रही है। उसमें उनका प्रेम रमणीयता से है, प्रकृति से नहीं। वे सुन्दरता में रमणीयता देखते हैं, सर्वत्र नहीं। इस रमणीयता के सम्बन्ध में उनकी भावना रति की भी है और जिज्ञासा की भी। रति उनका हृदय-पक्ष है, जिज्ञासा उनका मस्तिष्क-पक्ष। कहीं-कहीं वे रमणीय दृश्यों को देखकर मुग्ध होते, और कहीं-कहीं प्रश्न पूछते हैं कि यह रमणीयता इसमें कहाँ से आई। यदि अधिक छान-बीन की जाये, तो देखा जायेगा कि मुग्ध होनेवाले स्थल कम हैं, जिज्ञासा के स्थल अधिक। जिज्ञासाओं की व्यंजना यह है कि वे प्रत्येक रमणीय वस्तु में चैतन्य-ज्योति देखते हैं। अवश्य ही यह चैतन्य-ज्योति कवि के हृदय में चमत्कार उत्पन्न करती है। यह चमत्कार आरम्भ में जीवन के किसी गहन-स्तर को स्पर्श करता कम दीख पड़ता है। नवयुवक कवि यद्यपि अनेक बार इस प्रकार कि जिज्ञासाएँ करके दिव्य-सौन्दर्य का संकेत करता है; पर उसकी सामान्य दृष्टि किसी तात्त्विक निष्कर्ष तक नहीं पहुँचती। उसकी सौन्दर्य-भावना का विकास व्यापक नहीं होता। यह प्रकृति के रम्य रूपों और नारी की मनोहरता तक ही परिमित रहती है। जिस प्रकार ब्रजभाषा के कवि प्रकृति का वर्णन मनुष्य-जगत् का उद्दीपन बनाकर करते थे, उसी प्र... अनेक बार जयशंकरजी ने भी किया है। किन्तु, उनकी भावना आरम्भ से ही अधिक सूक्ष्म और उन शृंगारी कवियों की अपेक्षा अधिक परिष्कृत और जिज्ञासामय है। यह जिज्ञासा ह

आगे उनके विकास में सहायक हुई है। यदि 'चित्राधार' में ये जिज्ञासाएँ न होतीं, तो प्रसादजी प्रेमाख्यानक शृंगारी कवियों की श्रेणी से ऊपर उठकर उच्चतर रहस्य-काव्य का सृजन न कर पाते।

'चित्राधार' से आगे बढ़ने पर श्री जयशंकर प्रसाद के प्रकृति-प्रेम और मानव-चरित्र-सम्बन्धी धारणा को उत्तरोत्तर गहराई मिलती है, उनकी जिज्ञासा-वृत्ति का विकास होता है। 'प्रेम-पथिक' इसका प्रमाण है। इसमें प्राकृतिक वर्णन मनुष्यों की कहानी के लिए सुरम्य वातावरण बन गया है और मानव-सौन्दर्य केवल कुतूहल की वस्तु न रहकर एक अनुपम त्याग की भावना में पर्यवसित हो गया है; प्रकृति के प्रेम से हटकर उनकी जिज्ञासा मनुष्यों के प्रेम में समाविष्ट हो गई है। जिज्ञासा का तार नहीं टूटता। इसी में कवि का विकास देखा जा सकता है। 'प्रेम-पथिक' में कवि की मनुष्य-प्रेम-सम्बन्धी जिज्ञासा का स्वरूप प्रकट हुआ है। यहाँ कवि एक तात्त्विक निष्कर्ष तक पहुँच सका। प्रेम अनन्त है, उसका ओर-छोर नहीं है। उसकी परिणति पूर्ण त्याग में है। इसमें बड़ी स्वच्छता और सात्त्विकता है। यह न समझना चाहिए कि प्रसादजी का यह प्रेम-सम्बन्धी आदर्श प्राचीन आध्यात्मिक गतानुगतिकता का परिणाम है। इसमें कवि की अपनी अनुभूति और विचारणा का भी योग है। इसका भाव-चित्रण तथा प्राकृतिक दृश्यावली कवि के हृदय के योग से अपनी स्वतन्त्र विशेषता रखती है। इसमें परम्परा-रक्षण के स्थान पर नवीन उद्योग है। बाह्य प्रकृति की रमणीयता के साथ-साथ प्रेम की रमणीयता को यह छोटी-सी आख्यायिका हिन्दी में एक नवीन भावधारा का आगमन सूचित करती है। प्रेम-पथिक का यह छोटा-सा कथानक कवि के स्वच्छ जीवनक्षण में लिखा गया है।

'आँसू' प्रसादजी का विरह-काव्य है। यह बड़ी ही मनोरम गीति-कविता है। हिन्दी में इसकी गणना थोड़ी-सी उत्कृष्ट रचनाओं में की जा सकती है। आधुनिक हिन्दी में, जो थोड़े-से प्रथम श्रेणी के विरह-गीत हैं, उनमें 'आँसू' का भावना-संकलन श्रेष्ठ होने के कारण वही उत्तम गीत है। 'आँसू' को अध्यात्म और छायावाद आदि का नाम देकर उसे जटिल बना देने के पहले उसको प्रकृति रूप में देखना चाहिए। विरह का इतना मार्मिक वर्णन करनेवाले कवि को किसी वाद की छाया लेने की जरूरत नहीं—उसकी उच्चता स्वतः सिद्ध है। काव्य-विकास के जो परमाणु खिलकर 'आँसू' में निखरे हैं, उन्हें वादों के बखेड़े में डाल देने की हम तजवीज नहीं कर सकते। कवि के साथ यह अन्याय अनुचित होगा।

'आँसू' प्रसादजी की पूर्व की रचनाओं से बहुत आगे है। उसमें 'चित्राधार' की-सी हल्की, चमत्कार-चंचल दृष्टि नहीं है, न 'प्रेम-पथिक' का-सा 'रोमांटिक' प्रेमादर्श का निरूपण है। वह अधिक गहरी चीज है। 'आँसू' कवि के जीवन की वास्तविक प्रयोगशाला का आविष्कार है। 'आँसू' में कवि निःसंकोच भाव से विलास-जीवन का वैभव दिखाता; फिर उसके अभाव में आँसू बहाता और अन्त में जीवन से समझौता करता है। विलास में जो मद, जो विराट् आकर्षण है, उसे कवि उतने ही विराट् रूपकों और उपमानों से प्रकट करता है। उसके अभाव में जो वेदना है, वही 'आँसू' बनकर निकली है। इसे आप कवि का आत्म-स्वीकार मान सकते हैं, जिससे बढ़कर काव्योपयोगी वस्तु दूसरी है ही नहीं। यह कहने से क्या लाभ कि यह वियोग किसी परोक्ष सत्ता के प्रति है। जब प्रत्यक्ष जीवन का यह वियोग

अधिक मार्मिक और अधिक सत्य है, जब कवि किसी अत्यन्त आवश्यक सांसारिक समस्या पर अपने अन्तरतम की बातें कह रहा है, तब उसे उसी रूप में न ग्रहण कर हम न अपने प्रति न्याय करते हैं, न कविता के प्रति। 'आँसू' में छायावाद कहाँ है? उसके वियोग-वर्णन में? नहीं, वह तो साक्षात् मानवीय है। क्या उसकी सम्मिलन-स्मृति में? नहीं, वह तो कवि की साहसपूर्ण आत्माभिव्यक्ति है। हिन्दी में जब किसी के पास इतनी शक्ति नहीं थी कि वह इस तरह की बातें कहे, तब प्रसादजी ने उन्हें कहा। यह साहस और कवि की संवेदना स्वतः ही काव्य को आध्यात्मिक ऊँचाइयों पर ले गई है। दूसरे अध्यात्म का आवरण पहनाने की इसे आवश्यकता नहीं।

हाँ, इस सम्पूर्ण वर्णना में जो मानवीय और प्रकृत है, एक अन्तर्हित रहस्यात्मक या आध्यात्मिक ध्वनि भी आद्यंत सुन पड़ती है। यही है 'आँसू' की रहस्यात्मकता। इसका कारण यह है कि मानवीय प्रेम या सौन्दर्य आदि 'आँसू' काव्य में केवल स्थूल प्रेम या सौन्दर्य नहीं हैं, वे प्रेम और सौन्दर्य-रूप आत्मा के अंग बन गए हैं। 'आँसू' में मानवीय प्रेम और विरह एक नवीन रहस्यात्मक दीप्ति से दीपित हैं। यही अन्तर है सूफी-प्रेम और सौन्दर्य की अभिव्यक्तियों में और प्रसादजी के प्रकृत रहस्य-काव्य में। सूफी-प्रेम और सौन्दर्य-रूपी आत्मा के चित्रण को ही लक्ष्य मानकर केवल आनुषंगिक रूप से मानव-जीवन के दृष्टान्त लेते हैं; किन्तु प्रसादजी अथवा आधुनिक छायावादी दृश्यमान मानव-जीवन को ही लक्ष्य मानकर उसकी आलौकिकता की झाँकी देखते हैं। यह स्पष्ट है कि इसी कारण मानवीय मनोविज्ञान, दृश्यों, परिस्थितियों और व्यापारों की नियोजना आधुनिक छायावाद में प्राचीन सूफी-काव्य की अपेक्षा अधिक सबल और यथार्थोन्मुख हुई है।

'आँसू' सब प्रकार से एक मानवीय विरह-काव्य है। तभी उसके अन्त में जो तात्त्विक निष्कर्ष है, वह हमारे इस जीवन के लिए आशाप्रद और उपयोगी सिद्ध हो सकता है। सम्पूर्ण काव्य को परोक्ष के प्रति विरह मानने से अन्तिम पंक्तियों को मार्मिक रहस्यात्मकता का न हम अर्थ समझ सकेंगे, न रसानुभव कर सकेंगे। 'आँसू' की अन्तिम पंक्तियों की शिक्षा हम पर तभी प्रभाव कर सकेगी, जब हम उसे मानवीय आत्मकथा मानें। यदि वह छायावाद है, तो इसी अर्थ में कि वह मानवीय प्रेम अपने उत्कर्ष में एक अलौकिक आध्यात्मिक छाया से सम्पन्न हो उठा है। कवि की अनुभूतियों के साथ इसी रीति से न्याय किया जा सकता है।

'आँसू' के अनन्तर कुछ समय तक प्रसादजी की कविता का वैसा परिपाक कहीं नहीं दीख पड़ता। 'झरना' में कुछ अच्छी रचनाएँ बहुत-सी साधारण कृतियों के साथ मिली होने के कारण अच्छा प्रभाव नहीं उत्पन्न करतीं। प्रगतिशील समय के नवीन बौद्धिक प्रयोगों और उनकी निर्णयहीन अव्यवस्था में प्रसादजी अपने को पुनः डुबा देते हैं। उसकी वाणी वहाँ प्रकृत रीति से कम ही झंकृत हुई है, उसके स्वर्ग का निसर्ग उच्छ्वास वहाँ नहीं सुन पड़ता। इसका कारण ढूँढ़ने बहुत दूर नहीं जाना है। यह तो उनके विकास के साथ-साथ स्पष्ट दीख पड़ता है। प्रसादजी मूलतः प्रेम-रहस्य के कवि हैं। सामाजिक विचारणा में वे मिल की भाँति व्यक्तिवादी हैं और सामूहिक प्रगति-सम्बन्धी उन आदर्शों से अनुप्रेरित हैं, जो मध्यवर्ग के बौद्धिक और औद्योगिक उत्थान के फलस्वरूप उत्पन्न हुए थे, जिसमें स्वभावतः अल्पसंख्यक उच्च वर्ग और उसके ह्रासोन्मुख संस्कारों के विरुद्ध नवीन जनसत्तात्मक भावों का प्राधान्य था।

यूरोप में यही प्रगति 'लिबरलिज्म' के नाम से प्रसिद्ध हुई और अब भी जन-सत्तात्मक राष्ट्रों में आवश्यक परिवर्तनों के साथ प्रचलित है। राष्ट्रीय औद्योगीकरण, वर्गसंघर्ष और शोषण के कटु अनुभवों से उत्पन्न नवीन 'यथार्थवाद' का प्रसादजी के साहित्य में केवल एक आभास मिलता है। यद्यपि प्रसादजी की मूल प्रवृत्ति 'यथार्थोन्मुख' ही है, किन्तु संकीर्ण अर्थ में 'यथार्थवादी' वे नहीं हैं। कोरा भौतिक दर्शन और वैज्ञानिक प्रगति से आक्रान्त मनोभाव प्रसादजी में हम नहीं पाते।

प्रसादजी मनुष्यों के और मानवीय भावनाओं के कवि हैं। शेष प्रकृति यदि उनके लिए चैतन्य है, तो भी मनुष्यसापेक्ष्य है। यह विकासभूमि यदि संकीर्ण है, तो भी मनुष्यता के प्रति तीव्र आकर्षण से भरी हुई है। 'आँसू' में प्रसादजी ने यह निश्चित रीति से प्रकट कर दिया है कि मानुषीय विरह-मिलन के इंगितों पर वे विराट् प्रकृति को भी साज सजाकर नाच नचा सकते हैं। यह शेष प्रकृति पर मनुष्यता की विजय का शंखनाद है। कवि जयशंकर प्रसाद का प्रकर्ष यहीं पर है। यहीं प्रसादजी, प्रसादजी हैं। 'आँसू' में वे, वे हैं। 'झरना' में एक विचित्र अवसाद, जो नवीन बौद्धिक अन्वेषणों और तज्जन्य संशयों का परिणाम जान पड़ता है, बहुत ही स्पष्ट है। 'प्रेम-पथिक' की आदर्शात्मक भाव-धारा की प्रतिक्रिया भी इसमें दिखाई देती है। यह प्रसादजी के मानसिक विकास की दृष्टि से परिवर्तन-काल की सृष्टि है; किन्तु प्रसादजी जैसे प्रतिनिधि कवि के लिए, जो नवीन प्रयोगों में (सामयिक विचार-प्रवाहों के नए चक्रों में) स्वभावतः व्यस्त रहते थे, यह कुछ आश्चर्यजनक नहीं है। प्रश्न यह है कि वे नवीन प्रयोग कौन-से हैं, जिनका अनिवार्य परिणाम 'झरना' है? मेरे विचार से ये वे प्रयोग हैं, जो प्रसादजी को क्रमशः आशा और प्रमोद के लोक से हटाकर जीवन की गम्भीर परिस्थितियों का साक्षात्कार करा रहे थे। अवश्य ही यह साक्षात्कार 'झरना' में स्पष्ट नहीं है, केवल भाव-परिवर्तन की झलक भर है; किन्तु कटु वास्तविकता, गम्भीर जीवनानुभव तथा स्थान-स्थान पर प्रकट होने वाली आलोक-रहित उद्दाम निराशा की वे प्रेरक शक्तियाँ यहीं उत्पन्न हो रही थीं, जिनका परिपाक हम आगे चलकर 'कामायनी' काव्य में देखते हैं। यद्यपि प्रसादजी में मानवता, उसकी शक्ति और सम्भावना के प्रति इतनी सुदृढ़ आस्था थी कि 'कामायनी' काव्य दुःखान्त होने से बच गया, किन्तु अपने युग की सामाजिक और सांस्कृतिक असाध्य हीनताओं के प्रति प्रसादजी की विरक्ति, क्षोभ और आवर्जना 'कामायनी' में कम परिस्फुट नहीं हुई है। उन्हीं का उद्‌गम-स्रोत हमें 'झरना' में दिखाई देता है।

जिस व्यक्ति ने अपने नाटकों में, उपन्यासों और कहानियों में भी अनेक-अनेक मनुष्य-चरित्रों और मानव-भावनाओं का अंकन किया है, उसकी विकासदिशा न समझना, हिन्दी के प्रकांड समीक्षकों की दिव्य अन्तर्दृष्टि का ही नमूना है। हमारे विश्वविद्यालयों के गम्भीरतावादी महानुभाव, जो सनातन शास्त्रीय पद्धति पर साहित्य के सिद्धान्तों का संग्रह करने में महाराज दक्ष की लक्षणा का लक्ष्यभेद कर चुके हैं, पर जिनका सामयिक साहित्य की परीक्षा करने का व्यावहारिक ज्ञान कछुए के मुँह के समान सदैव काया-प्रवेश ही किए रहता है—उक्त अन्तर्दृष्टि के बहुत बड़े हिस्सेदार हैं। अपनी क्षुधातृप्ति के लिए यदा-कदा जब इनकी जीभ खुलती है, तब एक ही लपेट में किसी को सूफी, किसी को अभारतीय बनाती हुई अपना काम बना लेती है। बस, फिर वही काया-प्रवेश! क्या आश्चर्य है यदि सामयिक

साहित्य को इन्हीं के कारण वांछित प्रगति न प्राप्त हो रही हो! ये ही अन्तराय बन कर अभ्युदयशील साहित्यिकों में दिग्भ्रम उत्पन्न करते हैं। इनसे सचेत रहना हम सबका काम है। श्री जयशंकर प्रसाद सूफी नहीं हैं। जिस व्यक्ति ने 'चाणक्य' की सृष्टि की है, 'घण्टी' और 'यमुना' की सृष्टि की है, अपनी प्रशंसा और स्तुति-द्वारा, अपने वर्णन और चित्रण-द्वारा, अपने व्यंग्य और उपहास-द्वारा भी जो अपनी कल्पना के अनुकूल मानव-काव्य की सृष्टि कर रहा है, जिसकी कविता मानवीय संयोग और वियोग से हल्की और बोझीली हुई है, वह परोक्ष-सत्ता का उपासक सूफी कवि नहीं कहा जा सकता। मनुष्यों के जीवन में जो कुछ रहस्य है, छाया की भाँति जो कुछ सूक्ष्म, किन्तु अनुभवगम्य है, वही जयशंकरजी का प्रकृत रहस्यवाद अथवा छायावाद है। प्रसादजी का अपना रहस्यवाद कहाँ है? 'आँसू' की इन पंक्तियों में:—

मानव जीवन वेदी पर
परिणय है विरह-मिलन का
दुख सुख दोनों नाचेंगे
है खेल आँख का मन का
नचती है नियति नटी-सी
कन्दुक क्रीड़ा-सी करती
इस व्यथित विश्व आँगन में
अपना अतृप्त मन भरती।
हो उदासीन दोनों से
दुख सुख से मेल कराएँ
ममता की हानि उठाकर
दो रूठे हुए मनाएँ।

अथवा अनेक बार उद्धृत इन पंक्तियों में:—

चढ़ कर मेरे जीवन रथ पर
प्रलय चल रहा अपने पथ पर
मैंने निज दुर्बल पद बल पर
उससे हारी होड़ लगाई।

यहाँ कहीं सूफी रहस्यवाद नहीं। इसे आप मनुष्य-जीवन का रहस्य कह सकते हैं। यह जिन्दगी के साथ बराबरी का समझौता है—जीवन का औपनिवेशिक स्वराज्य है। प्रसादजी ने जीवन की कठोर व्यावहारिकता स्वीकार की है; पर आध्यात्मिक आशावाद के साथ। वह दृढ़ मनस्विता ही प्रसादजी की विशेषता है। यही उनका रहस्यवाद और छायावाद है। इसे उनकी मानवीय कविता का उपसंहार कहिए या उपहार कहिए। इसके अतिरिक्त हम प्रसादजी के किसी छायावाद के भक्त नहीं हैं।

भारतीय अध्यात्म-काव्य अथवा सूफी प्रेम-काव्य सिद्धान्ततः एक ही भूमि पर हैं; वह भूमि है अलौकिक आदर्श की। आत्मा की वह अप्राकृत स्थिति, जहाँ वह सम्पूर्ण

जगद्व्यवहार के परे विशुद्ध पारमार्थिक अथवा अपार्थिव रूप में प्रकट है, वही आध्यात्मिक साहित्य का वर्ण्य विषय है। जहाँ मानवीय भावों का संनिवेश किया गया है, वह भी अतिशय आदर्शोन्मुख भाव हैं और अमानवीय सत्ता की झलक दिखाते हैं। यह सत्य है कि ह्रास-काल में यह आध्यात्मिक काव्य स्थूल रूपों, दृश्यों और भावों का भी प्रेम-काव्य और अलौकिक लीला के नाम पर चित्रण करने लगा था, किन्तु सिद्धान्त-रूप में वह अलौकिक भूमि पर ही रहा। केवल भारतीय अवतारवाद की धारा के अन्तर्गत मानवीय आदर्शों, भावों और व्यावहारिक स्थितियों का विशेष दिग्दर्शन कराया गया; किन्तु वहाँ भी चरित्र की अलौकिकता सिद्ध करने में कोई कसर नहीं रक्खी गई। फलतः सम्पूर्ण अध्यात्म-काव्य अपनी अलग ही परिधि बनाकर रहा, जिसमें मानव-चरित्र का या तो स्पर्श ही नहीं हुआ, या केवल साधन-रूप में स्पर्श हुआ। पार्थिव की ध्वनि वहाँ संकेतमात्र बन कर रही।

इसके विपरीत प्रसादजी का काव्य मूलतः मानवीय है, यद्यपि उनकी दृष्टि में यह मानव-सत्ता वास्तव में अध्यात्म का अभिन्न अंग ही है। इस कारण उन्हें मानव-चरित्र को ही अपना साध्य बना लेने में कोई 'आध्यात्मिक' संकोच नहीं हुआ। यह विभेद है, आध्यात्मिक या सूफी रहस्यवाद में और प्रसादजी के प्राकृतिक सौन्दर्य-चित्रणों में।

मानवीय जीवन-स्वरूपों का भी आध्यात्मिक प्रबन्धों में, या विशेष सूफी-प्रबन्ध-काव्यों में सुन्दर चित्रण किया गया है। तुलसी और सूर के राम और कृष्ण-काव्य में तो मध्य-युग की सर्वोच्च संस्कृति ही संनिहित है। तथापि यह कहने में आपत्ति नहीं है कि लक्ष्य कुछ और ही होने के कारण यह सम्पूर्ण अध्यात्म-काव्य प्राकृतिक मानवीय अनुभूतियों और वास्तविक जीवन-दशाओं के साथ यथेष्ट न्याय न कर सका। उसकी प्रमुख दिशा भावना-प्रधान और आदर्शोन्मुख थी। फिर ह्रास-काल में तो सूफी-प्रेम-कथाओं में प्रायः एक-से ही नपे-तुले चरित्रों और भावों की सृष्टि होने लगी। कृष्ण-काव्य भी क्रमशः रूढ़ हो गया, और महाभारत की-सी चरित्र-सृष्टि तथा सूरदास की-सी वास्तविक भाव-सृष्टि के स्थान पर केवल भाव की अन्तर्दशाओं का चित्रण होने लगा। प्रधानता रूढ़ कृष्ण की हो गई और काव्य तथा संस्कृति का स्वतंत्र विकास स्थगित हो गया। यह तो ह्रास-कालीन भक्ति-काव्य की दशा थी।

दूसरी ओर जिनकी दृष्टि स्थूल और लौकिक थी, वे कवि विविध प्रकार के नायक-नायिकाओं की सृष्टि तथा शृंगार रस का कागजी और विकृत निरूपण करने लगे। उक्त दोनों ही स्थितियाँ देश की वास्तविक सांस्कृतिक प्रगति में बाधक ही सिद्ध हुईं।

प्रसादजी के काव्य में नवीन सांस्कृतिक स्मृति-चिह्न तो है ही, मानव-जीवन की स्थितियों और प्रकृत भावनाओं को ग्रहण करनेवाली बौद्धिकता का पूर्ण सत्कार भी है। उसके रूढ़िबद्ध होने की सम्भावना नहीं है; किन्तु प्रसादजी का काव्य कोरमकोर बौद्धिक या प्राकृतिक स्तर पर नहीं है। वह मानवीय और प्राकृतिक है, परन्तु सूक्ष्म और कल्पना-प्रधान है और एक अतिशय मनोहर रहस्य की आभा से अनुरंजित भी है। प्रसादजी का रहस्यवाद शक्तिपूर्ण सुदृढ़ मानवता का विकास अपनी छत्रछाया में करता है, तथा अपर कोई लक्ष्य नहीं रखता। इसीलिए हम उसे प्राकृतिक रहस्यवाद कहते हैं, जो सूफी रहस्यवाद से स्पष्टतः भिन्न है।

प्रसंगत: यहाँ हम यह भी कहना चाहते हैं कि आधुनिक काव्य में इसी अपरोक्ष रहस्यवाद के विभिन्न रूपों की प्रचुर अभिव्यक्तियाँ हुई हैं। वे विभिन्न रूप (१) प्रकृति-सम्बन्धी, (२) प्रेम-सम्बन्धी तथा (३) सौन्दर्य-सम्बन्धी हैं। इन्हें हम प्राकृतिक रहस्यवाद इसलिए कहते हैं कि इनका घनिष्ठ सम्बन्ध व्यक्त प्रकृति के रूपों, मानव मनोभावों आदि से है और ये उस पारमार्थिक रहस्यवाद से भिन्न हैं, जो परोक्ष आदर्श की प्रतिष्ठा करता है तथा जिसकी प्रधान धाराएँ निर्गुण, सगुण तथा सूफी-काव्य में प्रवाहित हुई हैं।

जुलाई, १९३२

प्रौढ़तर प्रयोग : कामायनी

श्रीयुत् प्रसादजी की काव्य-पुस्तक 'कामायनी' को प्रकाशित हुए कई महीने हो गए हैं। मेरे देखने में अब तक उसकी कोई सुन्दर समीक्षा नहीं आई। सम्भव है, लोग उसे पढ़कर उस पर विचार कर रहे हों। ऐसे भी कुछ होंगे, जो उसका रस लेकर तृप्त होकर और कामों में लग गए हों। कुछ उसे पढ़कर अपने अनुकूल न पाकर चुपचाप रख कर बैठ गए होंगे। बहुत ऐसे होंगे, जिनकी समझ में ही पुस्तक न आई होगी। पाठक तो सभी प्रकार के होते हैं। कुछ केवल कथा चाहते हैं, उद्वेग से भरी हुई; कुछ केवल भाषा के अभिलाषी होते हैं, सुन्दर शब्दों के, विचित्र वाक्यों, अनूठे अनुबन्धों के। कुछ को विचारों की ही खोज रहती है, अधिक-से-अधिक अपने ही विचारों की, आदर्शों की। कुछ बेचारों को पुस्तकें पढ़ने और समझने की चेष्टा तो रहती है; पर उनकी समझ में वे आती नहीं। नई शैली के अनभ्यास के या अल्प योग्यता के कारण हिन्दी में ऐसे ही पाठकों की अधिक संख्या है। अन्धश्रद्धा और अश्रद्धा आदि इसी के परिणाम हैं; पर इस विषय की अधिक चर्चा करना यहाँ उचित न होगा।

'कामायनी' प्रसादजी की अब तक की कृतियों में अंतिम है। अंतिम ही नहीं, विकास और विस्तार की दृष्टि से वह अन्यतम भी है। एक कृती कवि तो प्रसादजी को सभी मानते हैं; पर उनका कर्तृत्व क्या है, यह बहुतों को नहीं मालूम। लोगों की उनके सम्बन्ध में अनेक प्रकार की धारणाएँ हैं, जो सामयिक पत्रों और पुस्तकों में प्रकाशित हो चुकी हैं। उनसे प्रकट होता है कि प्रसादजी के काव्य के विषय में लोगों के मनों में बहुत-सी भ्रान्तियाँ भरी हुई हैं। इनका कारण चाहे जो हो, पर जब तक इनका निवारण नहीं होता, तब तक कवि की यह कृति 'कामायनी' ठीक-ठीक समझ में नहीं आ सकती। इसलिए मैं सबसे पहले उन भ्रान्तियों को ही लक्ष्य कर कुछ कहूँगा और इस क्रम से कहने की चेष्टा करूँगा, जिसमें उन सभी अन्यथा विचारों पर दृष्टि पड़ जाये, साथ ही 'कामायनी' की समीक्षा में उससे प्रत्यक्ष सहायता भी मिले।

कुछ लोग 'कामायनी' के कवि को कोरा कवि, भावुक या 'सेंटिमेंटलिस्ट' समझते हैं। कोरा कवि उसे कहते हैं, जिसकी भावना का कोई सुनिश्चित बौद्धिक या वास्तविक आधार न हो; न जिसकी भावना किसी निश्चित आधार का निर्माण करती हो, न जिसके मूल में दृढ़ता हो, न मध्य में न अन्त में। मूल में दृढ़ता उसे कहते हैं, जो किसी सुनिर्दिष्ट लक्ष्य, जीवनानुभव या समस्या को लेकर आरम्भ होती है और उसका कलात्मक उद्‌घाटन करके समाप्त हो जाती है। मध्य की दृढ़ता वह है, जिसका आदि-अन्त कितना ही काल्पनिक अथवा अज्ञेय हो; किन्तु जिसकी काव्यगत वर्णन सुदृढ़ मनोवैज्ञानिक आधार रखती है। अन्त की दृढ़ता वह है, जो न किसी लक्ष्य-विशेष को लेकर आरम्भ हुई, न जिसका उपादान ही अधिक मनोवैज्ञानिक है, किन्तु जो मुख्य रूप से किसी व्यापक तत्त्व का प्रकाश करती है। इन

तीनों दृढ़ताओं को अच्छी तरह समझ लेना चाहिए। आदि की दृढ़ता का उदाहरण आधुनिक साहित्यिक रचनाएँ विशेषकर इब्सन आदि का साहित्य है, मध्य की दृढ़ता का एक अच्छा उदाहरण बाण की कादंबरी है। न उसके मूल में कुछ है, न अन्त में। वह सब ओर से कल्पना पर ही स्थित है; किन्तु, उसके वर्णनों में बड़े ही परिष्कृत, सूक्ष्म, किन्तु सुस्पष्ट मानसिक सत्य का आधार है। इसी से वह इतनी रसपूर्ण रचना बन सकी। अन्त की दृढ़ता का दृष्टान्त रामायण आदि काव्य हैं, जो एक उत्तम सत्ता के आश्रय से सारी मानवीय समस्याओं का समाधान उसी एक में कर लेते हैं।

इन तीनों में सबसे पृथक्; किन्तु, इसमें सबसे अधिक दूसरी से मिलती हुई कोरे भावुक कवियों की कृतियाँ हैं। कादम्बरी की भाँति ये भी कोरी कल्पना पर स्थित होती हैं; ये भी शब्दों के इन्द्रजाल से हमें विस्मित करना, हँसाना-रुलाना चाहती हैं; किन्तु यह काम वे नहीं कर पातीं। कादम्बरी की कल्पना का कोई आधार या उद्देश्य प्रत्यक्ष नहीं है, किन्तु परोक्ष में प्रेम की अत्यन्त सूक्ष्म वस्तु-स्थिति के चित्र उसमें हैं, जिनके कारण वह उच्च काव्य की पदवी पर प्रतिष्ठित है। ऐसी कोई वस्तु-स्थिति कोरे भावुकों के काव्य में नहीं हो सकती। न तो उनकी भावना के मूल में कोई सुदृढ़ मनोविज्ञान होता है और न उसके चित्रण में भी उच्चतर कल्पना और काव्योत्कर्ष की आभा दीख पड़ती है। ऐसे काव्य की, जिसमें केवल भावना-ही-भावना है, एक अनिर्दिष्ट बहाव-ही-बहाव है, आए दिन अतिमात्रा हो रही है।

प्रश्न यह है कि क्या 'प्रसाद' जी ऐसे ही भावुक हैं? जो लोग ऐसा कहते हैं, वे प्रायः उनकी प्रारम्भिक रचनाओं का उदाहरण दिया करते हैं। साथ ही वे प्रसादजी की अलंकृत भाषावाली आख्यायिकाओं का भी इस प्रसंग में स्मरण कराते हैं। यह सच है कि सभी कवियों की भावना आरम्भिक अवस्था में परिपुष्ट नहीं होती, उनमें असंबद्ध और अहेतुक भावुकता हुआ करती है, किन्तु यह प्रसादजी की प्रकृति की बात नहीं है। यह तो अवस्थाजन्य आरोप ही कहा जा सकता है। अवस्थाजन्य ही नहीं, इसमें हिन्दी के उस समय के स्थितिजन्य प्रभाव भी हैं। उस समय हिन्दी एक प्रकार की कट्टर सुधारवादिता के चक्र से होकर गुजर रही थी। चित्त की जो अवस्था किसी वस्तु के विकृत रूप को देखकर उस वस्तु से ही घृणा करने की हुआ करती है, प्रायः वैसी अवस्था उस समय हिन्दी की भी थी। उस अवस्था में मनोवृत्तियाँ प्रायः संकुचित हो जाती हैं और एक प्रकार की कृत्रिम तथा अव्यावहारिक करुणा का भाव मन पर अधिकार कर लेता है। यही कोरी भावुकता उस समय के साहित्य में प्रतिफलित हुई है। शृंगाररस के विरोध में जो जिहाद चला, उसने बाह्य और आन्तरिक प्रकृति के बहुत-से अंशों को अस्पृश्य बना दिया। श्री-शोभा का नाम लेना ही अपराध हो गया। भक्त-कवियों ने तो शोभा और सौन्दर्य के सुन्दर आदर्श सीता, राधा, राम, कृष्ण आदि की प्रतिष्ठा करने के पश्चात् संसार को 'सियाराममय' घोषित किया, किन्तु इन सुधारकों ने तो आरम्भ से ही अपनी दृष्टि संकुचित कर ली। फलतः साहित्य में शक्तिहीन करुण भावुकता के राग अलापे जाने लगे। प्रसादजी पर भी इस भावुकता का प्रभाव पड़ा, पर वे इसके वशीभूत नहीं हुए।

वशीभूत नहीं हुए, यही नहीं, वे इसके विरोधी हुए। साहित्य का इतिहास इस बात का साक्षी है कि उन्होंने प्रायः सबसे पहले इस भावुकता के विरुद्ध आवाज उठाई। उन्होंने ही सर्वप्रथम उदय होती हुई ताराओं और खिलती हुई कलियों का सौन्दर्य देखा और पहचाना।

कारण यही है कि वे स्वयं हिन्दी-काव्याकाश के उदय होते हुए नक्षत्र और खिलते हुए पुष्प थे। महाराणा प्रताप और अहल्याबाई के नामों में ही सब कुछ नहीं है, इस विराट् विश्व में उनके बाहर भी कुछ है, यह बात हिन्दी में प्रसादजी ने सबसे पहले हमें समझने को दी। यह अवश्य है कि उन्होंने संकेतात्मक शैली से—रहस्य के रूप में—प्राकृतिक चित्रण किए हैं, जिनसे यह प्रकट होता है कि उन वस्तुओं की सत्ता से कवि का उतना सम्बन्ध नहीं है—जितना उनसे प्राप्त होने वाले संकेतों से है। दूसरे शब्दों में प्रकृति उनके लिए संकेत मात्र है, उसका कोई वास्तविक सौन्दर्य नहीं। किन्तु हमें तो विचार इस बात पर करना चाहिए कि जिस समय हिन्दी में विस्तृत प्रकृति की ओर किसी की दृष्टि न थी, उस समय प्रसादजी की दृष्टि उस पर गई। यदि वह संकेत रूप में ही गई, तो भी गई और संकेत के साथ-साथ वह (प्रकृति) भी रही। फिर हमें यह भी देखना होगा कि प्राकृतिक वस्तुओं के आधार पर चलने वाले प्रसादजी के संकेतों में संकेत किस वस्तु के प्रति है और उन संकेतों के रहते हुए वास्तविक प्राकृतिक चित्रण भी कुछ है या नहीं।

ध्यान देने पर यह प्रकट होता है कि प्रसादजी के संकेत भी किसी विराट् वस्तु के प्रति हैं, जो प्रधानतः प्रेम-स्वरूप है। वस्तु के विराट् और प्रेम-स्वरूप होने के संकेतों से प्रसादजी ने अपने युग की दृष्टि और भी व्यापक बनाई। प्रेम और परमात्मा (अथवा विराट् प्रकृति) दोनों ही दृष्टि का अंतरंग और बहिरंग उन्मेष करनेवाले प्रसिद्ध हैं। इस प्रकार संकेतित वस्तु के द्वारा भी स्वभावतः उसी उद्देश्य की पूर्ति हुई, जिसकी पूर्ति उक्त प्राकृतिक वर्णनों और संकेतों द्वारा हो रही थी। इस प्रकार की दोहरी प्रगति का सूत्रपात प्रसादजी ने किया। प्रकृति के द्वारा प्रेम और प्रेम के द्वारा प्रकृति पर अधिकाधिक दृष्टि पड़ती गई और जहाँ इन दोनों का विकासपूर्ण सामंजस्य हो गया है, वहाँ प्रसादजी का काव्य अत्यन्त गम्भीर और समुन्नत हो उठा है।

उनके आरम्भिक वर्णनों में जहाँ प्रकृति संकेतमात्र तथा संकेतित वस्तु अत्यधिक प्रमुख हो गई है, वहाँ तारतम्य ठीक नहीं मालूम पड़ता। प्रायः लोग उसे भावुकता, कृत्रिमता या वाग्जाल कहा करते हैं; किन्तु ऐसा वे ही कह सकते हैं, जिन्होंने साहित्य के इतिहास पर ध्यान नहीं दिया। उस समय की प्रमुख काव्य-वस्तु पौराणिक पात्रों की सीमा से एक कदम आगे बढ़कर ऐतिहासिक चरित्रों पर पहुँचने में प्रसादजी की भावुकता नहीं प्रकट होती, वस्तु-स्थिति की ओर अग्रसर होने का यह उनका प्रथम प्रयास था। और जिस प्रकार प्रसादजी ने प्राकृतिक वस्तु का प्रेम-तत्त्व से सम्मिश्रण करके प्रकृति-पुरुष का संयोग या मंथन कराया, वह भी तत्कालीन आदर्शोन्मुखी('प्यूरीटैनिक') विचार-धारा में वस्तु-तत्त्व का ही पुट था। उन्होंने अपने पूर्वयुग की कृत्रिम काल्पनिकता के स्थान पर वास्तविक आनन्दात्मक काव्य-प्रतीकों को चुना और उन्हें ऊँची रहस्यभूमि पर ले जाकर आध्यात्मिक काव्यधारा में मिला दिया। प्रसादजी के काव्य और नाटकों में भी निरंतर एक ही प्रवाह बह रहा था, वे सतत अदृष्ट से दृष्ट की ओर आ रहे थे।

मेरा यह दृढ़ विचार है कि प्रसादजी आधुनिक हिन्दी में वास्तववाद, वस्तुतंत्र के भी प्रवर्तक हैं। हिन्दी के बहुत-से विद्वान् इस बात को मानते हैं या नहीं, मैं नहीं जानता, जानते हैं या नहीं यह भी नहीं जानता; मैं तो इसे मानता ही हूँ। इसका थोड़ा और विवेचन कर लेना अच्छा होगा। काव्य-वस्तु में पवित्रतावादी प्रतीकों को छोड़कर आनन्दवादी प्रतीकों को चुनना

और उनका आध्यात्मीकरण हम ऊपर देख चुके हैं। यह मूलतः यथार्थोन्मुखी प्रवृत्ति है, यद्यपि सूक्ष्म कल्पना के अतिरेक से यह रहस्यमय हो गई है। फिर प्रसादजी के भाव-चित्रणों में भी मनोवैज्ञानिक वास्तविकता लाने की प्रथम बार चेष्टा की गई है। यह तो हम ऊपर कह चुके हैं कि उनके काव्य-विषय अदृष्ट से दृष्ट और असामान्य से सामान्य की ओर आ रहे थे। यह भी यथार्थ की ओर प्रगति है। उनकी और कृतियों में एक अंतर्निहित बौद्धिक प्रवाह भी पाया जाता है, जो मानवीय और इस युग की यथार्थोन्मुख प्रवृत्तियों का परिचायक है। प्रसादजी की इस मुख्य देन का हिन्दी में अभी यथेष्ट सम्मान नहीं है। अभी लोगों को इस विषय की कोई स्पष्ट जानकारी नहीं मालूम देती। ऊपर मैंने उन लोगों की बात कही, जो प्रसादजी को कोरा भावुक समझने की सबसे मोटी गलती करते हैं। उनका समाधान यदि अब तक नहीं हुआ, तो शायद आगे हो। उनके पश्चात् दूसरी गलती, जो पहली से कम मोटी है, उनकी प्रतीत होती है, जो प्रसादजी को प्राचीनवादी, विशेषतः बौद्ध-संस्कृति का उपासक मानते हैं। यद्यपि इसे वे कोरी भावुकता या भावावेश नहीं कहते, फिर भी उससे मिलती-जुलती पुरातनवादिता तो मानते ही हैं। मुझे भय है कि इस प्रकार का विचार प्रसादजी के सम्बन्ध में सबसे अधिक फैला हुआ है। मैं कह चुका हूँ कि पौराणिक पात्रों को छोड़कर ऐतिहासिक बौद्धकालीन पात्रों तक पहुँचने में अदृष्ट से दृष्ट की ओर ही अग्रसर होने का भाव था। इतना ही नहीं, हमें यह भी देखना होगा कि इन बौद्धकालीन चरित्रों को प्रसादजी ने क्यों और किस रूप में कथावस्तु का उपादान बनाया है? क्या इसलिए कि प्रसादजी बौद्ध हैं, या प्राचीनता के भक्त, आदर्शवादी हैं? मुझे ऐसी बात नहीं मालूम होती। बौद्धकालीन भारत हमारे देश का सुवर्ण-युग कहा जाता है। उसकी ओर सबका आकर्षित होना स्वाभाविक है। किन्तु प्रसादजी उसकी ओर इसलिए नहीं आकर्षित हुए कि वह सुवर्ण-युग था, उसकी स्तुति करें, वरन् यह जानने के लिए वहाँ गए कि वह सुवर्ण-युग क्यों था, उसकी विशेषताएँ क्या थीं, उसमें कोई ऐसी वस्तु है, जो हमारे आज के अनुकरण का आधार बन सकती है। इतने अंशों में प्रसादजी बौद्ध या बुद्धिवादी भले ही हों, बौद्ध-धर्म से उनका विशेष संपर्क नहीं जान पड़ता। प्रसादजी ने बौद्ध-साहित्य का अन्वेषण धार्मिक दृष्टि से नहीं किया, केवल मनोविज्ञान की वह दुर्लभ सामग्री प्राप्त करने के लिए किया, जो परवर्ती हिन्दू धर्म की निम्नकोटि की धार्मिकता या आध्यात्मिकता में विलुप्त-सी हो रही थी। ये सारे प्रयास कवि को यथार्थवाद की ओर ही ले जाने वाले सिद्ध हुए।

इसके मैं दो-एक उदाहरण भी दूँगा। बौद्ध-कालीन चरित्रों के अध्ययन से प्रसादजी ने एक मुख्य वस्तु निकाली नारी-शक्ति का सम्मान, दूसरी मुख्य वस्तु निकाली अहिंसा अर्थात् पतितों के प्रति करुणा का भाव। बिना करुणा के—सहानुभूति के—हम किसी के अन्तस्थल में प्रवेश नहीं कर सकते। करुणा का एक धार्मिक स्वरूप है, सबके लिए त्याग करना। उसका एक मनोवैज्ञानिक स्वरूप है, सबकी स्थिति का रहस्य समझना। प्रसादजी ने निश्चय ही इन दोनों पहलुओं का दिग्दर्शन किया है; किन्तु इनमें से दूसरे की ओर उनका ध्यान स्वभावतः अधिक है। इसी प्रकार नारी-शक्ति का सम्मान आदर्शवाद की कोई उड़ान नहीं है। उस शक्ति के वास्तविक स्वरूप और रहस्य के संधान की चेष्टा है, जिसे भारतवासियों को खोए बहुत दिन हो गए।

प्राचीन साहित्य का विलोड़न प्रसादजी का साध्य नहीं है, वह साधनमात्र है। प्राचीन कथावस्तुओं का ग्रहण मुख्यतः इस अभिप्राय से है कि हम उस समय की उन्नतिशील और सर्वतोमुखी चेतना को देखें और उसमें जो कुछ लेने लायक है, उसे लें। इसमें प्रसादजी ने अपनी कल्पना का भी यथेष्ट उपयोग किया है और बड़ी सावधानी से नवीन दृष्टि का विन्यास और समर्थन करने की चेष्टा की है। रूढ़ संस्कारों और विचार-पद्धतियों को तोड़कर नवीन विचार-स्वातंत्र्य, उदारता और मानवीयता का शिलान्यास प्रसादजी ने किया। आधुनिक समानता और जनसत्तात्मक भावों का पूरा प्रभाव प्रसादजी के साहित्य में है। कोरमकोर आदर्श-स्थापन को छोड़कर वे नवीन वास्तविकता की ओर कई कदम आगे बढ़े हैं। उत्तरोत्तर अपने नाटकों में उन्होंने सामयिक समस्याओं को अधिकाधिक स्थान दिया है और 'ध्रुवस्वामिनी' में आकर तो वे एक अत्यन्त आधुनिक प्रश्न, तलाक की प्रथा का निर्देश करते देखे जाते हैं। यह ठीक है कि प्रसादजी बर्नार्ड शा की तरह प्रचंड बुद्धिवादी नहीं हैं; किन्तु वे उसी की तरह आधुनिक हैं, इसमें संदेह नहीं।

आधुनिक वे इस अर्थ में हैं कि प्रत्येक वस्तु को खुली निगाह से देख सकते और उसकी धारणा बना सकते हैं। बुद्धिवादी वे इसलिए नहीं हैं कि केवल तर्क के द्वारा वे किसी तथ्य पर नहीं पहुँचना चाहते। उनके विचार से बुद्धि ही दुःख और सुख, पाप और पुण्य आदि के भेदों का विस्तार करती और परिणाम में द्वैत, द्विविधा या दुःख बढ़ाती है। आशा, चिन्ता, बुद्धि, मनीषा ये सभी दुःख के ही नाम हैं। कोरा बुद्धिवाद या तो मनुष्य को सांसारिक कर्त्तव्यों से विरक्त बनाकर घर से बाहर निर्जन में निकलवा देगा, या संसार की घोर वासनाओं में लिप्त करा देगा। और यदि इन दोनों के बीच में कोई रहा, तो वह सत्य से दूर, अपने बाहरी और भीतरी आचरणों में भेद लिए हुए, प्रतिक्षण चिन्तित और अधकचरा-सा मनुष्य होगा। प्रसादजी ऐसे बुद्धिवादी नहीं हैं। मैं कह चुका हूँ कि वे प्रकृति की विस्तृत विभिन्नता को प्रेम-तत्त्व से सन्निहित करके देखनेवाले यथार्थवादी हैं। वे स्वयं शिव के उपासक हैं, किन्तु विस्तृत प्रकृति का आनन्द लेने के लिए शक्ति की उपासना भी करते हैं। मेरी समझ में इसीलिए वे आधुनिक हैं, आधुनिक मनुष्यता के प्रतीक हैं।

यहाँ शिव और शक्ति की उपासना की बात थोड़ी और स्पष्ट कर देना चाहता हूँ। शिव ही एक-मात्र प्रेम या आनन्द का तत्त्व है, किन्तु यह आनन्द अगाध और निश्चल होने के कारण बाह्यसौन्दर्य-हीन है। इसमें सौन्दर्य की तरंगें उत्पन्न करने के लिए शक्ति की आवश्यकता पड़ती है। यह शक्ति ही परिपूर्ण प्रकृति के रूप में अपना प्रसार करती है। प्रकृति के विषय में भिन्न-भिन्न दर्शनों की भिन्न-भिन्न धारणाएँ हैं। यहाँ हमें उन अनेक धारणाओं से प्रयोजन नहीं। यहाँ तो यही कहना पर्याप्त है कि प्रसादजी उत्तरोत्तर प्रकृति की इन सौन्दर्य-तरंगों से परिचित और प्रभावित होते गए हैं। बहुत दिन नहीं हुए, जब वे मुझसे कह रहे थे कि प्रत्येक शरीरधारी को शिव-रूप जान कर ही मैं "आइए प्रभु!" कहा करता हूँ। निश्चय ही इन अनंत शिव-रूप प्रभुओं में अमृत और हलाहल की असंख्य मात्राएँ मिलती हैं; किन्तु शिव के उपासक को तो ये दोनों ही समान रूप से आस्वाद्य हैं। इन दोनों को पीने की जो शक्ति चाहिए, उसी की साधना शिवोपासक प्रसादजी ने निरंतर की है। इसीलिए मैं उन्हें दर्शनिक दृष्टि से निष्ठावान यथार्थवादी कवि कहता हूँ। हमें यह कभी नहीं भूलना होगा कि यद्यपि

प्रसादजी का काव्य, भावना में ऊँचा उठा कर, आध्यात्मिक रहस्यभूमि को स्पर्श करता है, किन्तु वह युग की यथार्थोन्मुख प्रवृत्तियों को अपने अन्दर लेने में पूर्णतः समर्थ है। इसी कारण प्रसादजी नए युग-जीवन का निरूपण अपने काव्य में कर सके हैं। यही नहीं, वे नए युग के प्रतिनिधि कवि कहला सके हैं।

इसी आधुनिक भावधारा का प्रतीक "कामायनी" काव्य है। उसमें इसी मनुष्यता का आवाहन किया गया है। इस अत्यावश्यक तथ्य को स्पष्ट रीति से प्रकट करने के लिए ऊपर की पूरी भूमिका बाँधी गई है, और यह मेरे विचार से विशेषतः प्रसादजी तथा सामान्यतः आधुनिक कविता के सम्बन्ध में फैले हुए भ्रम को दूर करने के लिए आवश्यक भी थी। यह भ्रम साधारण जनता में ही नहीं, बड़े-बड़े विद्वानों तक में दिखाई देता है। हिन्दी के श्रेष्ठ समीक्षक और मेरे शिक्षक पंडित रामचन्द्र शुक्ल ने भी नवीन काव्य के इस स्वरूप की ओर ध्यान नहीं दिया। इस कारण उनसे इस विषय में कई बार गलतफहमियाँ हुई हैं। शुक्लजी स्वयं पुरानी शैली के आदर्शवादी हैं, वे आधुनिक यथार्थवाद की विचारधारा से या तो परिचित ही नहीं या अन्यमनस्क हैं। मुझे ठीक स्मरण नहीं, उन्होंने 'काव्य में रहस्यवाद' या अन्य किसी पुस्तक में यह घोषित किया है कि रहस्यवाद (आधुनिक कविता) की इस बेतुकी तान की अपेक्षा तो गद्य-काव्य के रूप में लिखी गई उक्तियाँ अच्छी हैं। शुक्लजी का आशय उस गद्य-काव्य से है, जो आदर्शवादी व्यक्तियों के द्वारा आध्यात्मिक सत्ता को लक्ष्य करके लिखा गया है। किन्तु शुक्लजी इस यथार्थोन्मुख मानव रहस्य-काव्य और उस आदर्शवादी अध्यात्म-काव्य के मौलिक अन्तर की ओर ध्यान नहीं देते। आदर्श और यथार्थ का संपूर्ण मनोविज्ञान ही एक दूसरे से पृथक् हो गया है। अपने देश में बौद्धिक विचार-धाराएँ और मतमतान्तर भी धर्म की छत्रछाया में ही विकसित हुए हैं। इसलिए आदर्शवाद और यथार्थवाद का दार्शनिक अंतर समझने के लिए भी हमें धार्मिक इतिहास की ही शरण लेनी पड़ती है। यह अच्छा है, यह बुरा है, आदर्शवादियों का यह महावाक्य है। और जब अच्छे और बुरे की खोज होने लगी, तब संसार में कुछ भी अच्छा न दीखा। इसलिए इसे छोड़ो, उसे छोड़ो, सब कुछ छोड़ो का प्राबल्य हो गया। नारी को मलमूत्र की खान समझ कर छोड़ दो, अपने को भी मृत्यु का कवल समझकर छोड़ दो। इस विकृत संसार के परे जो अविकृत सत्ता है, उसी की शरण लो। इसका नतीजा यह हुआ कि अविकृत सता जगत्बाह्य या अलौकिक हो गई और वही एकमात्र सौष्ठव की प्रतीक हुई। मानव-जीवन का महत्त्व फीका पड़ गया। यह सही है कि मनुष्य इसे सहन न कर सका और इसी अविकृत सत्ता को मानव-रूप देकर उसके अवतारों की कथाएँ कहीं, जिसमें जीवन की व्यापक आस्था पुनः आ गई। किन्तु फिर भी इसमें निहित दार्शनिक दृष्टि प्रगतिशील मानव-संस्कृति का पूरा-पूरा साथ न दे सकी। अवतारी चरित्रों ने प्रवृत्ति और निवृत्ति की अपनी लीक बना दी और उपासना का मार्ग प्रशस्त हो गया। यह आदर्शवाद की दूसरी लीक बनी। साहित्य में जब यह विचारधारा फैली, तब दो परस्पर-विरोधी गुणों के नायकों का संघर्ष और भले का भला तथा बुरे का बुरा नतीजा दिखाकर काव्य समाप्त किया गया। प्रवृत्ति और निवृत्ति के बीच में रहनेवाली अन्तःकरण-वृत्ति कुछ विशेष आचारों और मनोभावों के लिए रूढ़ हो गई। मानव-आचार और कर्त्तव्यों ने अपना बौद्धिक और मनोवैज्ञानिक आधार खो दिया। यह भला-बुरा, ईश्वर-शैतान है क्या, इस पर आदर्शवादी

विचार नहीं करते, या करते हैं, तो घर या मनुष्य-क्षेत्र के बाहर जाकर। इसके साथ ही यथार्थवाद की एक विचारधारा प्राचीन काल से ही चली आ रही है, जिसे यहाँ के राजर्षियों या कर्मयोगियों ने विशेष रूप से पहचाना था और पहचान कर अनुसरण भी किया था। इसी के सम्बन्ध में गीता में श्रीकृष्णचन्द्रजी ने कहा है:—

इमं विवस्वते योगं प्रोक्तवानहमव्ययम्।
विवस्वान्मनवे प्राह मनुरिक्ष्वाकवेऽब्रवीत्॥
एवं परंपरा प्राप्तमिमं राजर्षयो विदुः।
स कालेनेह महता योगो नष्टः परंतप॥

यह योग श्रीकृष्ण ने विवस्वान् (अर्थात् सूर्य) को बतलाया था। विवस्वान् ने मनु को और मनु ने इक्ष्वाकु को बतलाया। ऐसी परंपरा से प्राप्त हुए इस योग को राजर्षियों ने जाना, परन्तु दीर्घकाल के अनन्तर यह योग इस लोक में नष्ट हो गया। संक्षेप में इसका स्वरूप गीता में इस प्रकार बतलाया गया है:—

किं कर्म किमकर्मेति कवयोऽप्यत्र मोहिताः।
तत्ते कर्म प्रवक्ष्यामि यज्ज्ञात्वा मोक्ष्यसेऽशुभात्॥
***   *   ***
कर्मण्यकर्म यः पश्येदकर्मणि च कर्म यः।
स बुद्धिमान्मनुष्येषु स युक्तः कृत्स्नकर्मकृत्॥

गीता ४ (१६, १८)

इसका अर्थ करते हुए लोकमान्य तिलक ने यह स्पष्ट कर दिया है कि कर्म-सम्बन्धिनी "यह तात्त्विक दृष्टि निष्काम कर्म करनेवाले कर्मयोगी की है, काम्य कर्म करनेवाले मीमांसकों की या कर्म छोड़नेवाले संन्यास-मार्गियों की नहीं है।" इसका अर्थ यह भी है कि यहाँ भले-बुरे का रूढ़िबद्ध प्रश्न नहीं उठता और न कर्म त्याग करने का ही प्रश्न आता है। यहाँ केवल निष्काम कर्म की शिक्षा है। यह वह शिक्षा है, जिसमें भले और बुरे के अनुसंधान की अपेक्षा अशेष प्रगतिशील मानव-व्यापारों के स्वतन्त्र परीक्षण की अधिक प्रवृत्ति है। यही यथार्थवादियों का लक्ष्य है। यहाँ दृष्टि निष्काम होने के कारण द्रष्टा को प्रकृति के अपार नवीन क्षेत्रों में जाने, नई सांस्कृतिक प्रगतियों का परिचय पाने और सारी स्थितियों की टोह लेने की पूर्ण सुविधा है। मेरे कहने का यह प्रयोजन नहीं कि ऊपर आदर्श और यथार्थवाद की मूल दार्शनिक प्रेरणाओं का जिस रूप से संकेत किया गया है, उसे ज्यों-का-त्यों मान लिया जाये। उनका उल्लेख भी यहाँ आवश्यक नहीं था। यहाँ तो उपर्युक्त दोनों वादों की पृथकता दिखा देना ही हमारा उद्देश्य है।

साहित्य-समीक्षा में भी ये दोनों विचार-धाराएँ पृथक्-पृथक् देखी जा सकती हैं। पहली विचार-धारा के अनुसार 'रस' की निष्पत्ति संघर्ष से ही होती है, प्रवृत्ति और निवृत्ति, भले और बुरे के द्वंद्व से। इसी विचार-धारा के आधुनिक प्रतिनिधि पंडित रामचन्द्र शुक्ल हैं; किन्तु यथार्थवादी इन समस्त द्वंद्वों का समाहार एक नित्य सत्ता में करते हैं और खुली आँख से उस

सत्ता की सम्पूर्ण लीला का रस लेते हैं। यह लीला या अभिव्यक्ति ही रस है। प्रवृत्ति और निवृत्ति की कोई लीक न बनाकर यथार्थवादी सामनें आई जगत् की स्थितिमात्र का साक्षात्कार करना चाहता, और उन स्थितियों में मानव-मन की गतियों का संकलन और कर्तव्यों का निर्धारण करने की चेष्टा करता है। वह आध्यात्मिक ऐकान्तिकता या नपी-तुली प्रवृत्ति-निवृत्ति की शिक्षा देकर संसार की परिवर्तनशील यथार्थताओं से हाथ समेटने और आँखें मूँदने का अभ्यास न कर संसार की विविध वास्तविकता के अभिज्ञानपूर्वक सर्वव्यापक आत्मा का जागरूक अनुभव करना चाहता है। काव्य में यह स्वभावत: मनोवैज्ञानिक विश्लेषण की ओर अधिक आकर्षित है। यह आँख मूँद कर भले-बुरे का द्वंद्व नहीं देख सकता, खुली आँखों सारे रंगों, रूपों, उनकी सम्पूर्ण भंगिमाओं का रस लेगा। संक्षेप में वह रहस्य की ओर लक्ष्य रखेगा, भले और बुरे के द्वैत की ओर नहीं। इसकी दृष्टि मुख्यत: मनोवैज्ञानिक होगी और यह किसी गतानुगतिक 'सु' और 'कु' का पल्ला नहीं पकड़ सकेगा। प्रवृत्ति और निवृत्ति इसके लिए कोई पूर्व निर्दिष्ट लीक नहीं होगी, जीवन के पग-पग की ताजी पहचान होगी।

शुक्लजी की निवृत्ति और प्रवृत्ति एक नपी-तुली और समय-विशेष की निवृत्ति-प्रवृत्ति है। उसका आधार वह जीवन-उपक्रम है, जो 'रामचरितमानस' जैसे महाकाव्य में पाया जाता है। मानस के आदर्श चरित्रों से, जो एक महाकाव्य के ही उपयुक्त हैं, सामान्य जीवन-व्यवहारों की उस बहुरूपता और सामान्यता की आशा नहीं की जा सकती, जो नित्य के जीवन में दिखाई देती है। 'मानस' के अतिरिक्त भी मानव-जीवन है, उनकी विपुल आकांक्षाएँ और प्रवृत्तियाँ हैं (जिन्हें हम 'भली' या 'बुरी' विशेषणों से पुकारा करते हैं; किन्तु जो हैं प्रवृत्तियाँ ही), किन्तु वह महाकाव्योचित प्रवृत्ति नहीं है। 'मानस' में भी प्रवृत्ति और निवृत्ति का सूत्र शुक्लजी ने स्थूल व्यावहारिक दृष्टि से ही पकड़ा है। उन सूक्ष्म मनोवैज्ञानिक, दार्शनिक और सांस्कृतिक भेदों की ओर उनकी दृष्टि नहीं, जिनका संकेत रामायण में मिलता है। न शुक्लजी की निगाह काव्य के रहस्यात्मक आधार (भगवत्सत्ता) पर गई है, जिसका स्थान-स्थान पर कवि ने निर्देश किया है। संक्षेप में, वे केवल बँधी हुई नैतिक और व्यावहारिक परिपाटी से ही सारी मीमांसा करते गए हैं। जीवन की बहुरूपता और वास्तविकता की ओर उनकी नजर नहीं है। इसीलिए वे समय की बदली हुई प्रवृत्तियों, नैतिक मापदंडों, मानव के बहुरूप मानसिक उद्वेगों और आकांक्षाओं का, जो नवीन काव्य के अनिवार्य अंग हैं, विचार न कर, रामचरितमानस की आदर्शवादिता तक ही सीमित हैं। और वह आदर्शवादिता भी वैष्णव आध्यात्मिक धारणाओं के अनुकूल न होकर पाश्चात्य व्यवहारवादियों से अधिक मेल खाती है। उदाहरण के लिए 'रामचरितमानस'—जैसे अध्यात्मप्रधान काव्य में 'क्रोध' प्रवृत्ति के रूप में कहीं नहीं आया। वहाँ वह लीला या नाट्य का ही पर्याय माना जा सकता है। किन्तु शुक्लजी क्रोध को अनिवार्य प्रवृत्ति ही नहीं, सामाजिक उपयोगिता के भाव में ग्रहण करते हैं। यह 'मानस' के प्रति अन्याय है। दूसरी ओर शुक्लजी व्यवहारवादी दार्शनिकों के केवल ऊपरी और स्थूल निर्णयों को ही अपनाते हैं, उनकी भाँति सांस्कृतिक और सामाजिक परिवर्तनों के अध्ययन और गतिशील व्यवस्था का निर्धारण नहीं कर सके हैं। यह मैं प्रसंगवश कह रहा हूँ। मेरे कहने का आशय यह नहीं कि रामचरितमानस की आदर्शवादिता काव्य का विषय नहीं है। काव्य ही नहीं, वह तो हिन्दी के सर्वश्रेष्ठ महाकाव्य का विषय है। किन्तु

मेरा कहना यह है कि मानव-जीवन की सीमा किसी भी काव्य या महाकाव्य के आदर्शों से आबद्ध नहीं की जा सकती।

'कामायनी' के साथ न्याय करने के लिए मुझे ऊपर का अप्रिय प्रसंग उठाना पड़ा। इसके लिए मैं पुनः-पुनः क्षमाप्रार्थी हूँ। प्रसादजी उस शिव-तत्त्व के उपासक हैं, जिसमें अमृत और हलाहल की सत्ताएँ एक-रस हो गई हैं। आदर्शवादी तो केवल नीति या अमरता के उपासक होते हैं, जो संसार के बहुमुखी जीवन से तटस्थ होकर अपनी एक लीक बना जाते हैं। कामायनी का आरम्भ ही इस आदर्शवादी, देव-सृष्टि के विध्वंस के साथ होता है। यह इस बात का संकेत है कि जब देव-सभ्यता का अन्त होता है, तब मानव-सभ्यता की सृष्टि होती है। कामायनी का नायक मनु प्रथम मानव है, उसी का आख्यान कामायनी में वर्णित है। यह मनु अमरों का वंशज है, वे अमर जो मर गए! यह एक मात्र मानव है, जो देव-सृष्टि का प्रलय होने पर बच रहा है! स्पष्ट ही यह देवताओं से अधिक वीर्यवान होगा। प्रसादजी इसका वर्णन यों करते हैं:—

तरुण तपस्वी-सा वह बैठा
साधन करता सुर-श्मशान;
नीचे प्रलय-सिंधु लहरों का,
होता था सकरुण अवसान।

* * *

अवयव की दृढ़ मांस-पेशियाँ,
ऊर्जस्वित था वीर्य अपार;
स्फीत शिराएँ, स्वस्थ रक्त का,
होता था जिनमें संचार।

वह देवताओं के श्मशान का साधन कर रहा था। अमरों की मृत्यु पर विचार कर रहा था! निश्चय ही वह आदर्शवादी नहीं था, नहीं तो सिर पर हाथ रख कर सिर्फ रोता।

वह पूर्ण युवा था। उसके शरीर की एक झाँकी और लीजिए:—

चिन्ताकातर वदन हो रहा,
पौरुष जिसमें ओत-प्रोत;
उधर उपेक्षामय यौवन का,
बहता भीतर मधुमय श्रोत।

स्पष्ट है कि उसकी चिन्ता का आवेग केवल आगन्तुक था। यदि एक ओर थोड़ी-सी चिन्ता थी, तो वह उपेक्षा से भरी हुई, प्रलय की भी परवाह न करने वाली, यौवन की तरंगिणी में बह गई। मनु अपने प्रेम-पितरों की चिन्ता छोड़ कर पहाड़ के नीचे उतरा।

नीचे आकर, हरित भूमि में, काम-कन्या कामायनी से उसकी भेंट हुई। यह भी अच्छे अवसर पर आई। इसकी सुन्दरता की क्या व्याख्या की जाये, काम की कन्या ही थी। संगीत-विद्या सीख कर आई थी। मनु बेचारा क्या जाने! वह तो पूर्ण पौरुषवान् था, किन्तु नारी का

उसे क्या परिचय! इसलिए नारी ने ही अपना परिचय अपने-आप दे दिया। यह परिचय सुन कर सैकड़ों आदर्शवादी नाक-भौं सिकोड़ने लगेंगे, किन्तु 'मनु' को इससे क्या? वह अब तक का अखंड ब्रह्मचारी अब भी अपनी तपस्या की ही धुन में था। तब कामायनी ने उससे कहा:—

हृदय में क्या है नहीं अधीर,
लालसा जीवन की निश्शेष?
कर रहा वंचित कहीं न त्याग,
तुम्हें मन में धर सुन्दर वेश!

*** * ***

कर रही लीलामय आनन्द,
महाचिति सजग हुई-सी व्यक्त;
विश्व का उन्मीलन अभिराम,
इसी में सब होते अनुरक्त।
काम मंगल से मंडित श्रेय,
सर्ग इच्छा का है परिणाम;
तिरस्कृत कर उसको तुम भूल,
बनाते हो असफल भव-धाम।

और साथ ही वैरागी आदर्शवादियों के लिए भी उसने दो-एक वाक्य कहे:—

यह नीड़ मनोहर कृत्यों का,
यह विश्व कर्म-रंगस्थल है;
है परम्परा लग रही यहाँ,
ठहरा जिसमें जितना बल है।
वे कितने ऐसे होते हैं,
जो केवल साधन बनते हैं;
आरम्भ और परिणामों के,
सम्बन्ध-सूत्र से बुनते हैं।

इसके पश्चात् प्रेमी और प्रेमिका का परस्पर आकर्षित होना तथा अन्य विविध रमणीय प्रसंग वर्णित हैं, जो काव्य के स्वाभाविक विकास की दृष्टि से अत्यन्त आवश्यक प्रतीत होंगे। किन्तु, जिन्हें सुनकर तथाकथित आदर्शवादी शायद कोसों दूर भाग जायें। वास्तविक आनन्दात्मक काव्य-प्रतीकों का संग्रह, कर्म और संघर्ष का संदेश नई काव्य-दिशा का सूचक है।

इसके पश्चात् कामायनी की कथा ऐसे स्थल पर पहुँचती है, जो उक्त आदर्शवाद को और भी कड़ी चुनौती देता है। केवल सुखानुभव और विजय ही जीवन नहीं है, दुःखानुभव और पराजय भी जीवन है। इतने सुख के बाद इस सुखी दंपति के जीवन में दुःख के दिन भी आते हैं। कामायनी, मनु और एक उनका बच्चा, घर में अब तीन प्राणी हो गए हैं। मनु मृगया को जाते हैं, कामायनी तकली कातती है और बच्चा बढ़ता रहता है; किन्तु यह क्रम अधिक दिन

नहीं चला। मनु की तृप्ति मृगया से ही नहीं हुई। अकेली कामायनी उनका परितोष नहीं कर सकी। मन में महात्त्वाकांक्षा जाग्रत हो चुकी थी। वे जीवन की अज्ञात गहनता में प्रवेश करने के लिए उद्विग्न हुए, जो आदर्श की बँधी हुई लीक के भीतर निषिद्ध है। वे अपनी प्रणयिनी श्रद्धा (या कामायनी) को छोड़कर सारस्वत देश पहुँचे। यहाँ की सम्राज्ञी इड़ा को एक राज्य-प्रबन्धक की आवश्यकता थी। मनु इस पद पर नियुक्त कर लिए गए। वे सारस्वत प्रदेश के धीरे-धीरे सम्राट ही बन गए। किन्तु सम्राज्ञी तो इड़ा बुद्धि थी। उसके लिए तो ये प्रबन्धक-मात्र थे। इन्हें सारस्वत देश के अधिपति बनने से ही सन्तोष नहीं था। ये तो इड़ा के अधिपति बनना चाहते थे, यहाँ संघर्ष का सूत्रपात होना अवश्यम्भावी था।

मनु ने यह संघर्ष भी मोल लिया। जब सारस्वत देश की प्रजा उनकी इस अनुचित आकांक्षा पर बिगड़ खड़ी हुई, तब मनु ने अकेले उसका सामना भी किया। वे सशस्त्र उससे लड़े, पर कब तक लड़ते! एक ओर वे अकेले, दूसरी ओर प्रजा उतनी; लड़ते-लड़ते मनु मूर्च्छित होकर गिर पड़े। मृत्यु की अन्तिम घड़ियाँ गिनने लगे।

जिस मनु का इतना उत्थान हुआ था, क्या उसका इतना पतन भी हो सकता है? जिसने सुख के इतने दिन बिताए, क्या वह दुःख के ऐसे दिन भी देख सकता है? आदर्शवादी के लिए यह एक टेढ़ा प्रश्न है; किन्तु यथार्थवादी के पास इसका सीधा उत्तर है—'क्यों नहीं, इस लीलामय की लीला में सब कुछ हो सकता है।' उसने मानव मन का ऐसा निर्माण किया है कि सुख और दुःख, उत्थान और पतन, उसकी एक ही झोंक में आते और जाते हैं। ये सुख-दुःख, उत्थान-पतन, मन की गति पर निर्भर हैं। मन की ऐसी ही गति है, वास्तविकता इतनी ही है। सुख और दुःख, उत्थान और पतन तो मानो विवश इस मन के पीछे दौड़ा करते हैं।

इधर कामायनी (श्रद्धा) का जीवन भी भार हो गया। बिना मनु के उसकी स्थिति कहाँ? अकेले पुत्र को लेकर वह कितने दिन रह सकती थी? दुःख की बहुत-सी लम्बी रातें उसने काटीं। अन्त में एक रात भयानक स्वप्न देखकर वह वहाँ न रह सकी। बच्चे को लेकर वह घर से निकल पड़ी और भटकती हुई बहुत दिनों के बाद उसी नगर में जा पहुँची, जहाँ मनु मूर्च्छित पड़े थे। वह उन्हें खोजती हुई अन्त में उनके पास पहुँची। मनु के मानो प्राण लौटे। उस समय का दोनों का मिलना, कवि ने बड़ी सुन्दरता के साथ वर्णन किया है। उस समय के अत्यन्त मनोरम पदों की कुछ बानगी देना चाहता हूँ:—

मनु की उक्ति कामायनी के प्रति:—

तुम अजस्र वर्षा सुहाग की,
और स्नेह की मधु रजनी;
चिर अतृप्ति जीवन यदि था,
तो तुम उसमें संतोष बनी।
कितना है उपहार तुम्हारा,
आश्रित मेरा प्रणय हुआ;
कितना आभारी हूँ, इतना,
संवेदनमय हृदय हुआ।

किंतु अधम मैं समझ न पाया,
उस मंगल की माया को;
और आज भी पकड़ रहा हूँ,
हर्ष-शोक की छाया को।

झटका खाकर मनु के जीवन का प्रवाह एक बार फिर उसकी ओर मुड़ा है, जिसे वह छोड़ आया था। मनु के जीवन की यह कितनी स्वाभाविक गति है। वह फिर भी कहता है:—

नहीं पा सका हूँ मैं जैसे,
जो तुम देना चाह रही;
क्षुद्र पात्र! तुम उसमें कितनी,
मधु-धारा हो ढाल रही।
सब बाहर होता जाता है,
स्वगत उसे मैं कर न सका;
बुद्धि तर्क के छिद्र हुए थे,
हृदय हमारा भर न सका!

और अपने बच्चे के लिए, जिसे वह छोड़ आया था और जो अब किशोर हो चला है, उसने ये शब्द कहे:—

यह कुमार मेरे जीवन का,
उच्च अंश, कल्याण-कला!
कितना बड़ा प्रलोभन मेरा,
हृदय स्नेह बन जहाँ ढला;
सुखी रहे, सब सुखी रहें, बस,
छोड़ो मुझ अपराधी को!
* * *
श्रद्धा देख रही चुप मनु के,
भीतर उठती आँधी को।

किन्तु यह आँधी भी धीरे-धीरे प्रशमित हुई। जब मनु को श्रद्धा मिल गई, तब आँधी क्यों न थमती? आखिर पुत्र को सांसारिक अनुभव के लिए वहीं रख कर मनु ने श्रद्धा से कहा:—

ले चल इस छाया के बाहर,
मुझको दे न यहाँ रहने।
मुक्त नील नभ के नीचे,
या कहीं गुहा में रह लेंगे;
अरे झेलता ही आया हूँ,
जो आवेगा सह लेंगे।

इस प्रकार जीवन की संध्या-बेला में दोनों मानसरोवर की ओर चले। जब महान् संघर्ष समाप्त कर राम सीता से मिले, तब बाकी क्या रहा? पर अभिषेक फिर भी बाकी था। यहाँ भी अभिषेक ही बाकी है; किन्तु वह बिलकुल दूसरे ही प्रकार का। इस अभिषेक के अवसर पर कवि मानव-जीवन का अमर वैषम्य दिखाता और उनमें सामरस्य का सन्देश सुनाता है। मनु और श्रद्धा पहाड़ी घाटियों को पार करते हुए चले जा रहे थे। मनु अब भी बीच-बीच में विचलित हो उठते थे; किन्तु श्रद्धा उनके साथ थी। बड़ी ऊँचाई पर पहुँच कर मनु ने नीचे तीन बड़े-बड़े गोले देखे। पूछने पर श्रद्धा ने बतलाया, ये क्रमशः कर्म, भाव और ज्ञान के क्षेत्र हैं। ये तीनों आए दिन पृथक्-पृथक् हो गए हैं। कर्म का क्षेत्र काला अथवा तमोगुणी दिखाई देता है:—

यहाँ सतत संघर्ष, विफलता,
कोलाहल का यहाँ राज है;
अंधकार में दौड़ लग रही,
मतवाला यह सब समाज है।

'भाव-भूमि' को दिखाती हुई श्रद्धा बोली, यह लाल रंग की, रजोमयी भूमि है। इसमें :—

शब्द, स्पर्श, रस, रूप गंध की,
पारदर्शिनी सुघड़ पुतलियाँ;
चारों ओर नृत्य करतीं ज्यों,
रूपवती रंगीन तितलियाँ।

और अन्त में ज्ञान-भूमि का संकेत करते हुए उसने कहा :—

अस्ति नास्ति का भेद, निरंकुश,
करते ये अणु तर्क-युक्ति से;
ये निस्संग, किन्तु कर लेते,
कुछ संबंध-विधान मुक्ति से।
देखो वे सब सौम्य बने हैं,
किन्तु सशंकित हैं दोषों से;
वे संकेत दम्भ के चलते,
भ्रूचालन मिस परितोषों से।
यहाँ अछूत रहा जीवन रस,
छूओ मत संचित होने दो;
बस, इतना ही भाग तुम्हारा,
तृषा! मृषा, वञ्चित होने दो।
सामंजस्य चले करने ये,
किन्तु विषमता फैलाते हैं;
मूल सत्त्व कुछ और बताते,
इच्छाओं को झुठलाते हैं।

आधुनिक संन्यास-मार्ग पर यह काफी कड़ी टिप्पणी है। 'कर्म-भूमि' से प्रसादजी का आशय शरीर या भौतिक पदार्थों से और 'भाव-भूमि' से तात्पर्य मन या मानसिक पदार्थों से है। ज्ञान-भूमि से प्रयोजन आत्मा या अध्यात्मतत्त्व से है। ये तीनों संप्रति एक दूसरे से पृथक् होकर पतन की अवस्था में पड़े हुए हैं। इस प्रसंग में प्रसादजी ने बड़ी मार्मिक बातें कही हैं, जिनकी ओर विशेषज्ञों का ध्यान आकर्षित होना चाहिए। मनु ने उस सबको देख कर विरक्ति से मुँह फेर लिया। तब श्रद्धा बोली :—

यही त्रिपुर है देखा तुमने,
तीन बिन्दु ज्योतिर्मय इतने;
अपने केन्द्र बने दुःख सुख में,
भिन्न हुए हैं ये सब कितने!
ज्ञान दूर कुछ, क्रिया भिन्न है,
इच्छा क्यों पूरी हो मन की;
एक दूसरे से न मिल सके,
यह विडंबना है जीवन की!

आधुनिक जीवन की यह विडंबना प्रत्येक यथार्थवादी को बिना खटके नहीं रह सकती। इसी त्रिपुर (त्रिगुण, या त्रैत) का दाह पुराणों में शिवजी से कराया गया है। कामायनी के कवि ने यह कार्य 'श्रद्धा' की मुस्कान द्वारा कराया है:—

महा ज्योति रेखा-सी बन कर,
श्रद्धा की स्मिति दौड़ी उनमें;
वे संबद्ध हुए फिर सहसा,
जाग उठी थी ज्वाला जिनमें।

*** * ***

स्वप्न, स्वाप, जागरण भस्म हो,
इच्छा क्रिया ज्ञान मिल लय थे;
दिव्य अनाहत पर निनाद में,
श्रद्धायुत मनु बस तन्मय थे।

अपूर्व तन्मयता का यह अवसर ही मनु के ऐहिक जीवन की चरम सिद्धि है। इसी शुभ अवसर पर मनु कामायनी के पुत्र और पुत्रवधू (इड़ा) भी एकत्र होते हैं, और यहीं उन दोनों का अभिषेक होता है। इस प्रकार यह मानव-परम्परा चलती है।

* * *

यदि यह कथा मनु और कामायनी की केवल व्यक्तिगत होती और इसमें कुछ भी संकेत न होता, तो भी यह कितनी परिष्कृत, स्वाभाविक तथा आधुनिक कथा थी; किन्तु यह पूर्ण रूप से सांकेतिक भी है। यह आधुनिक मानव-मात्र, नर-नारी-मात्र की एक प्रतिनिधि कथा या जीवनी का स्वरूप भी है। आज का मनुष्य मनु से भिन्न नहीं है, आज की नारी भले ही कामायनी से कुछ भिन्न हो। कामायनी सब प्रकार से मनु का उद्धार करती है। प्रसादजी की

नारी-सृष्टि मानो पुरुषों का उद्धार करने के लिए ही हुई है। इस विषय में प्रसादजी की इतनी अडिग आस्था है कि इस सम्बन्ध में तर्क करना व्यर्थ ही होगा। यदि प्रसादजी की सारी स्वाभाविक रचना में किसी आदर्श की ओर झुकाव है, तो इसी नारी-आदर्श की ओर यही आदर्श उन्हें एक श्रेष्ठ प्रेमाख्यानक कवि के पद पर प्रतिष्ठित कर सका (यद्यपि प्रसादजी कोरे प्रेमाख्यानक या 'रोमैण्टिक' कवि ही नहीं हैं)। यह झुकाव निरा आदर्शवाद ही नहीं, इसके कुछ कारण भी हैं। प्राचीन काल से लेकर अब तक हिन्दुओं में बहुविवाह की प्रथा प्रचलित है। इस्लाम में भी इसकी मुमानियत नहीं। अकेले क्रिश्चियन धर्म में एक स्त्री के होते दूसरी स्त्री करना विहित नहीं है; किन्तु वहाँ भी एक के मर जाने पर दूसरा विवाह तो हो ही सकता है। और स्त्रियों के लिए सभी धर्मों में काफी प्रतिबन्ध रखे गए हैं। क्या कोई पूछ सकता है कि यह अन्याय स्त्रियों के किस अपराध के दंड-स्वरूप है? कोई इसे जाति-शुद्धता की रक्षा और कोई वंश-परम्परा की रक्षा के लिए आवश्यक बतलाता है; किन्तु पुरुष-जाति के इस कलंक को कोई भी दलील मिटा नहीं सकती। उस सारी कृतज्ञता के बदले, जो माता और नारी के उपकारों के प्रति हमें दिखानी थी, हमने बहुविवाह का व्रत ले लिया और उसे शास्त्र-सम्मत भी बना दिया! नारी के जिन उपकारों से मनुष्य जन्म-जन्म में निष्कृति नहीं पा सकता, उसका बदला हमने खूब चुकाया। इससे बढ़कर घोरतर अन्याय पुरुष ने कोई दूसरा नहीं किया। पुरुषों के इसी परम्परागत अन्याय का प्रायश्चित्त कवि-हृदय प्रसादजी ने इस रूप में किया है। यद्यपि आधुनिक दृष्टि से नारी पुरुष की समता की अधिकारिणी है और उसे केवल श्रद्धा-रूप अंकित करना उसकी स्पर्द्धायुक्त उन्नति में बाधक बनना भी कहा जा सकता है, किन्तु कामायनी के कवि का यह आशय किसी प्रकार नहीं है। उसे नारी को विद्या में, बुद्धि में, चरित्र में, सब प्रकार पुरुष से श्रेष्ठ सिद्ध करना है, साथ ही परस्पर प्रतियोगिता का भाव भी बनाए रखना है। इसी दोहरी मनोवृत्ति के कारण प्रसादजी ने कामायनी को एकदम आधुनिक नायिका नहीं बना दिया। इस सम्बन्ध में आधुनिकों को यदि एतराज हो, तो प्रसादजी के पास उसकी कोई दवा नहीं!

आधुनिकों की ओर से एक ही आक्षेप की आशंका और की जा सकती है, वह यह कि प्रसादजी ने बुद्धितत्त्व की अकारण निन्दा की है। स्वयं बुद्धि के द्वारा अपने काव्य का उत्पादन जिसने इतना बलिष्ठ बनाया, वह यदि बुद्धि की निन्दा करे, तो यह उसकी अकृतज्ञता भी कही जा सकती है। किन्तु, मेरे विचार से बात यह नहीं है। यह 'कामायनी' काव्य प्रसादजी ने मनु या मनस्तत्त्व की पूर्ण अभिव्यक्ति के लिए बनाया है। मनु जितनी बुद्धि का भार सहज रूप से वहन कर सकता है, अथवा जितनी अतिरिक्त बुद्धि वह सँभाल सकता है, उतनी ही उसे धारण करनी है। उतनी बुद्धि तो श्रद्धा में है ही। किन्तु मनु तो उतने से सन्तुष्ट नहीं हुआ और बुद्धि का अधिपति बनने का दम भरने लगा। स्पष्ट ही उसका माथा फिर गया था, अन्यथा वह ऐसे दुस्साहस का काम न करता। आधुनिक मानव भी तो यही कर रहा है! वह मन की शक्ति या पहुँच के बाहर बुद्धि को दौड़ा कर जो भयानक आविष्कार करता जा रहा है, उसका परिणाम क्या वह अभी नहीं भोग रहा? क्या इसी पद्धति पर चलने से आज निकट भविष्य में ही मानवीय सभ्यता के विनाश की आशंका नहीं हो रही? कहावत का कोई ऐसा ही व्यक्ति, जिसे जगत्-गति व्यास नहीं होती, इसका उत्तर नकार में दे सकता है। इसलिए

प्रसादजी ने मन या मानव-शक्ति के परे बुद्धि की संवर्द्धना को बुरा बतलाया है, जिस प्रकार शास्त्रकार मनुजी ने 'महायंत्र प्रवर्तन' अर्थात् बड़े-बड़े यंत्र बनाने का निषेध किया था। प्रसादजी का सन्देश बुद्धि, भावना और क्रिया का समान विकास करना, होने के कारण बुद्धि की एकांगी उन्नति का यहाँ भी निषेध किया गया है। यह मानना संगत न होगा कि प्रसादजी बुद्धि के विरोधी थे। हाँ, वे बुद्धिवाद की 'अति' के विरोधी अवश्य थे।

अन्त में हम इस निष्कर्ष पर पहुँचते हैं कि अपनी मर्म-ग्राहिणी प्रतिभा के द्वारा मानव प्रकृति का विश्लेषण कर प्रसादजी ने इस सुन्दर काव्य की रचना की है। इसमें मानवीय प्रकृति के मूल मनोभावों को बड़ी सूक्ष्म दृष्टि से पहचान कर संग्रह किया गया है। यह मनु और कामायनी की कथा तो है ही, मनुष्य के क्रियात्मक बौद्धिक और भावात्मक विकास में सामंजस्य स्थापित करने का अपूर्व काव्यात्मक प्रयास भी है। यही नहीं, यदि हम और गहरे पैठें, तो मानव-प्रकृति के शाश्वत स्वरूप की झलक भी इसमें मिलेगी। इस दृष्टि से तो यह मनुस्मृति के सहस्रों वर्ष बाद मानव-धर्म-निरूपण का महत्त्वपूर्ण काव्य-प्रयास है। कोई साधारण योग्यता का कवि इस कार्य में कदापि सफल नहीं हो सकता था। इसके लिए मानवीय वस्तु-स्थिति से परिचय रखनेवाली जिस मर्म-भेदिनी प्रकृति की आवश्यकता है, वह प्रसादजी को प्राप्त हुई है। उन्होंने अपनी प्रतिभा के बल से शरीर, मन और आत्मा; कर्म, भावना और बुद्धि; क्षर, अक्षर और उत्तम तत्त्वों को सुसंलग्न कर दिया है! यही नहीं, उन्होंने इन तीनों का भेद मिटा कर इन्हें पर्यायवाची भी बना दिया है। जो मनु और कामायनी हैं, वही आधुनिक पुरुष और नारी भी हैं, यही नहीं, शाश्वत पुरुषत्व और नारीत्व भी वही है। एक की साधना से सबकी साधना बन जाती है। महाराज मनु ने एक बार मानव-स्वभाव की कठोर परीक्षा करके मनुस्मृति की रचना की थी। उसमें उन्होंनें ब्रह्मचर्य, गार्हस्थ्य, वानप्रस्थ और संन्यास, इन चार आश्रमों की नियोजना की थी। इस आश्रम-संस्था के मूल में जो सुदृढ़ और परीक्षित मनोविज्ञान है, वह समय पाकर विस्मृत हो गया। प्रसादजी ने उसका काव्यमय रूप पुनः उपस्थित किया है। उसकी ओर लोगों का ध्यान अवश्य आकर्षित होगा। इस काव्य में मनु, मानव या मनस्तत्त्व के स्वरूप का बौद्ध, योग तथा सांख्य आदि शास्त्रों के विश्लेषण से, वैदिक तथा पौराणिक कथाओं की अनुश्रुति पर, मनुस्मृति का सामयिक अनुशीलन, अनुसरण और संशोधन करते हुए, आधुनिक रुचि के अनुकूल, नारी की महिमा का विशेष रूप से प्रकाश करने के लिए, उल्लेख किया गया है। मनोविज्ञान में काव्य और काव्य में मनोविज्ञान यहाँ एक साथ मिलते हैं। मानस (मन) का ऐसा विश्लेषण और काव्यमय निरूपण हिन्दी में शायद शताब्दियों के बाद हुआ है। इसीलिए मैं इस काव्य का अभिनन्दन गोस्वामी तुलसीदासजी की इन स्मरणीय पंक्तियों से करता हूँ :—

अस मानस मानस चख चाही।
भइ कवि बुद्धि विमल अवगाही॥

कवि की इस 'मानस-रचना' को मन की आँखों से देखने पर प्रकट होता है कि उसमें मन की नैसर्गिक इच्छाओं और भावनाओं के विस्तार का पूर्ण अवसर देकर उसके उदात्त स्वरूप का उद्घाटन किया गया है और साथ ही एक अनुपम समरसता में सजाकर उसे विशृंखल बनने से बचाया गया है। आप कह सकते हैं कि यह समरसता भी अपनी सीमा-

रेखाएँ बना कर रूढ़ि का रूप धारण कर सकती है। संभव है ऐसा हो, किन्तु इस भय से कोई कवि अपने काव्य में आवश्यक संतुलन की नियोजना बिना किए कैसे रह सकता है! फिर आप पूछ सकते हैं कि क्या यह पुरानी रूढ़ि के स्थान पर नई रूढ़ि का स्थापन करना नहीं हुआ? इसके उत्तर में मैं कहूँगा कि संभव है ऐसा भी हो; किन्तु हम यह भूल नहीं सकते कि नई रूढ़ि में हमें नए जीवन का रस मिलता है, जब कि प्राचीन रूढ़ि में ताजे जीवन-स्रोतों का अभाव ही नहीं होता, नई जीवन-धारा को अपनी कठोर शिलाओं में दबा रखने की दुश्चेष्टा भी होती है। यह दोनों का अन्तर भी कम ध्यान देने योग्य नहीं। और सबसे बड़ी बात तो यह है कि कामायनी एकांगी और अव्यावहारिक, निर्बल तथा ह्रासोन्मुख रूढ़ि के स्थान पर, व्यापक और बहुमुखी जीवन-दृष्टि का संदेश सुनाती और नियोजना करती है।

सितम्बर, १९३७

कामायनी-विवेचन

कामायनी काव्य आधुनिक युग की कृति है। इसके निर्माता 'प्रसादजी' यद्यपि भारतीय अतीत और उसकी प्राचीन संस्कृति के प्रेमी थे, परन्तु कामायनी में उन्होंने नवीन वैज्ञानिक तथ्य का भी यथेष्ट उपयोग किया है। उनकी यही विशेषता उनके काव्य को आधुनिकता प्रदान करती है। प्रसादजी ने कामायनी के नायक और नायिका मनु और कामायनी का स्वरूप वैज्ञानिक भूमि पर स्थिर किया है। पुरुष और नारी की विज्ञान-संमत प्रकृति और प्रवृत्ति का चित्रण मनु और कामायनी के रूप में करने की चेष्टा की है। पुरुष और नारी प्रकृत्या क्या हैं, सभ्यता, इतिहास और परम्परा के आवरणों को अलग कर देने पर मूलतः वे क्या रह जाते हैं, यही कामायनी और मनु के स्वरूपों में दिखाया गया है। इस मूल भावना के प्रदर्शन का महत्त्व यह है कि कवि विज्ञान-संमत चित्रण द्वारा जीवन के स्वरूप और उसकी प्रेरणा की परीक्षा करना और उसके तथ्यों पर प्रकाश डालना चाहता है। आज का मनुष्य और आज की नारी इतिहास की उपज है। उसमें कृत्रिम प्रवृत्तियों और संस्कारों का मेल हो गया है; इसलिए समस्त ऐतिहासिक और कालगत आवरण के परे जाकर मूल मानव-प्रवृत्तियों के उद्‌घाटन में प्रसादजी संलग्न हुए हैं। नवीन विज्ञान का कहना है कि मनुष्य की वास्तविक प्रकृति का परिचय और परिज्ञान तथा उक्त प्रकृति के आधार पर उसके जीवन-विधान का निरूपण मानव-प्रगति के लिए आवश्यक है। प्रसादजी कामायनी काव्य में इस तथ्य को मानकर मूल मानव-प्रकृति के उद्‌घाटन में प्रवृत्त हुए हैं।

मनोवैज्ञानिक आधार

इस काव्य में जो सर्गों के शीर्षक दिए गए हैं, वे प्रायः मानसिक वृत्तियों के आधार पर हैं। वे यह सूचित करते हैं कि प्रसादजी का लक्ष्य मानव-मनोविज्ञान को प्रतिष्ठित करने का था। पहला सर्ग 'चिंता' का है। प्रलय के पश्चात् सृष्टि के नव-निर्माण की समस्या मनु के सामने आई। वह अतीत का लेखा लगाता और भावी की चिन्ता करता है। यह चिन्ता या आत्म-चेतना मनुष्य की वह मूल वृत्ति है, जो उसे शेष प्राणिजगत् से भिन्न और श्रेष्ठ पद प्रदान करती है। मनुष्य को छोड़कर अन्य प्राणियों में यह शक्ति नहीं होती। प्रसादजी ने इसी प्रमुख विशेषता को लेकर 'चिन्ता' सर्ग का निर्माण किया है। चेतना या चिन्ता मनुष्य की मनुष्यता की सूचक प्रथम मौलिक वृत्ति है, इसीलिए वह कामायनी काव्य के प्रथम सर्ग में शीर्षक बनकर आई है।

आत्म-चेतना या चिन्ता के पश्चात् मानव को जीवन-क्षेत्र में आगे बढ़ाने वाली दूसरी वृत्ति आशा है, जो कामायनी के द्वितीय सर्ग में आई है। आशा विकासोन्मुख वृत्ति है, और वह सुखात्मक है। प्रमुख रूप से आशा ही मनुष्य को कार्यक्षेत्र में अग्रसर करती है। आशा या सुख की अभिलाषा न केवल मानवजीवन का प्रमुख लक्ष्य है, यह जीवन को प्रगति या प्रेरणा

देनेवाला मुख्य उपादान भी है।

आशा मनुष्य को जीवन-विकास की प्रेरणा देती है; परन्तु जीवन-विकास का वास्तविक आधार श्रद्धा है। आशा जीवन में प्रविष्ट कराती और कर्म की प्रेरणा देती है; परन्तु जीवन का मूल तत्त्व श्रद्धा है। इसी आशय की अभिव्यक्ति के लिए कामायनी में तृतीय सर्ग 'श्रद्धा' का है। कवि की दृष्टि में श्रद्धा जीवन की इतनी प्रमुख वृत्ति है कि वह काव्य में नायिका के रूप में उपस्थित की गई है। प्रसादजी ने यहाँ श्रद्धा का मनोवैज्ञानिक स्वरूप भी अंकित किया है और उसे नारी-प्रतीक के रूप में भी उपस्थित किया है। मनोविज्ञान का विवेचन करते समय हम श्रद्धा को मानसिक वृत्ति के रूप में ही लेंगे। श्रद्धा ही मनु (मानव) को सृष्टि की उद्देश्य का बोध कराती है:—

और यह क्या तुम सुनते नहीं, विधाता का मंगल वरदान;
शक्तिशाली हो, विजयी बनो, विश्व में गूँज रहा जय गान।

श्रद्धा मनु को प्रवृत्ति का संदेश देती है, शक्ति-संचय कर जीवन में सफलता प्राप्त करने को प्रेरित करती है। जीवन के कर्मक्षेत्र की सफलता ही मानव-चेतना की सफलता है। मनुष्य-जीवन का चरम उद्देश्य इसी चेतन तत्त्व का अधिकाधिक प्रसार और विस्तार करना है। मानव की समस्त प्रगति, विकास और विस्तार श्रद्धा द्वारा ही सम्भव है। श्रद्धा के स्वरूप को और भी स्पष्ट करने के लिए चतुर्थ 'काम' सर्ग की योजना की गई है। काम श्रद्धा का पिता है। प्रसादजी ने काम को सृष्टि के विकास में अत्यन्त उपयोगी मानकर प्रतिष्ठित किया है। काम की यह कल्पना वैदिक है। बौद्धों के दार्शनिक विवेचन में भी काम या सोमनस्य की विशेषता दिखाई गई है। मन की स्वस्थ और विकासशील अवस्था का साधन 'काम' ही है। 'कामना' नाटक में भी प्रसादजी ने इसका उल्लेख किया है। कामना ही उस नाटक की नायिका है। उसमें तथा 'कामायनी' की नायिका 'श्रद्धा' में मनोवैज्ञानिक तथा दार्शनिक स्वरूप का साम्य है। स्पष्ट है कि प्रसादजी के मन में कामना का स्वरूप इस काव्य-रचना के पूर्व ही वर्तमान था। कामायनी में काम अपनी पुत्री श्रद्धा (कामायनी या कामना) को मनु को समर्पित कर संदेश देता है कि तुम मेरी इस पुत्री के सहयोग से ही जीवन के समस्त लाभ प्राप्त कर सकते हो। यही वह अपनी प्रवृत्तिमूलक दार्शनिकता का निर्देश करता है—

यह नीड़ मनोहर कृतियों का, यह विश्व कर्म-रंगस्थल है,
है परम्परा लग रही यहाँ, ठहरा जिसमें जितना बल है।

इसके आगे 'वासना' सर्ग से लेकर निर्वेद तक ५-६ सर्गों में मनु निरन्तर जीवन के वास्तविक उद्देश्य को खोकर विपथ में जाते दिखाई देते हैं। श्रद्धा सर्ग में मनु को श्रद्धा प्राप्त हुई; पर मनु वास्तव में श्रद्धा का यथार्थ स्वरूप पहचानने और उसका उचित मूल्यांकन करने में असमर्थ रहे। श्रद्धा के स्वरूप के अपरिचय से ही मनु को वासना के कर्दम में फँसना पड़ा। इस ओर मनु में वासना जगती है, स्वार्थ या भोग-वृत्ति पैदा होती है, उस ओर नारी (श्रद्धा) में लज्जा का उदय होता है! लज्जा ही नारी को संयम, त्याग और समर्पण की शिक्षा देती है! नारी अपना भविष्य समझने में असमर्थ है! वह संकल्प-विकल्प में पड़ी है! वह अपने अस्तित्व के वास्तविक उद्देश्य को समझना चाहती है; पर वह असमर्थ है। उसी समय लज्जा कहती है:—

'क्या कहती हो ठहरो नारी, संकल्प-अश्रुजल से अपने,
तुम दान कर चुकी पहले ही, जीवन के सोने से सपने।
नारी! तुम केवल श्रद्धा हो, विश्वास रजत नग-पग-तल में,
पीयूष स्त्रोत सी बहा करो, जीवन के सुन्दर समतल में।
*　　　　　*　　　　　*
आँसू से भीगे अंचल पर मन का सब कुछ रखना होगा,
तुमको अपनी स्मित रेखा से यह संधि-पत्र लिखना होगा।'

श्रद्धा नारी-रूप में देव और असुर भावों के चिरन्तन संघर्ष को शांत करने वाली सत्ता है। यह संघर्ष न केवल बाह्य जगत् में होता है, यह अंतर्जगत् में भी होता रहता है! इस चिरन्तन सांस्कृतिक द्वंद्व की शांति श्रद्धा-नारी द्वारा ही हो सकती है! यह प्रसादजी की नारी के सम्बन्ध की दार्शनिक धारणा है।

वासना के उपरान्त मनु में कर्म की प्रवृत्ति बढ़ती है! यहाँ कर्म से प्रसादजी का अभिप्राय याज्ञिक या हिंसात्मक कर्म से है। वासना के उदय के पश्चात् मानव की अतृप्ति उसे अबाध कर्म की ओर प्रेरित करती है। व्यक्ति सब छोड़ कर उसी में लग जाता है। कर्म के अबाध प्रवाह में डालने वाली प्रवृत्ति वासनाजन्य अतृप्ति ही है। किलात और आकुलि नामक असुर पुरोहित मनु को हिंसात्मक याज्ञिक कर्मों में प्रवृत्त करते हैं। मनोवैज्ञानिक दृष्टि से अतृप्ति ही हिंसात्मक कार्यों में परिणत होती है। कर्म का ही अतिवादी रूप है सत्ता को अधिकृत करने की चेष्टा, आत्म-विस्तार व अपने को अधिकारी बनाने का उद्योग। ज्यों-ज्यों मनु में हिंसात्मक कार्यों की प्रवृत्ति बढ़ती है, वह अनेक मानसिक दुर्वृत्तियों से आक्रांत होते हैं। उनकी अंतिम दुर्वृत्ति ईर्ष्या है। ईर्ष्या असहनशीलता का परिणाम है। ईर्ष्या में दूसरे की सुख-सुविधा के प्रति अनुदार संकीर्णता और विरोध का भाव रहता है। मनुष्य अहं-केन्द्रीय हो जाता है। यह कर्म का संकीर्णतम स्वरूप है।

ईर्ष्या की उत्तेजना में मनु घर-बार, पत्नी सब कुछ छोड़कर अज्ञात दिशा में निकल पड़ते हैं। यहाँ से मनु बुद्धिवादी बनकर सारस्वत प्रदेश में पहुँचते और इड़ा से मिलते हैं। हिंसाप्रिय और ईर्ष्यालु मनुष्य बुद्धिवादी बन ही जाता है, आज का वैज्ञानिक भी अपने को बुद्धिवादी कहता है। सारस्वत प्रदेश के नव-निर्माण का जो चित्रण प्रसाद ने किया है (कामायनी दशम सर्ग), वह आज के विज्ञानवादी संसार से मिलता-जुलता है। प्रसाद की दृष्टि में यह बुद्धिवाद, विज्ञानवाद या भौतिकवाद मनुष्य के स्वस्थ और स्वाभाविक विकास में बाधक है।

मनोविज्ञान की दृष्टि से मनु की दुर्वृत्तियों की अंतिम परिणति बुद्धिवाद ही है। यह मनु को दुःखांत परिणाम के लिए तैयार कर देता है। केवल एक घटना निमित्त बनकर आती है; वह है इड़ा (बुद्धि या प्रकृति) के प्रति व्यभिचार-भावना। आरम्भ में मनु बुद्धि (इड़ा) को सम्राज्ञी मानकर आत्मविकास में प्रवृत्त हुए हैं; पर अंत में वे बुद्धि को अपनी अंकशायिनी बनाना चाहते हैं। इड़ा के राज्य में मनु मंत्री थे; पर अब सम्राट् बनकर वे बुद्धि को अपनी वशवर्तिनी बना रहे हैं। बुद्धिवाद अंत में इसी व्यभिचार में परिणत होता है। इसी व्यभिचार के विरुद्ध प्रकृति विद्रोह करती है और सृष्टि में पुनः संतुलन स्थापित होता है।

'कामायनी' में यहीं से मनु का प्रत्यावर्त्तन होता है। वे बुद्धि की इस विभीषिका से ऊबकर नए सिरे से श्रद्धा के पथ पर चलने का उपक्रम करते हैं। 'निर्वेद' सर्ग में उन्हें अपने कार्यों पर ग्लानि होती है। फिर उन्हें वास्तविक तत्त्व का 'दर्शन' होता है। यह दर्शन ही स्थाई अनुभूति बनकर रहस्य रूप में परिणत होता है। यहाँ रहस्य से अभिप्राय तत्त्व को जीवन में आत्मसात् कर लेने से है। यह अपरोक्षानुभूति या प्रत्यक्ष तत्त्वज्ञान ही आनंद का स्रष्टा है। मनु को संपूर्ण जीवन की सार्थकता की और अखंड आनन्द की अनुभूति होती है। जीवन का चरम परिणाम और उच्चतम लक्ष्य यही है। भारतीय दर्शनों में जो आनन्दवाद है, उसी का नया उद्घाटन प्रसाद ने 'कामायनी' के अंतिम 'आनंद' सर्ग में किया है।

इस प्रकार हम देखते हैं, 'कामायनी' मनु और श्रद्धा की कथा तो है ही, मनुष्य के क्रियात्मक, बौद्धिक और भावात्मक विकास में सामंजस्य स्थापित करने का अपूर्व काव्यात्मक प्रयास भी है। यही नहीं, यदि हम और गहरे पैठें, तो मानव-प्रकृति के शाश्वत स्वरूप की झलक भी इसमें मिलेगी। आध्यात्मिक और व्यावहारिक तथ्यों के बीच संतुलन स्थापित करने की सर्वप्रथम चेष्टा इस काव्य में की गई है। इस कार्य में सफलता प्राप्त करने के लिए मानवीय वस्तुस्थिति से परिचय रखनेवाली जिस मर्मभेदिनी प्रकृति की आवश्यकता है, वह प्रसादजी को प्राप्त थी। उन्होंने अपनी प्रतिभा के बल से शरीर, मन और आत्मा; कर्म, भावना और बुद्धि; क्षर, अक्षर और उत्तम तत्त्वों को सुसंगठित कर दिया है। यही नहीं, उन्होंने इन तीनों के भेद को मिटाकर इन्हें पर्यायवाची भी बना दिया है। जो मनु और कामायनी हैं, वह आधुनिक पुरुष और नारी भी हैं। यही नहीं, शाश्वत पुरुषत्व और नारीत्व भी वही हैं। एक की साधना सबकी साधना बन जाती है। मनोविज्ञान में काव्य और काव्य में मनोविज्ञान यहाँ एक साथ दिखाई देते हैं। मानस (मन) का ऐसा विश्लेषण और काव्यात्मक निरूपण हिन्दी में शायद शताब्दियों के बाद हुआ है।

'कामायनी' में चित्रित मनोविज्ञान सुगठित एवं प्रौढ़ है। कामायनी के सर्गों का नामकरण स्थान, घटना या पात्र के आधार पर करने की जगह मानसिक वृत्तियों के आधार पर कर प्रसादजी ने मानव-जीवन की प्रवृत्तियों का क्रम दिखाने की सफल चेष्टा की है।

कामायनी का दार्शनिक निरूपण (समरसता-सिद्धान्त)

मानव-जीवन आज अनेकानेक जटिलताओं और वैषम्यों से ग्रस्त है। उन जटिलताओं का दिग्दर्शन कराना और उनके निवारण का उपाय बताना आज के क्रान्तिदर्शी कवि का ही कार्य है। प्रसादजी ने अपने 'कामायनी' काव्य में इस क्रांतिदर्शिता का परिचय दिया है। जीवन के विरोधों का उल्लेख करने में प्रसादजी ने सूक्ष्म वैज्ञानिक दृष्टि से काम लिया है। उन विरोधों का परिहार भी वैज्ञानिक आधार पर किया गया है। इसके निमित्त उन्होंने प्राचीन भारतीय दर्शन का उपयोग किया है और विशेषकर उसके समन्वय-प्रधान स्वरूप का आधार लिया है। कामायनी काव्य में यह समन्वयात्मक दर्शन 'समरसता' के नाम से अभिहित है। समरसता का उल्लेख काव्य में कितने ही स्थानों पर किया गया है। जीवन का एक मुख्य वैषम्य सुख-दुःख संबंधी है। प्रसादजी ने सुख और दुःख की द्विविधा का निराकरण इन मार्मिक शब्दों में किया है :—

जिसे तुम समझे हो अभिशाप, जगत् की ज्वालाओं का मूल।
ईश का वह रहस्य वरदान, कभी मत इसको जाओ भूल।
* * * *
नित्य समरसता का अधिकार, उमड़ता कारण जलधि समान,
व्यथा की नीली लहरों बीच, बिखरते सुख मणिगण द्युतिमान।

(कामायनी, पृष्ठ ५३-५४)

मानव-संबंधों में आकांक्षा और तृप्ति का वैषम्य भी अत्यंत महत्त्वपूर्ण है। आकांक्षाओं का अन्त नहीं है और तृप्ति अतिशय दुष्प्राप्य है। इस वैषम्य के निवारण के लिए भारतीय संन्यासियों ने इच्छा या आकांक्षा को पाप कहकर उसके दमन का आदेश किया है, परन्तु प्रसादजी ने आकांक्षा और तृप्ति के व्यावहारिक स्वरूप को स्वीकार कर उसके समन्वय की योजना की है:—

हम भूख प्यास से जाग उठे, आकांक्षा तृप्ति-समन्वय में,
रति काम बने उस उस रचना में, जो रही नित्य यौवनवय में।
* * * *
मैं तृष्णा था विकसित करता, वह तृप्ति दिखाती थी उनको,
आनन्द समन्वय होता था, हम ले चलते पथ पर उनको।

इससे स्पष्ट है कि प्रसादजी कामना और इच्छा के अबाध और अनियंत्रित रूप को स्वीकार न करते हुए भी उनकी नितांत वर्जना नहीं करते। सीमा में, संयम के साथ उनकी उपयोगिता स्वीकार करते हैं। आनन्द के विकास के लिए तृष्णा और तृप्ति की समन्वित सत्ता के वे समर्थक हैं।

अधूरी आत्मसत्ता के उपासक देवतागण और देह तथा प्राणशक्ति के उपासक असुरों के विरोधी जीवन-प्रवाह में भी वे समरसता की संभावना देखते हैं। इस ऐतिहासिक द्वंद्व की शांति के लिए वे 'श्रद्धा' का उपयोग करते हैं और यह सुझाते हैं कि इस सांस्कृतिक द्वंद्व का अपवारण 'श्रद्धा' नारी ही कर सकती है:—

देवों की विजय दानवों की हारों का होता युद्ध रहा,
संघर्ष सदा उर अन्तर में जीवित रह नित्य विरुद्ध रहा।
आँसू से भीगे अंचल पर मन का सब कुछ रखना होगा,
तुमको अपनी स्मित रेखा से यह संधि-पत्र लिखना होगा।

(कामायनी, पृष्ठ १०६)

अधिकारी और अधिकृत, शासक और शासित के बीच भी सदा से एक दुर्भेद्य खाई रही है, जिससे संसार में महान् उत्पीड़न होते आए हैं। इन दोनों में अनियंत्रित सम्बन्ध रहने के कारण ही इतिहास के पृष्ठ रक्त-रंजित हुए हैं। यद्यपि प्रसादजी ने इस द्वैत के निर्मूलन के लिए अधिकारी या सत्ताधारी को ही समाप्त कर देने का संदेश नहीं दिया है (एक दार्शनिक के नाते प्रसादजी इस द्वैत का नितांत अभाव मानने में असमर्थ थे), परन्तु इस ऐतिहासिक द्वंद्व को भी 'समरसता' द्वारा शांत करने का मार्ग-निर्देश किया है—

तुम भूल गए पुरुषत्व मोह में, कुछ सत्ता है नारी की,
समरसता है संबंध बनी, अधिकार और अधिकारों की।

मनु द्वारा इड़ा के सहयोग से सारस्वत प्रदेश में अनेक मानव-वर्गों का उद्‌भव और परस्पर संघर्ष होता है, जो बुद्धिवाद की एकांगिता का परिचायक है। आधुनिक सभ्यता इसी बुद्धिवादी आधार पर प्रतिष्ठित है। प्रसादजी इस खतरे को पूरी तरह समझते थे। श्रद्धा-विरहित समाज-योजना के दुष्परिणामों से वे अवगत थे। मनु का अपनी प्रजा से संघर्ष और सारस्वत प्रदेश का विद्रोही इसी एकांगी बुद्धिवाद का निर्देशक है। इस रोग का उपचार भी प्रसादजी ने बताया है—

यह तर्कमयी तू श्रद्धामय, तू मननशील कर कर्म अभय,
इसका तू सब संताप निचय, हर ले, हो मानस भाग्य उदय।
सब की समरसता कर प्रचार
मेरे सुत सुन माँ की पुकार

(कामायनी, पृष्ठ २२४)

प्रसादजी कर्म-मार्ग के विरोधी नहीं थे। वे मननशील अभय कर्म का संदेश देते हैं। परन्तु वह कर्म, जो भेद-बुद्धि के आधार पर ठहरा है और श्रद्धारहित है, परिणाम में विनाशकारी है। इस प्रकार बुद्धि, श्रद्धा और कर्म का समन्वय कामायनी में प्रदर्शित किया गया है। अंततः जीवन के सबसे बड़े और दुर्भेद्य विरोध कर्म, इच्छा और ज्ञान के समन्वय का संकेत भी प्रसादजी ने किया है। सत्त्व, तम और रज के त्रिगुणात्मक प्रवाह में कहीं किसी ओर से एकात्मता दृष्टिगोचर नहीं होती। अत्यंत ऊँची भूमि से ये तीन गोलक अलग-अलग दिखाई देते हैं। इनका विच्छेद चिरंतन और शाश्वत है। इच्छा या भावना रजोगुणी वृत्ति है, ज्ञान सात्त्विक व्यापार है, कर्म तापस का परिणाम है। सृष्टि के ये तीन प्रबलतम तथ्य परस्पर विच्छिन्न होकर एक दूसरे से टूटकर अनन्त वैषम्य की सृष्टि करते हैं। इनकी पृथकता का अपवारण होने पर ही शाश्वत और नित्य आनन्द का अभिषेक हो सकता है। प्रसादजी ने श्रद्धा की मुसकान द्वारा इस महावैषम्य को तिरोहित कर अखंड मंगल और आनन्द का विमोहक नृत्य दिखाते हुए काव्य की परिसमाप्ति की है:—

संगीत मनोहर उठता, मुरली बजती जीवन की,
संकेत कामना बनकर, बतलाती दिशा मिलन की।
प्रतिफलित हुईं सब आँखें उस प्रेम-ज्योति विमला से,
सब पहचाने से लगते, अपनी ही एक कला से।
समरस थे जड़ या चेतन, सुन्दर साकार बना था,
चेतनता एक विलसती, आनन्द अखंड घना था।

इस प्रकार जीवन के वास्तविक विरोधों को श्रद्धा की मूलवर्तिनी सत्ता द्वारा अपहृत कर जीवन में समरसता और समन्वय स्थापित करने की अपूर्व आशाप्रद कल्पना प्रसादजी ने कामायनी काव्य में की है। यह कल्पना एक ओर जीवन के सूक्ष्मदर्शी विज्ञान का आधार रखती है और दूसरी ओर उच्चतम भारतीय दार्शनिकता का सम्बन्ध लेकर चलती है। मानव

प्रकृति और जीवनगत द्वंद्वों का निरूपण विज्ञान पर आश्रित है, और श्रद्धा की कल्याणमयी सत्ता दर्शन की देन है। इन दोनों के सम्मिलन और संयोग-स्थल पर कामायनी का समरसता-सिद्धांत प्रतिष्ठित है। इसे नवीन विज्ञान और चिरनवीन भारतीय दर्शन की संगम-भूमि भी कहा जा सकता है।

अन्य दार्शनिक निर्देश

कामायनी काव्य के आरम्भ में देवताओं के जीवन-दर्शन की तुलना में मानव-जीवन-दर्शन का निरूपण किया गया है। देवताओं की अमरता प्रसादजी की दृष्टि में सापेक्ष और स्वल्प स्थायी अमरता थी। देवसृष्टि का भी विध्वंस प्रसादजी ने प्रदर्शित किया है। ध्वंस का कारण यह था कि देव-संस्कृति का निर्माण एकांगी आधार पर हुआ है। केवल सुख की आकांक्षा को लेकर उसका विकास हुआ था। प्रकृति पर प्रभुत्व स्थापित कर वह अपने उद्देश्य की पूर्ति करना चाहती थी। ये ही दो कारण प्रसादजी के मत में देवसृष्टि के विनाश के थे:—

१. जीवन के केवल सुख-पक्ष की प्रवर्धना का प्रयत्न।

२. प्रकृति पर नियंत्रण और उसके समस्त सार को स्वार्थ के लिए प्रयोग करने की लालसा। ये दोनों प्रवृत्तियाँ देवताओं को कहाँ तक ले गईं, यह कामायनी के प्रथम सर्ग में (११, १२, १३, १४ पृष्ठों पर) वर्णित है। प्रकृति ने इस अनाचार का बदला लिया। प्रसादजी प्रकृति को एक सचेतन शक्ति मानते हैं। प्रकृति की वह अनिर्वचनीय शक्ति, जो मनुष्य के बढ़ते हुए अहंकार का शमन करती है, प्रसादजी की दृष्टि में नियति है। इसकी कुछ चर्चा आगे की जायेगी।

प्रसादजी का विधायक मानव-दर्शन दिखाई पड़ता है देवताओं और दानवों के द्वंद्व के प्रदर्शन में। दो संस्कृतियों में द्वंद्व दिखाकर दोनों की एकांगिता का चित्रण (इड़ा सर्ग में) किया गया है:—

जीवन का लेकर नव विचार
जब चला द्वंद्व था असुरों में प्राणों की पूजा का प्रचार

आत्मा की एकांगी उपासना देवों की विशेषता थी। वे अहं के उपासक थे। असुरवर्ग शरीर और प्राणों की पूजा करता था। मानसिक और शारीरिक उत्कर्ष को सब कुछ मानता था। विश्वास और श्रद्धा की दोनों में कमी थी। श्रद्धा का अभाव ही दोनों के निरन्तर संघर्ष का कारण बन गया था। श्रद्धा ही संतुलित मानव-दर्शन की मूल आधार है, जो इन उभयविध प्रवृत्तियों में एकात्मता स्थापित कर संघर्ष का परिहार करती है। श्रद्धा ही जीवन में अखंड आनन्द की प्रतिष्ठा करने में समर्थ है।

प्रसाद का आनन्दवाद सर्ववाद के सिद्धांत पर स्थित है, जो वैदिक अद्वैत-सिद्धांत भी कहा जा सकता है। यह सर्ववाद शंकराचार्य द्वारा प्रवर्तित अद्वैत-सिद्धांत से, जिसमें माया की सत्ता भी स्वीकार की गई है, भिन्न है। सर्ववाद प्रवृत्ति और निवृत्ति दोनों को आत्मसात् करता है, जब कि शंकर का मायावाद केवल निवृत्ति पर आश्रित है। भारतीय दर्शन की वह धारा, जो वेदों में समस्त दृश्यजगत् को ब्रह्म से अभिन्न मानकर चली है, क्रमशः शैवागम ग्रंथों में प्रतिष्ठित हुई। प्रसादजी ने शैवागम से ही इस सर्ववादमूलक आनन्दवाद को ग्रहण किया।

'काम' सर्ग में काम के द्वारा जो मनु को स्वप्न में शिक्षा दी जाती है, वह इसी दार्शनिकता का संकेत करती है—

यह नीड़ मनोहर कृतियों का, यह विश्व कर्म रंगस्थल है;
है परंपरा लग रही यहाँ, ठहरा जिसमें जितना बल है।

सर्ववाद का लक्ष्य निवृत्ति द्वारा उतना सिद्ध नहीं होता, जितना विश्व को कर्मस्थल मानने से सिद्ध होता है। यह कोरा कर्म नहीं, समन्वयात्मक कर्म है।

पौराणिक धारणा के अनुसार काम का तत्त्व त्याज्य और वर्जित माना जाता है; पर प्रसादजी ने काम के स्वरूप को नितांत भिन्न रूप में माना है। पौराणिक आख्यान के अनुसार कामदेव शंकर के द्वारा भस्म किए गए थे। गीता में भी—

'काम एष क्रोध एष रजोगुण समुद्भवः'

कहकर उसकी भर्त्सना की गई है; पर प्रसादजी जिस सर्ववाद को लेकर चले हैं, उसमें काम का तत्त्व जीवन को प्रगति देनेवाला माना गया है। 'काम' की पुत्री कामायनी ही श्रद्धा है। स्पष्ट है कि पौराणिक दृष्टि से उनकी दृष्टि भिन्न है। पुराणों में निवृत्तिमूलक दार्शनिकता जोर पकड़ रही थी, प्रसादजी उसके हामी नहीं थे।

नियतिवाद

प्रथम सर्ग में ही प्रलय में सारी सृष्टि का ध्वंस नियति की प्रेरणा से हुआ दिखाया गया है। नियति को प्रसादजी सचेतन प्रकृति का कार्य-कलाप मानते हैं। सचेतन प्रकृति नियति के रूप में ही सक्रिय होती है। इस प्रकृति से मनुष्य और मानव को स्पर्धा नहीं करनी चाहिए, क्योंकि यह एक वृहत्तर शक्ति है। मानव जब एकांगी आत्मविस्तार में लगता है, तब प्रकृति रोषाविष्ट हो उठती है और नियति के रूप में मानव की उक्त प्रवृत्ति का शमन करती है। प्रसादजी की दृष्टि में नियति प्रकृति का नियमन और विश्व का संतुलन करनेवाली शक्ति है, जो मानव अतिवादों की रोक-थाम करती है और विश्व का संतुलित विकास करने में सहायक होती है।

प्रसाद का यह नियति-सिद्धांत साधारण भाग्यवाद या प्रारब्धवाद से भिन्न है। नियति एक अज्ञेय शक्ति है, किन्तु वह जड़ और अज्ञानमूलक नहीं है। उसका प्रवाह मानवता और सृष्टि के कल्याण के लिए है। मनुष्य को उससे विद्वेष न कर, उस पर विश्वास रखते हुए अपना जीवनक्रम निर्धारित करना चाहिए। वह जीवन के प्रति आस्था और अविरोध उत्पन्न करती तथा मानव के अतिचारों को रोककर विश्व की अबाध प्रगति का मार्ग प्रशस्त करती है। इसे भाग्यवाद नहीं कहा जा सकता।

प्रारब्धवाद या पूर्वजन्मों के कर्मफल-सिद्धांत से भी यह भिन्न है। यह मनुष्य को सामाजिक कर्त्तव्य की पूरी छूट देती है, और कहीं भी लौकिक न्याय की प्राप्ति में बाधक नहीं बनती। किसी भी सीमा-रेखा पर जाकर पूर्वजन्म और उसके कर्मों की दुहाई देना और मनुष्य को सामाजिक न्याय के मार्ग में पूरी दूरी तक जाने देने से रोकना 'प्रसाद' की नियति का कार्य नहीं है। उनकी नियति-कल्पना बहुत कुछ वैयक्तिक है, वह किसी क्रमागत सिद्धांत की प्रतिरूपमात्र नहीं है।

रहस्यवाद

यों तो उनका समस्त काव्य की छायावादी या रहस्यवादी आधार लिए हुए है, वास्तविक और व्यक्त जीवन-घटना के स्थान पर भावनाओं और मनोवृत्तियों का छायात्मक निरूपण ही उनके काव्य की मुख्य विशेषता है; परन्तु कतिपय स्थल स्पष्टत: रहस्य की आभा से परिपूर्ण हैं। उदाहरण के लिए कामायनी का रूप-वर्णन और 'देखा वह सुन्दर दृश्य, नयन का इन्द्रजाल अभिराम' अथवा सौन्दर्य-तत्त्व का यह प्रसिद्ध निरूपण 'ओ नील आवरण जगती के, दुर्बोध न तू ही है इतना; अवगुंठन होता आँखों का आलोक रूप बनता जितना।' इसी प्रकार 'दर्शन', 'रहस्य' और 'आनन्द' सर्ग भी स्पष्टत: प्रसादजी के रहस्यवादी जीवन-दर्शन के निरूपक हैं।

वस्तु-विन्यास और चरित्र-चित्रण

'कामायनी' का कथानक या वस्तु-विन्यास सरल, किन्तु मार्मिक है। मनु की 'चिन्ता' का प्रथम सर्ग जल-प्रलय की घटना का उल्लेख कर काव्य के महत् आशय की सूचना देता है। इसे काव्य-प्रासाद की नींव कह सकते हैं, जो पर्याप्त गहरी और मजबूत है। 'आशा' का द्वितीय सर्ग पृष्ठभूमि का काम करता है। हिमालय की उपत्यका में नवीन अरुणोदय दिखाकर कवि अपने काव्य के मर्म अथवा उसकी मूल कल्पना का आभास देता है। व्यापार या घटना-क्रम का आरम्भ तृतीय सर्ग से होता है, जब परम रमणीय श्रद्धा को देखकर मनु नवीन उल्लास के साथ जीवन-प्रांगण में प्रवेश करते हैं। घटनावली इस सुखात्मक दृश्य से आरंभ होकर सौन्दर्य और उल्लास के नवीन जीवन-अध्यायों को पार करती हुई आगे बढ़ती है। काम, वासना और लज्जा के सर्ग सुख और शृंगार से सज्जित हैं। नायिका के मन में प्रथम आशंका का उदय लज्जा सर्ग की निम्नलिखित पंक्तियों में होता है:—

नारी जीवन का चित्र यही क्या
विकल रंग भर देती हो?
अस्फुट रेखा की सीमा में
आकार कला को देती हो।
मैं जभी तौलने का करती
उपचार स्वयं तुल जाती हूँ
भुज-लता फँसा कर नर-तरु से
झूले-सी झोंके खाती हूँ।

यहीं से कथानक में खिंचाव आरंभ होता है। अशान्त जीवन-तरंगें उठने लगती है। कर्म, ईर्ष्या और इड़ा सर्गों में क्रमश: बढ़ता हुआ उद्वेलन अपनी सीमा पर पहुँच जाता है। इड़ा सर्ग में आकर कथानक एक अद्‌भुत् वैषम्य की परिस्थिति उत्पन्न कर देता है। थोड़ी देर के लिए इड़ा का उज्ज्वल प्रकाश सूर्यास्त के पूर्व की मनोरम आभा से परिपूर्ण-सा दिखाई देता है। परन्तु, थोड़ी ही देर में अँधेरा आ जाता है। इड़ा सर्ग चरमसीमा की संधि का द्योतक है। इसके पश्चात् काव्य निगति (Denouement) की ओर उतरने लगता है। स्वप्न, संघर्ष और निर्वेद के सर्ग इसी उतार के परिचायक हैं। यहीं हम अंतिम घटना की प्रतीक्षा में आतुर रहते हैं। निश्चय ही किसी दु:खान्त जीवन-दृश्य की संभावना प्रबल हो उठती है और वास्तव में वह घटित भी

होती है; परन्तु सहसा रंगमंच पर 'कामायनी' अपने पुत्रशिशु सहित उपस्थित हो जाती है, और नायक मनु की मुमूर्षु और मरणासन्न धमनियों में नई और आशाप्रद उत्तेजना उत्पन्न होने लगती है। कामायनी काव्य यद्यपि दु:खान्त सृष्टि के अनुकूल वस्तु-विन्यास धारण किए है (और इस दृष्टि से 'कामायनी' की वस्तु में पश्चिमी दु:खान्त रचनाओं की अनुरूपता पाई जाती है); परन्तु कवि की भारतीयता यहाँ अपना अनोखा चमत्कार दिखाती है। स्वर्गस्था शकुन्तला और उसके पुत्र भरत की भाँति कामायनी और उसका पुत्र मानव नए और अप्रत्याशित जीवन दृश्य की झाँकी दिखाते हैं। दुष्यन्त की भाँति मनु को भी स्वर्गीय शान्ति और समाधान प्राप्त होता है।

इस प्रकार कामायनी का वस्तु-निर्माण पश्चिमी ट्रेजेडी और पूर्वी आनन्द-कल्पना के योग से समन्वित होने के कारण समीक्षकों के सामने थोड़ी-सी कठिनाई भी उपस्थित करता है। एक ही काव्य में सुखान्त और दु:खान्त कृति के अनुरूप वस्तु-विन्यास हो कैसे सकता है? या तो वह सुखान्त कृति के ही अनुरूप होगा, या दु:खान्त कृति के ही। अन्यथा कथानक में एकात्मता न आएगी। जैसा ऊपर निर्देश किया गया है, कामायनी का कथानक दु:खान्त कृति के उपादानों से बना है। समस्त संधियों का विनियोग दु:खान्त रचना के ही अनुकूल हुआ है। ऐसी अवस्था में घटना-चक्र को सहसा दूसरी दिशा में मोड़कर बिल्कुल भिन्न परिणाम पर पहुँचाने के औचित्य पर शंका और विरोध के लिए पूरा स्थान है। परन्तु, यहाँ फिर 'शाकुन्तल' का आदर्श हमारी रक्षा के लिए उपस्थित होता है। 'शाकुन्तल' की ही भाँति 'कामायनी' भी किशोरवय की अनुरंजनकारिणी उषाकिरणों से आरंभ होकर प्रौढ़तर यौवन के दिवातप की उल्लासपूर्ण अनुभूति का सर्वांग दर्शन कराती है और शाकुन्तल की ही भाँति विच्छेद-मूलक नियति की क्रूर संधि से संयुक्त होकर समस्त दृश्य को एक अद्‌भुत रौद्र से परिप्लावित कर देती है और अंत में शाकुन्तल की ही भाँति कामायनी का कथानक भी आतपतापित दर्शकों को स्वर्गीय विराम की अभिनव माया में लपेट लेता है। और काव्य-संधियों की चिन्ता न कर एक संध्योत्तर सुखद चाँदनी की स्वर्गीय आभा में लीन कर देता है। वस्तु विन्यास की दृष्टि से कामायनी को दु:खान्त रचना मान लेने में कोई आपत्ति नहीं। उपसंहार के आनन्दात्मक दृश्यों को हम संधियों से परे काव्य की दार्शनिक और आलंकारिक (Ornamental) पूर्ति मान कर भी संतोष कर सकते हैं।

कामायनी की चरित्र-सृष्टि के सम्बन्ध में यह आरम्भ में ही जान लेना चाहिए कि कामायनी चरित्र-प्रधान रचना नहीं है। एक तो उसमें पात्रों की संख्या ही बहुत कम है, जो चरित्र हैं भी उनमें स्वभावगत विशेषताओं का अधिक निरूपण नहीं हुआ है। वास्तव में कामायनी के चरित्र जीवन की दार्शनिक इकाइयों के प्रतिनिधि हैं। उनमें गतिशीलता और बाह्य स्थितियों से प्रभावित होने की विशेषता नहीं देखी जाती। वास्तव में वे प्रतीक चरित्र हैं, परन्तु काव्य में वे निर्जीव चरित्र के रूप में नहीं आए हैं। उनमें पर्याप्त व्यक्तित्व है। यह भी स्पष्ट है कि कामायनी के चरित्रों के निर्माण में किसी रूढ़ि या परंपरागत व्यवस्था का हाथ नहीं है। मनु महाकाव्य के क्रमागत नायक की भाँति वीर चरित्र नहीं है। उसे हम वर्तमान संघर्षात्मक युग का प्रतिनिधि कह सकते हैं, जो जीवन के वैषम्यों से खिंचकर अनेक दिशाओं में दौड़ता है; किन्तु कहीं भी शान्ति नहीं पाता। मनु के जीवन में संकल्प-विकल्प की प्रधानता है, सुख

और दु:ख का संमिश्रण है। वह जीवन के किसी निर्णीत आधार को लेकर नहीं चला। अंत में प्रसादजी उसे श्रद्धा के अंचल में शान्ति देते हैं।

'कामायनी' या श्रद्धा का चरित्र अपनी आदर्शात्मक विशेषता के कारण काव्य का सर्व-प्रमुख चरित्र है। कामायनी नायिका-प्रधान काव्य कहा जा सकता है; किन्तु कामायनी के जीवनादर्श में कहीं भी रूढ़ि या कृत्रिम गौरव का आभास नहीं है। वह आरम्भ में एक चंचल बालिका के रूप में उपस्थित होती है :—

भरा था मन में नव उत्साह
सीख लूँ ललित कला का ज्ञान;
इधर रह गंधर्वों के देश,
पिता की हूँ प्यारी सन्तान।
घूमने का मेरा अभ्यास
बढ़ा था मुक्त व्योमतल नित्य;
कुतूहल खोज रहा था व्यस्त
हृदय सत्ता का सुन्दर सत्य।

इस चरित्र में किसी प्रकार की अनाकांक्षित गरिमा नहीं है; परन्तु जीवन के कठोर अनुभव उसे सहनशील और गम्भीर बना देते हैं। नारी की स्वाभाविक और मूलवर्ती चेतनाएँ उसमें प्रचुर मात्रा में हैं। तभी वह मनु के अनिर्दिष्ट जीवन को दिशाज्ञान देने में समर्थ होती है :—

समर्पण लो सेवा का सार
सजल संसृति का यह पतवार;
आज से यह जीवन उत्सर्ग
इसी पदतल में विगत विकार।
दया, माया, ममता लो आज
मधुरिमा लो, अगाध विश्वास;
हमारा हृदय रत्न निधि स्वच्छ
तुम्हारे लिए खुला है पास।

'कामायनी' का रहस्यमय सौन्दर्य उसके व्यक्तित्व को अमित आभा प्रदान करता है; परन्तु उसमें सौन्दर्याभिमान की वृत्ति का नितान्त अभाव है। अपनी सरलता में ही वह अनोखा आकर्षण रखती है, मनु की उद्दाम वासना को संयमित करने का पूरा प्रयत्न करती है; परन्तु इस कार्य में उसे सफलता नहीं मिलती। कामायनी के नारी-सुलभ गुणों में आत्म-विश्वास, पति के व्यक्तित्व को उचित दिशा में प्रभावित और परिचालित करते हुए भी अपने स्वतन्त्र व्यक्तित्व को उसमें लीन कर देने की आकांक्षा, निष्ठा, धैर्य और वात्सल्य आदि गुणों का विशेष रूप से प्रकाशन हुआ है। काव्य के अन्तिम चरण में वह आदर्श भारतीय रमणी ही नहीं, विश्वकल्याणमयी नारी का स्वरूप ग्रहण करती है, जिसके कारण काव्य के इस भाग में कामायनी के चरित्र में एक अलौकिक आभा और रहस्यात्मक गरिमा का संचार हो गया है।

इड़ा की चारित्रिक विशेषताओं का विकास काव्य में अधिक नहीं दिखाया गया। एक प्रतीक-पात्र की भूमिका में रहने के कारण उसके मानवीय गुणों और व्यक्तित्व का उन्मेष पूरी तरह नहीं हो सका है। फिर भी उसके चरित्र के कुछ पहलू प्रकाश में आए हैं। आरम्भ में वह विपन्न और व्यथित मनु को सान्त्वना देती और नवीन जीवन-उपक्रम में उसका हाथ बटाती है। जब मनु अपनी अतिवादी प्रवृत्तियों के कारण इड़ा के प्रति अपनी उच्छृंखलता का परिचय देते हैं, तब वह सम्पूर्ण शक्ति से उनका विरोध करती है; परन्तु मनु के इसी अपराध के कारण जब प्रजा उन्हें आहत और घायल कर देती है, तब मनु की सेवा-सुश्रूषा का भी कार्य इड़ा ही करती है। कामायनी के मनु के समीप उपस्थित होने के अवसर पर इड़ा की सहानुभूति और संवेदना दर्शनीय हुई है :—

पहुँची पास और फिर पूछा
तुमको बिसराया किसने,
इस रजनी में कहाँ भटकती
जाओगी तुम बोलो तो!
बैठो आज अधिक चंचल हूँ
व्यथा गाँठ निज खोलो तो।

इड़ा यह समझती है कि इसने श्रद्धा (कामायनी) के प्रति अन्याय किया है (यद्यपि वास्तव में उसका कोई प्रत्यक्ष हाथ उस अन्याय में नहीं था) और उसे जीवन-भर इसकी ग्लानि रहती है। श्रद्धा ने अपने पुत्र मानव को उसे समर्पित कर उसके ग्लानि-परिहार का अपनी ओर से पूरा उद्योग किया था; किन्तु 'कामायनी' के अंतिम सर्ग में इड़ा की वही वैराग्य मूर्ति सामने आती है, जिसे देखकर प्रत्येक पाठक यही कहेगा कि इड़ा में भी प्रसादजी नारी-सुलभ गुणों का पूरा संनिवेश कर सके हैं। इड़ा की वह अंतिम झाँकी कवि ने इन पंक्तियों में दी है :—

चल रही इड़ा भी वृष के
दूसरे पार्श्व में नीरव;
गैरिक-वसना संध्या-सी
जिसके चुप थे सब कलरव।

चौथा और शेष चरित्र श्रद्धा और मनु का पुत्र मानव है, जिसकी चंचल और भावुक वृत्ति का परिचय कवि ने कुछ ही सीधी रेखाओं में दे दिया है। इस पात्र की चरित्र-चर्चा की पंक्तियाँ मुझे सदैव प्रसादजी के पुत्र रत्नशंकर का स्मरण करा देती हैं, जिसके चंचल, किन्तु शालीन स्वभाव के प्रति प्रसादजी के भावुक वात्सल्य का मुझे व्यक्तिगत परिचय है।

'मा' फिर एक किलक दूरागत गूँज उठी कुटिया सूनी;
मा उठ दौड़ी भरे हृदय में लेकर उत्कंठा दूनी।

कामायनी का काव्यत्व

कबीर के पद आत्मा और परमात्मा के सम्बन्ध विज्ञापन करने के लिए नारी और पुरुष के प्रतीकों की योजना करते हैं। उनमें स्वाभाविक रसात्मकता नहीं, कवि को वहाँ एक दार्शनिक

तथ्य का निरूपण करना है; उसमें काव्य की वह स्वाभाविकता नहीं आ सकती, जो भावसृष्टि के लिए आवश्यक है। काव्य का प्रयोजन भावानुभूति से प्रेरित होकर रस का उद्रेक करना है। तथ्य-निरूपण तो बौद्धिक प्रक्रिया है। वह काव्य से दूर का संबंध रखती है। जायसी के काव्य में रूपक और प्रकृत काव्य दोनों पक्ष मिले हुए हैं। जायसी में रूपक और वास्तविक भावयोजना समान वैशिष्ट्य रखते हैं। शुक्लजी ने इसे समासोक्ति-पद्धति कहा है। कबीर की पद्धति अन्योक्ति की है। यहाँ प्राकृत भाव-भूमि पर काव्य की प्रतिष्ठा नहीं हुई। जायसी में चरित्र और कथानक का स्वतंत्र अस्तित्व है, साथ ही अप्रस्तुत का भी निर्देश है। अप्रस्तुत रूप में पद्मावती को बुद्धि और रतनसेन को जीव माना गया है। ऐसे काव्यों में चरित्र और कथानक का स्वरूप तथ्यात्मक (बौद्धिक) और भावात्मक दोनों रहता है। अन्योक्ति में तो हम बिना दार्शनिक आशय (प्रस्तुत) का शोध किए, काव्य के साथ आगे बढ़ ही नहीं सकते; पर समासोक्ति में रूपक या अप्रस्तुत की स्थिति इतनी प्रमुख नहीं होती। ऐसे काव्य में दार्शनिकता रहती है; पर काव्य का प्रकृत स्वरूप भी रहता है, दोनों एक दूसरे से स्वतंत्र और निरपेक्ष रहते हैं। अन्योक्ति में वस्तु-वर्णन और भाव-निरूपण दोनों ही कृत्रिम और आलंकारिक होते हैं, वास्तविक नहीं। कवि अपनी कल्पना के सामर्थ्य से ऐसे उपमानों को प्रस्तुत करता है, जो उसके बौद्धिक उपदेश को भावात्मक पद्धति से चित्रित करने में सहायक होते हैं। यह अन्योक्ति या प्रतीक-पद्धति काव्य में कल्पना-चित्रों की बहुलता और भावानुरूपता पर आश्रित रहती है।

तीसरी पद्धति प्रकृत काव्य-पद्धति है, जिसमें समस्त वस्तु-निरूपण और भाव-वर्णन स्वाभाविक रूप में रहा करता है और अपना साध्य आप ही होता है। प्रसादजी के 'कामायनी' काव्य की रचना प्राकृतिक भाव-भूमि पर ही की गई है, यद्यपि उसमें एक-दार्शनिक तथ्य-निर्देश भी हुआ है। प्रसाद ने मानव-वृत्तियों का निरूपण करनेवाले अपने काव्य में एक दार्शनिकता का आभास अवश्य दिया है; पर वह दार्शनिकता काव्य का अंग बनकर आई है और उसकी प्रकृत भावना-भूमि पर ही अधिष्ठित है। वह काव्य के वस्तु-वर्णन और उसके भावात्मक स्वरूप को किसी प्रकार ठेस नहीं पहुँचाती। इस प्रकार हम देखते हैं कि कामायनी काव्य अन्योक्ति तो है ही नहीं, उसे समासोक्ति भी नहीं कहा जा सकता। उसमें एक दार्शनिक अंतर्धारा मिलती है; परन्तु वह काव्य की स्वाभाविक भाव-व्यंजना से अभिन्न और तद्रूप होकर आई है।

वस्तु-वर्णन और निरूपण

पाश्चात्य विद्वानों ने कल्पना को सर्वतः स्वतंत्र वस्तु माना है। कल्पना ही काव्य का निर्माण करती है। भारतीय आचार्यों ने कल्पना के दो रूप माने हैं—१. काव्य-कल्पना, २. काव्यबाह्य-कल्पना। भारतीय दृष्टि से कल्पना वह साधन है, जो मूलवर्ती भाव की सत्ता को हृदयग्राही बनाता है। भाव के बिना कल्पना का अस्तित्व संभव नहीं। भाव-विरहित कल्पना कवि-कल्पना नहीं है। मानसिक विश्लेषण और बौद्धिक चेष्टाएँ निरर्थक हैं, यदि वे मुख्य भाव या अनुभूति का पोषण नहीं करतीं। कवि-कल्पना को प्रमुखता देकर और उसे एकमात्र काव्य-साधन मानकर यदि पश्चिमी आचार्यों ने काव्य में कल्पना की अवास्तविक और अबाध उड़ानों

के लिए जगह छोड़ दी है, तो दूसरी ओर भारतीय भावसत्ता के आग्रह में भी जीवन और जगत् की वास्तविक गति-विधि और यथार्थ मानव-व्यवहार की उपेक्षा की भी पूरी संभावना रह गई है। वास्तव में पद्धतिबद्ध भाव-निरूपण का ही रूढ़ रूप हम रीतिकालीन शृंगारिक कविता में पाते हैं। तात्पर्य यह है कि भारतीय और पाश्चात्य दोनों ही काव्य-धारणाएँ पूर्णतः अव्याहत नहीं हैं। इस दृष्टि से कदाचित् कोई भी काव्य-सिद्धांत अपने में अकाट्य नहीं होता।

अस्तु, भारतीय धारणा के अनुसार भाव-निरूपण के लिए ही वस्तु वर्णन किया जाता है। वस्तु के स्वतन्त्र चित्रण के लिए काव्य में अधिक अवकाश नहीं रहता; क्योंकि रस-निष्पत्ति काव्य का प्रमुख लक्ष्य होती है। भारतीय आचार्यों ने काव्य का विभाव-पक्ष और भाव-पक्ष अवश्य माना है; पर विभाव और भाव दोनों ही काव्य में रस का संचार करने के लिए होते हैं। विभाव के अन्तर्गत मानव-जगत् (आलम्बन रूप में) और प्रकृति की सत्ता (उद्दीपन रूप में) आ जाती है, और उन दोनों के अतिरिक्त कोई वर्णनीय वस्तु हो ही नहीं सकती। इसी प्रकार अनुभावों और संचारिओं के अंतर्गत मनुष्य की सम्पूर्ण भावात्मक और मानसिक सत्ता का समावेश हो जाता है। इस प्रकार सैद्धांतिक दृष्टि से रस के अंगों का निरूपण अपने में पूर्ण और अकाट्य है तथा उसमें किसी प्रकार की अव्याप्ति या अतिव्याप्ति नहीं पाई जाती।

यहाँ प्रश्न यह है, कि काव्य के विभाव-पक्ष और भाव-पक्ष में पारस्परिक सम्बन्ध क्या है? जैसा ऊपर कहा जा चुका है, विभाव के अन्तर्गत समस्त वस्तु-वर्णन और चरित्र-निरूपण आ जाता है तथा भाव-पक्ष के अन्तर्गत भावों (संचारी भाव, अनुभाव आदि) का निर्देश होता है। स्पष्ट है कि भारतीय धारणा के अनुसार वस्तु-वर्णन और चरित्र-निरूपण भी भावानुयायी ही होते हैं, स्वतंत्र नहीं। काव्य की भावसत्ता ही उसकी आत्मा होती है। नवीन पाश्चात्य विचार के अनुसार भी काव्य एक अखंड व्यापार है। उसमें साध्य और साधन, विषय और विषयी, वस्तु-चित्रण और भाव-निरूपण पृथक्-पृथक् नहीं होते। एक ही कल्पना-व्यापार समस्त काव्य में व्याप्त होता है। वही किसी कृति को काव्यत्व देता है। इस प्रकार हम देखते हैं कि काव्य की अखंड सत्ता दोनों प्रणालियों में (भारतीय और पाश्चात्य) स्वीकृत है। अन्तर इतना ही है कि भारतीय प्रणाली भावात्मकता या अनुभूति का आग्रह करती है और पाश्चात्य प्रणाली कल्पना या सौन्दर्य की आश्रित है। एक यदि काव्य के निर्माण-पक्ष को ध्यान में रखकर चलती है तो दूसरी उसके प्रभाव-पक्ष को ग्रहण कर चलती है। इस आरम्भिक चर्चा के पश्चात् हम कामायनी के वस्तु-वर्णन पर आते हैं।

चिन्ता वस्तु का वर्णन कामायनी के आरम्भ में आया है। चिन्ता नाम की मानसिक वृत्ति को साकार रूप में उपस्थित करने का प्रयत्न किया गया है। इसी के साथ देवताओं के विलास का वर्णन भी किया गया है। देवताओं का पतन उनके विलास के कारण ही हुआ। यहीं प्रलय का वर्णन किया गया है। पहले अध्याय में यही तीन वर्णन मुख्य हैं। दूसरे सर्ग में उषा का वर्णन, हिमालय प्रदेश का वर्णन और मनु के सामने उपस्थित हुए नए जीवन के विकास का वर्णन है। फिर श्रद्धा सर्ग में कामायनी का सौन्दर्य-वर्णन रहस्य की आभा लिए हुए है। उसमें स्थूल अंग-वर्णन और मानसिक प्रभाव की सृष्टि मुख्य रूप से की गई है। इसके आगे वासना का वर्णन कवि ने विस्तार के साथ किया है। संपूर्ण सर्ग में वासना की रूपरेखा सूक्ष्म ढंग से अंकित की गई है। यह वासना-वर्णन वस्तून्मुखी और मनोवैज्ञानिक है। वासना के अनेक

अनुभावों, मानसिक और शारीरिक प्रभावों का उल्लेख किया गया है। इसके अन्तर्गत सूक्ष्म और मनोमय वस्तु को साकार स्वरूप में उपस्थित करने का नया प्रयास प्रसादजी ने किया है। यहीं सौन्दर्य-तत्त्व और रूप का वर्णन भी किया गया है।

(पृष्ठ १००-१०२)

इड़ा सर्ग में बहुत ही सुन्दर दार्शनिक वर्णन है। यहाँ मनु की जीवन-स्थिति को प्रसादजी ने वस्तु रूप में चित्रित किया है। प्रसादजी ने कामायनी के वियोग का भी अत्यन्त भावपूर्ण वर्णन किया है। प्रसादजी ने संघर्ष या युद्ध का भी वर्णन किया है, जो विशेष सफल नहीं कहा जा सकता। प्रसादजी स्थूल वस्तुओं और जीवन दृश्यों का समारोहपूर्ण वर्णन करने में उतने सफल नहीं हुए, जितने सूक्ष्म मानसिक तथ्यों को साकार रूप देने में। अंतिम निर्वेद, दर्शन, रहस्य और आनन्द सर्ग दार्शनिक हैं। काव्यात्मक दृष्टि से कामायनी का जीवनगीत अत्यन्त सुन्दर है—

तुमुल कोलाहल कमल में, हृदय की बात रे मन।

दर्शन सर्ग में प्रकृति का चित्रण किया गया है। अन्तिम दो सर्गों में भावना, कर्म और ज्ञान के तीनों लोकों का सुन्दर वर्णन है। आनन्द सर्ग के आरम्भ में प्रकृति के अलौकिक आनन्दमय दार्शनिक नृत्य का वर्णन भी सुन्दर है।

इन प्रसंगों में किए गए वस्तु-वर्णन और भाव-निरूपण के अन्योन्याश्रित संबंध को समझने के लिए हमें भारतीय ध्वनि-सिद्धान्त पर भी दृष्टि डालनी चाहिए। काव्य में आलंबन, उद्दीपन, अनुभाव और संचारी की सत्ता होते हुए भी रस की निष्पत्ति तभी होगी, जब इन चारों के संयोग से पुष्ट होकर स्थाई भाव रस-रूप में अभिव्यक्त हो सकेगा। जिन स्थलों पर विभावादि से रस की व्यंजना बिना किसी व्यवधान के होती है, वे रस-ध्वनि के स्थल कहलाते हैं और उनमें श्रेष्ठ काव्यत्व माना जाता है। उदाहरण के लिए, आदि कवि वाल्मीकि का सुप्रसिद्ध प्रथम श्लोक :—

मा निषाद प्रतिष्ठां त्वमगमः शाश्वतीः समाः,
यत्क्रौंच मिथुनादेकमवधीः काम मोहितम्।

'रे निषाद, तू चिर दिन तक प्रतिष्ठारहित और अभिशप्त रहेगा; क्योंकि तूने मिथुन करते हुए क्रौंच पक्षियों के जोड़े में से एक को अभी मारा है।' ऊपर के शब्दों से कवि की शोक की भावना सीधे अभी करुण-रस के रूप में व्यक्त हो गई है। ऋषि के शब्द हैं और उनसे प्रतीयमान रस है, बीच में कोई तीसरी वस्तु नहीं है। कामायनी में भी रस के अनेकानेक प्रसंग मिलते हैं। आरंभ में ही भयानक रस का एक उदाहरण यह है:—

लहरें व्योम चूमती उठतीं चपलाएँ असंख्य नचतीं,
गरल जलद की कड़ी झड़ी में, बूँदें निज संसृति रचतीं।

यह असंलक्ष्य क्रम व्यंग्य का उदाहरण है, जिसे रस-ध्वनि भी कहते हैं। यहाँ विभावादि से सीधे रस की व्यंजना होती है।

परन्तु काव्य में ध्वनि के ऐसे उदाहरण भी मिलते हैं, जिनमें शब्दार्थ द्वारा किसी अलंकार या वस्तु की व्यंजना होती है, सीधे रस की नहीं। ये ही उदाहरण वस्तु-ध्वनि और अलंकार-

ध्वनि के होते हैं। यहाँ विभावादि के द्वारा कोई वस्तु, गुण, चरित्र या अन्य तथ्य व्यंजित होता है। वास्तव में काव्यगत समस्त वस्तु-वर्णन इसी वस्तु-ध्वनि के अंतर्गत आता है। अलंकार ध्वनि भी वास्तव में वस्तु-ध्वनि ही है। अन्तर इतना ही है कि अलंकार-ध्वनि में ध्वनित होनेवाली वस्तु अलंकार का रूप धारण किए रहती है। वस्तु और अलंकार-ध्वनि में जो वस्तु-वर्णन होता है, उसकी पहली आवश्यकता यह है कि वह काव्यात्मक हो। उससे सीधे न सही, किसी-न-किसी क्रम से रस की व्यंजना होनी ही चाहिए। इस प्रकार वस्तु और अलंकार-ध्वनि मध्यवर्ती काव्य-वस्तु है। उसका काव्यत्व अक्षुण्ण है। उसमें रस की सत्ता निश्चित रूप से है, भले ही वह कुछ दूरान्वयी हो। रसरहित वस्तु-ध्वनि और रसरहित अलंकार-ध्वनि की कल्पना नहीं की जा सकती; क्योंकि काव्य की आत्मा रस है और वस्तु-ध्वनि तथा अलंकार-ध्वनि का काव्य भी उत्तम काव्य कहा गया है।

इसी से हम इस निष्कर्ष पर पहुँचते हैं, कि काव्य में आया हुआ समस्त वस्तुवर्णन (वह प्रकृति-चित्रण के रूप में हो या चरित्र-चित्रण के रूप में, या अन्य किसी रूप में) वास्तव में विभावादि से ध्वनित होनेवाले रस के अंतर्गत ही है, उससे बाहर या असंपृक्त नहीं। दूसरे शब्दों में काव्य में वस्तु-निरूपण काव्य की भावात्मकता का विरोधी बनकर किसी प्रकार नहीं रह सकता।

कामायनी से वस्तु-ध्वनि और अलंकार-ध्वनि का एक-एक उदाहरण देना यहाँ अप्रासंगिक न होगा।

अलंकार-ध्वनि

हे अभाव की चपल बालिके, री ललाट की खल लेखा।
हरी - भरी -सी दौड़- धूप , ओ जल-माया की चल रेखा।

(चिंता-वर्णन)

यहाँ चिंता वस्तु-वर्णन में अलंकार ही नियोजित हैं।

वस्तु-ध्वनि

देवों की विजय, दानवों की हारों का होता युद्ध रहा;
संघर्ष सदा उर अन्तर में, जीवित रह नित्य विरुद्ध रहा।
आँसू से भीगे अंचल पर, मन का सब कुछ रखना होगा;
तुमको अपनी स्मित-रेखा से यह संधिपत्र लिखना होगा।

यहाँ नारी के स्वरूप और उसके कर्तव्यरूप वस्तु का वर्णन किया गया है।

केवल उन स्थलों में, जहाँ शब्दार्थ में व्यंजना या ध्वनि का चमत्कारपूर्ण सामर्थ्य नहीं है, किसी रचना में हीनकाव्यत्व माना जाता। हीनकाव्यत्व के भी दो भेद हैं—गुणीभूत व्यंग्य और चित्रकाव्य। गुणीभूत व्यंग्य में शब्दार्थ द्वारा विभावादि की व्यंजना तो होती है; परन्तु वह इतने सशक्त रूप में नहीं होती कि काव्य को रसभूमि तक पहुँचा सके। वाच्यार्थ या इतिवृत्त ही प्रधान बना रहता है। स्पष्ट है कि ऐसे काव्य में कल्पना-त्र्यापार त्रुटिपूर्ण रहता है; परन्तु जहाँ कल्पना-व्यापार का नितांत अभाव हो और केवल शब्दचित्र या अर्थचित्र ही प्रस्तुत किया जा सका हो, वह निकृष्ट काव्य का उदाहरण है। अस्तु, ऊपर की चर्चा से यह स्पष्ट होने में

सहायता मिली कि काव्यगत वस्तु-वर्णन काव्य की मूलवर्ती भावसत्ता से एकदम विच्छिन्न या टूटे हुए नहीं हो सकते। अब हम यहाँ देखना चाहेंगे कि कामायनी में वस्तु-चित्रण और भावात्मकता का समन्वय किस रूप में हुआ है।

प्रथम सर्ग में मनु की चिंता को व्यक्त किया गया है। इसमें शोक स्थाई भाव और करुण रस की अभिव्यक्ति हुई है। करुण रस के उपक्रम में चिंता का चित्रण स्वाभाविक है; पर विलास को भी करुण रस के अंतर्गत कहना एक असाधारण-सी बात है। करुण रस के अन्तर्गत स्मृति संचारी रूप में अतीत विलास का चित्रण किया गया है। विलासमय जीवन ही देव-सृष्टि के प्रलय का कारण बना है। विलासी जीवन के प्रति वितृष्णा, ग्लानि और निर्वेद की भावना व्यक्त हुई है। प्रसादजी रूप और विलास का चित्रण यहाँ ग्लानि से प्रेरित होकर करते हैं; अतएव उनका विलास का चित्रण शृंगारी और उत्तेजक नहीं है। विलास-वस्तु दो रूपों में चित्रित हुई है:—

१. विलास के स्वरूप का वस्तून्मुखी वर्णन (वस्तु-चित्रण)।

२. विलास के प्रति मनु की मानसिक प्रतिक्रिया का वर्णन (भाव-निरूपण)।

मनु यहाँ आश्रय के रूप में चिंता का अनुभव करते हैं। यह अनुभाव-मूलक वर्णन है। इसका सम्बन्ध आश्रय से है। मनु अपनी मानसिक स्थिति को व्यक्त कर रहे हैं; किन्तु साथ ही चिंता का स्वरूप वस्तुरूप में भी चित्रित किया गया है। इस प्रकार एक ही स्थान पर भावमूलक और वस्तु-मूलक वर्णन एकत्र हो गए हैं। चिंता का स्वरूप-वर्णन वस्तु-वर्णन है, तो मनु पर उसका प्रभाव-वर्णन भाव-वर्णन है। चिंता नामक मनोभावना विभाव या वस्तुरूप में भी और अनुभावरूप में भी चित्रित है। कुछ पंक्तियाँ चिन्ता वस्तु का स्वरूप निर्देश करती हैं और कुछ मनु पर उसके प्रभाव का निरूपण करती हैं। चिन्ता सर्ग के प्रलय-वर्णन में करुण रस के अंगभूत भयानक रस की योजना की गई है। शोक स्थाई भाव के सहायक रूप में प्रलय का भयप्रद वर्णन किया गया है। यह आवश्यक नहीं कि किसी लक्षण-ग्रंथ में इन दोनों रसों के मिश्रण का उल्लेख हो ही। रसों का यह संगम और भावों का इस प्रकार टकराना हमारे साहित्य की परम्परागत पद्धति के अन्तर्गत आ जाये, यह अनिवार्य नहीं। प्रसादजी वास्तविक अनुभूतिशील कवि थे, वे रीतिवादी रचनाकार नहीं थे।

कामायनी काव्य में आलंबन का चित्रण कम है; क्योंकि पात्रों की संख्या बहुत थोड़ी है। परंतु, वस्तु-चित्रण पर्याप्त हुआ है, और विशेषकर सूक्ष्म मानसिक वस्तुओं को साकार रूप देने में कवि-कल्पना अधिक सफल हुई है। साथ ही पात्रों के मानसिक उद्‌गार, अनुभावों और संचारियों के रूप में विशद रूप में चित्रित हुए हैं।

हम कह चुके हैं कि प्रथम सर्ग में प्रलय, विलास, चिन्ता आदि वस्तुओं का चित्रण मनु की मानसिक प्रतिक्रिया के रूप में अनुभावों और संचारियों का चित्रण है; परन्तु साथ ही चिन्ता, विलास आदि वस्तुओं को साकार रूप में व्यक्त करने का उद्योग वस्तु-चित्रण भी कहा जायेगा। प्रसादजी ने मनोभावनाओं को साकार रूप देकर चित्रित करने की जो चेष्टा की है, वह आलंबन विभाव के अंतर्गत आयेगी। आलंबन का स्वरूप रखने में—सूक्ष्म मानसिक तथ्यों को साकार रूप देने में—प्रसादजी ने कल्पना का सहारा लेकर शक्तिशाली अप्रस्तुत योजना की है।

उनका वस्तु-निरूपण इसी अप्रस्तुत-योजना या रूपविधान (अलंकार) से सज्जित है।

पुराने समय में वस्तुयोजना के अन्तर्गत विवाह, अभिषेक, यज्ञ आदि और नदी, पहाड़, प्रातः, संध्या आदि विभिन्न मानव-प्रसंगों और पदार्थों का वर्णन आता था। प्राचीन लक्षण-ग्रंथों ने इस बात का उल्लेख किया है कि इन प्रसंगों का वर्णन महाकाव्य में अपेक्षित है। ये प्रसंग मुख्यरूप से वर्णनीय होते थे। कवि इनका वर्णन बड़े विस्तार से करते थे। ये जीवन की मुख्य और प्रभावशालिनी वस्तुएँ होती थीं, जिनका वर्णन आवश्यक समझा जाता था। साथ ही महाकाव्य की एक पद्धति भी बन गई थी, जिनमें उनका रहना आवश्यक समझा जाता था। कामायनी के स्थूल वस्तु-व्यापार कम हैं। इनके बदले मानसिक वस्तुओं का वर्णन करने की कवि की प्रवृत्ति अधिक प्रमुख है। प्रस्तुत वस्तु—(चिन्ता, श्रद्धा, वासना आदि) सूक्ष्म और मानसिक हैं। वे अपने में अव्यक्त भी हैं। उन मानसिक पदार्थों को वस्तु-रूप में व्यक्त करने की चेष्टा अपेक्षाकृत अधिक कठिन है। वह समृद्ध कल्पना से ही साध्य है। प्राचीन काव्य में जो एक प्रकार के स्थूल-वर्णन रहते थे, उनके स्थान पर प्रसादजी ने सूक्ष्म वस्तुओं को साकार रूप देने का आयोजन किया है। उन्हें अनुभाव-रूप में अंशतः भावात्मक (Subjective) दृष्टि से ला रक्खा है, और अन्यत्र उन्हीं को विभाव या वस्तु-रूप (Objective) भी दिया है।

महाकाव्यत्व

जीवन के अनेक स्वरूपों और उनकी अनेक स्थितियों को महाकाव्य में स्थान मिलता है। चरित्रों के विभिन्न आदर्श उसमें रहा करते हैं। महाकाव्य में स्वभावतः वस्तुचित्रण की प्रमुखता होती है। कामायनी में वस्तुचित्रण मानसिक वृत्तियों की अभिव्यंजना के रूप में अधिक है। वस्तु-जगत् के अनेकमुखी दृश्यों और परिस्थितियों का इसमें विशद उल्लेख नहीं है। मन के नाना उपकरणों, मानसिक स्थितियों और मनोभावों आदि का प्रत्यक्षीकरण अधिक है। प्रकृति के सौन्दर्य का वर्णन भी वस्तुरूप में मिलता है। वस्तुओं का समारोहपूर्ण विशद वर्णन होने पर काव्य में एक औदात्य आ जाता है, किन्तु सूक्ष्म मानसिक वृत्तियों और वस्तुओं का स्वरूप-आलेख भी कल्पना की उच्चतर शक्ति से ही सम्भव है। कामायनी में व्यक्त वस्तुओं का वैविध्य और उससे उत्पन्न औदात्य नहीं है, इसलिए कुछ लोग कामायनी को महाकाव्य नहीं मानते। कामायनी में रामायण-जैसा परम्परागत देव-दानव संघर्ष भी नहीं दिखाया गया। इससे वीररस-संभूत जो गरिमा रामायण में है, कामायनी में नहीं। कामायनी में युद्ध और संघर्ष का वर्णन ही कदाचित् सबसे अधिक प्रभावहीन है। प्रजा के साथ मनु का युद्ध वास्तविक युद्ध की अपेक्षा छायात्मक और प्रतीकात्मक है, परन्तु इस बाह्य संघर्ष के स्थान पर मन के अन्तरंग संघर्ष का—बुद्धि और श्रद्धा के बीच मन की भटकी हुई स्थिति का—मार्मिक और गम्भीर चित्रण कामायनी में अवश्य है। यह मनोवैज्ञानिक संघर्ष काव्योचित महत्त्व लिए हुए हैं। और भी कितने ही द्वंद्व और समस्याएँ काव्य में आई हैं।

सारस्वत प्रदेश में बुद्धिवादी भौतिक विकास को, जो आज की ही सामाजिक प्रगति का संकेतक है, प्रसादजी ने पर्याप्त समारोह के साथ दिखाया है। प्रकृति और मनुष्य के बीच प्रकृति पर शासन करने की आज की बद्धमूल धारणा के औचित्य पर एक बड़ा प्रश्नचिह्न लगाने में प्रसादजी समर्थ हुए हैं। वर्तमान और स्थायी मानव-संघर्ष या विरोधों के बीच

सामंजस्य या समरसता लाने के प्रसादजी के क्रांतिदर्शी प्रयास की चर्चा निबन्ध के आरम्भ में की जा चुकी है। प्रसादजी की मनोवैज्ञानिक अन्तर्दृष्टि और उनके द्वारा ग्रहण किए गए वर्तमान विज्ञान के प्रभावों का भी उल्लेख किया जा चुका है।

प्रसादजी भारतीय आध्यात्मिक दर्शन के अध्येता और अनुयायी हैं। वे सुख और दुःख को तात्त्विक वस्तु मानने के विरोधी हैं। सुख और दुःख की भावनाओं के ऊपर प्रतिष्ठा पाने वाले आनन्द तत्त्व का प्रसादजी ने आदर्श-निरूपण किया है। उन्होंने समस्त द्वैतों का परिहार इसी आनन्द के अन्तर्गत किया है। त्रिपुर-दाह के रूप में त्रिगुणात्मिका सृष्टि के द्वंद्व का परिहार और उसका सामंजस्य दिखाया है। वर्तमान जीवन की सभी मुख्य और मूलभूत समस्याओं को प्रसाद ने 'कामायनी' काव्य में ग्रहण किया है। नारी के आदर्श-संस्थापन द्वारा प्रसादजी ने नवयुग की प्रतिनिधि प्रेरणा को सुन्दर रूप में अभिव्यक्त किया है। इस प्रकार हम देखते हैं कि कामायनी की मूल कल्पना उदात्त है और उक्त उदात्त कल्पना का व्यक्तीकरण भी सफलतापूर्वक किया गया है। प्रसाद के काव्य-गुणों की चर्चा ऊपर की जा चुकी है। प्रसाद की काव्य-शैली में नवीनता और उनके भाषा-प्रयोगों में पर्याप्त व्यंजकता और काव्यानुरूपता है। प्रथम बार काव्योपयुक्त पदावली का प्रयोग कामायनी में किगा गया है। इस प्रकार प्रसादजी की वस्तु-कल्पना के महत्त्व को स्वीकार कर उक्त कल्पना को पूर्ण काव्यात्मक आच्छद में व्यक्त करने के उच्च काव्य-कौशल को भी स्वीकार करना पड़ता है। तभी परम्परागत महाकाव्य के लक्षणों की पूर्ति न करने पर भी कामायनी को नए युग का प्रतिनिधि महाकाव्य कहने में हमें कोई हिचक नहीं होती।

सन् १९५०

स्वतन्त्र नाट्य-कला का आभास

'प्रसादजी के दो नाटक'—इस नाम की एक पुस्तक श्रीयुत् कृष्णानन्द गुप्त ने गंगा-पुस्तक-माला, लखनऊ से प्रकाशित कराई है, जो वास्तव में उनके लिखे हुए दो लेखों का संग्रह है। ये लेख श्री जयशंकर प्रसादजी के 'स्कंदगुप्त' और 'चन्द्रगुप्त' नाटकों की समीक्षा के रूप में लिखे गए थे और अब ये पुस्तकाकार हमारे सामने उपस्थित हैं। हम देखते हैं कि 'स्कंदगुप्त' की समीक्षा छोटी है, शिथिल भी है और अनुभव करते हैं कि पुस्तक का मूल्य १) रु० रखने के आशय से जोड़ दी गई है। पर वास्तव में उससे पुस्तक का मूल्य घटता है, बढ़ता नहीं। 'चन्द्रगुप्त' की समीक्षा लगभग सवा सौ पृष्ठों में समाप्त हुई है और उसके पहले लगभग पन्द्रह पृष्ठों की भूमिका दी गई है, जो अधिकांश में बेकार-सी है। 'चन्द्रगुप्त' की समीक्षा में कृष्णानन्दजी की तर्कशक्ति का चमत्कार दर्शनीय हुआ है। पाठकों को धाराप्रवाह में बहा ले जानेवाली यह समीक्षा स्वयं ही एक स्वतन्त्र रचना बन गई है।

यह वैसी ही चीज है, जैसी बर्नार्ड शा की लिखी नाटक-समीक्षाएँ अथवा स्वयं बर्नार्ड शा पर लिखी गई मिस्टर जी० के० चेस्टरटन की 'जार्ज बर्नार्ड शा' नाम की आलोचनात्मक जीवनी। वैसी ही चीज का यह अर्थ नहीं कि यह उतनी ही मार्मिक चीज है; अर्थ है कि यह उसी प्रणाली पर लिखी गई है। शा महाशय ने अपनी नाटक-समीक्षाओं की संग्रह-पुस्तक में यह स्पष्ट स्वीकार किया है कि उन्होंने वे समीक्षाएँ इतनी तीव्र इसलिए लिखी हैं कि उन्हें स्वयं ही उस (नाटकों के) क्षेत्र में आकर काम करना था और जीविका अर्जित करनी थी। फिर उन्होंने चेस्टरटन की लिखी अपनी जीवनी पढ़कर यह सम्मति दी कि यही सबसे श्रेष्ठ पुस्तक है, जो मुझ पर लिखी गई है। अंग्रेजी के पाठक जानते हैं कि मिस्टर चेस्टरटन श्रीयुत् शा के नाटकों के प्रशंसक नहीं हैं और उन्होंने 'शा की जीवनी' में उनकी एकांगिता का बड़ा ही मार्मिक उद्‌घाटन किया है। तथापि शा विचलित नहीं हुए और उन्होंने दूसरे दृष्टिकोण को स्वीकार किया। श्रीकृष्णानन्द की भूमिका में जो वैमनस्य का भाव झलकता है, वह उनकी चन्द्रगुप्त-समीक्षा के योग्य नहीं हुआ। यदि इस वैमनस्य को वैमनस्य कहकर वे स्वीकार करते, जैसा कि कुछ विद्वान् पाठक स्वीकार ही करेंगे, तो पुस्तक को अधिक यथार्थ पद प्राप्त होता। तथापि हम यह स्वीकार करते हैं कि चन्द्रगुप्त-समीक्षा प्रसादजी के सम्बन्ध में लिखे गए अधिकांश साहित्य से अधिक सुगठित और शक्तिशाली हुई है।

किन्तु समीक्षा का आधार बहुत अधिक भ्रामक है। मूल में ही अशुद्धि है। उसी से सम्पूर्ण पिंड की उत्पत्ति हुई है। जब गुप्तजी ने 'सुधा' में क्रमशः प्रकाशित होने वाली आलोचना का प्रथम खंड हमारे देखने के लिए भेजने का कष्ट किया था, तभी हमने संकेत रूप में दो-चार पंक्तियाँ लिखकर भेजी थीं, जिन्हें उन्होंने अपनी भूमिका में उद्धृत किया है—"मैं समझ रहा हूँ, आपको डी० एल० राय बहुत अच्छे लगते होंगे; क्योंकि वे आदि से अन्त तक पात्रों को

एकरस रखते हैं''......यद्यपि भूमिका में गुप्तजी हमारे इस आरोप को स्वीकार नहीं करते, तथापि उनकी समीक्षा के मूल में ही वह विद्यमान है। समीक्षा की प्राथमिक पंक्तियों में ही वे लिखते हैं—''आधुनिक नाट्यकार जिस प्रकार मनुष्य-चरित्र को अनावश्यक दृश्यावली से विलग करके देखने में आनन्द मानते हैं, मेरे लिए उसी प्रकार समस्त नाटक एक ही दृश्यपट पर खेला जा रहा है।'' इस एक ही पंक्ति में गुप्तजी ने अपनी सम्पूर्ण समीक्षा की दिशा दिखा दी है। हमने इसी पंक्ति का सार समझकर गुप्तजी को उपर्युक्त पंक्तियाँ लिखी थीं और अब नीचे उसी पर फिर लिखने की आवश्यकता है।

''आधुनिक नाट्यकार मनुष्य-चरित्र को अनावश्यक दृश्यावली से विलग करके देखने में आनन्द मानते हैं।'' ये कौन-से आधुनिक नाट्यकार हैं और क्या वे नाट्यकार नाट्य-समीक्षक भी हैं? आश्चर्य की बात है कि जब हम प्रचलित यूरोपीय साहित्य में सबसे आधुनिक और प्रतिष्ठित नाट्य-समीक्षकों को एक स्वर से यह कहते सुन रहे हैं कि नाटक की समीक्षा अन्य ललित-कलाओं की समीक्षा से बिलकुल भिन्न, अभिनय के सम्पूर्ण साजबाज और वातावरण को ध्यान में रखकर करनी चाहिए, तब श्रीयुत् गुप्त इन 'मनुष्य चरित्र को अनावश्यक दृश्यावली से विलग करके देखने में आनन्द माननेवाले' नाट्यकारों की उद्भावना कर रहे हैं। नाटक सचमुच ललित-कला नहीं है। हमारे भारतीय नाट्य-शास्त्र में भी जिस विस्तार के साथ रस-पद्धति पर विचार किया गया है, उससे यह निष्कर्ष निकलता है कि नाटक का प्रभाव उसकी सम्पूर्ण दृश्यावली के भीतर पात्रों की रूप-रेखा, अंग-संचालन से लेकर सीन-सीनरी के समुचित चमत्कार तक के द्वारा पड़ता है। आधुनिक नाट्य-समीक्षक तो यहाँ तक कहने लगे हैं कि नाटक की समीक्षा करते हुए दर्शकों के कार्य-शिथिल, बुद्धि-शिथिल भाव का भी विचार रखना चाहिए। ये जो नाटकों के विजयी प्रतिद्वंद्वी सिनेमा के चलचित्र आविर्भूत हो गए हैं, इनका कारण एक बड़े अंश में दर्शकों की रूप-लालसा ही है। परन्तु कृष्णानन्दजी ने जिस काल्पनिक प्रक्रिया से 'चन्द्रगुप्त' का अभिनय देखा है, वह नाटकीय समीक्षा के साथ न्याय करने की दृष्टि के बहुत अधिक अवास्तविक हो गया है।

''मेरे लिए समस्त नाटक एक ही दृश्यपट पर खेला जा रहा है''—यह तो प्राचीन अविकसित ग्रीक अभिनयों और भारतीय रास-मंडलियों को आधुनिक शोभाशाली नाट्यगृहों पर कब्जा करने देने का उपक्रम हुआ। आधुनिक नाट्य-समीक्षा की यह शैली तो नहीं हुई। परन्तु श्री गुप्त इस शैली को लेकर चले हैं। इस शैली का अर्थ ही यह होता है कि आप नाट्य-समीक्षा के साथ अन्याय करेंगे। आप एक-एक पात्र की एक-एक बात को इतना अधिक तूल क्यों न दें, जब कि वे बातें ही एकमात्र आपके सामने हैं। इसी तूल देने के कारण तो समीक्षा उस रूप में ढल गई है, जिस रूप में ढलने के कारण 'पात्रों को एकरस' देखने की शिकायत की गई थी। 'एकरस' देखने के लिए श्री गुप्त अपनी समीक्षा-शैली के कारण बाध्य हो गए हैं, अनिच्छापूर्वक ही सही। इसके साथ ही अज्ञात रूप में उनकी भावुकता भी अपनी करामात दिखाती, पात्रों को और अधिक जकड़कर मूर्तिवत् (Stereotyped) बना देना चाहती है। नाटककार स्पष्ट रीति से यह वार्ता स्वयं नन्द के मुख से कहा रहा है कि एक दिन के लिए राजधानी के नागरिकों के साथ वह समारोह में सम्मिलित हो रहा है। अन्यत्र उसने यह संकेत भी कराया है कि नन्द बड़ा ही कठोर प्रकृति का शासक है। परन्तु इन दोनों कथनों का गुप्तजी

ने अपने मस्तिष्क में संग्रह किए बिना ही नन्द की विलास-चेष्टाओं का एक दृश्य देखकर मानों उन चेष्टाओं को ही मूर्तिमान् नन्द समझ लिया। आगे का उद्‌गार इसका साक्षी है—

"विलासिता का वह नग्न रूप जिस दिन प्रजा देख लेती है, उस दिन छत्रधारी नरेशों के राजमुकुट अपने-आप ही स्खलित होकर धूलि में लोटने लगते हैं। उसके लिए फिर चाणक्य और उसकी भीमशक्ति की जरूरत नहीं रहती।"

यह कोरी भावुकता समीक्षा में नाटककार के हल्के चित्रांकन की प्रशंसा करने में असमर्थ और चित्र में मोटी-मोटी गहरी रेखाएँ देखने का आग्रह करती है। हिन्दी में यह भावुकता अपनी अतिशयता में व्याप्त है—यह भिन्न-भिन्न रचनाकारों के प्रकृति-भेद के साथ कभी न्याय नहीं कर सकती। इस भावुकता के बहुत-से उदाहरण गुप्तजी की समीक्षा में देखने को मिलते हैं। आरम्भ का ही एक नमूना—

नन्द—(चाणक्य से) "ब्राह्मण, तुम बोलना नहीं जानते हो, तो चुप रहना सीखो।"

चाणक्य—"महाराज उसे सीखने के लिए मैं तक्षशिला गया था······इसीलिए मेरा हृदय यह नहीं मान सकता कि मैं मूर्ख हूँ।"

इसमें स्पष्ट ही चाणक्य के उत्तर में नन्द के प्रति एक मीठी चुटकी है कि तुम्हारे राज्य में इस बात की शिक्षा नहीं है, जानकारी नहीं है कि किस अवसर पर चुप रहना चाहिए। "मुझे उसे सीखने के लिए तक्षशिक्षा जाना पड़ा। अतः मैं मूर्ख नहीं हूँ······"

राजसभा की शिष्टता की रक्षा करते हुए यही सब से श्लाघनीय उत्तर चाणक्य दे सकता था, किन्तु गुप्तजी लिखते हैं, "राजसभा में उसकी (चाणक्य की) यह दुर्बलता हो सकती है, किन्तु श्लाघनीय नहीं।" इसी तरह के अनेक हल्के स्वाभाविक चित्रण श्री गुप्त की आस्वाद-सीमा से बाहर हैं। और प्रसादजी की नाटकीय कला में ऐसे ही चित्रणों का बाहुल्य है। फिर मेल कैसे मिले?

प्रसादजी की नाट्यकला जहाँ एक ओर डी० एल० राय की-सी भाव-प्रधान और एकरस नहीं है, मनोवैज्ञानिक और व्यावहारिक आधार लिए हुए है, वहाँ दूसरी ओर वह 'इब्सन'-अनुयायिनी भी नहीं है। कृष्णानन्दजी की समीक्षा का दूसरा मुख्य आधार है "इब्सोनियन रंगमंच, अभिव्यक्ति शैली और इब्सोनियन बुद्धिवाद।" इन मापदंडों को लेकर वे प्रसादजी को नापने चले हैं। यह स्पष्टतः एक अनौचित्य ही नहीं, सरासर अन्याय भी है। प्रसादजी की परीक्षा उनकी अपनी अभिव्यक्ति-शैली, नाटकीय विन्यास और कला के आधार पर ही की जा सकती है। ऐतिहासिक दृष्टि से हिन्दी न तो इब्सन की यथार्थवादी अभिव्यक्ति और न उनके बुद्धिवाद को ही ग्रहण करने को तैयार थी। इस सम्बन्ध में स्वयं प्रसादजी के विचारों को उद्‌धृत करना अधिक अच्छा होगा। इब्सन के पदचारी नवीनता के खोजी हिन्दी नाट्य-समीक्षकों के लिए वे कहते हैं—

"युग के पीछे हम चलने के स्वाँग भरते हैं, हिन्दी में नाटकों का यथार्थवाद अभिनीत देखना चाहते हैं और यह नहीं देखते कि पश्चिम में अब भी प्राचीन नाटकों का फिर से सवाक् चित्र बनाने के लिए प्रयत्न होता रहता है। ऐतिहासिक नाटकों से सवाक् चित्र बनाने के लिए, उन ऐतिहासिक व्यक्तियों की स्वरूपता के लिए, टनों मेक-अप का मसाला एक-एक

पात्र पर लग जाता है। युग की मिथ्या धारणा से अभिभूत नवीनतम की खोज में इब्सनिज्म का भूत वास्तविकता का भ्रम दिखाता है। समय का दीर्घ अतिक्रमण करके जैसा पश्चिम ने नाट्य-कला में अपनी सब वस्तुओं को स्थान दिया है, वैसा क्रमविकास कैसे किया जा सकता है, यदि हम पश्चिम के 'आज' को ही सब जगह खोजते रहेंगे! और यह भी विचारणीय है कि क्या हम लोगों के सोचने या निरीक्षण का दृष्टिकोण सत्य और वास्तविक है। अनुकरण में फैशन की तरह बदलते रहना, साहित्य में ठोस अपनी वस्तु का नियंत्रण नहीं करता। वर्तमान और प्रतिक्षण का वर्तमान सदैव दूषित रहता है, भविष्य के सुन्दर निर्माण के लिए। कलाओं का अकेले प्रतिनिधित्व करनेवाले नाटक के लिए तो ऐसी जल्दबाजी बहुत ही अवांछनीय है। यह रस की भावना से अस्पष्ट व्यक्तिवैचित्र्य की यथार्थवादिता ही का आकर्षण है, जो नाटक के संबंध में विचार करने वाले को उद्विग्न कर रहा है! प्रगतिशील विश्व है, किन्तु अधिक उछलने में पदस्खलन का भी भय है। साहित्य में युग की प्रेरणा भी आदरणीय है; पर इतना ही अलं नहीं। जब हम यह समझ लेते हैं कि कला को प्रगतिशील बनाए रखने के लिए हमको वर्तमान सभ्यता का जो सर्वोत्तम है—अनुकरण करना चाहिए, तब हमारा दृष्टिकोण भ्रमपूर्ण हो जाता है। अतीत और वर्तमान को देखकर भविष्य का निर्माण होता है; इसलिए साहित्य में हमको एकांगी लक्ष्य नहीं रखना चाहिए।......पश्चिम ने भी अपना सब कुछ छोड़कर नए को नहीं पाया है।''

इस लम्बे उद्धरण से सर्वांशतः हम चाहे सहमत न हों, किन्तु इसमें बहुत-सी सारगर्भित बातें हैं, जिनकी ओर नवीन नाट्य-समीक्षक बिना ध्यान दिए नहीं रह सकते। इब्सन के अतिरिक्त भी नाटक और नाट्य-कला है, भिन्न नाटकीय टेकनीक और अभिव्यक्तियाँ हैं, उनकी अपनी विशेषताएँ हैं, उनका अध्ययन उन्हीं के अनुकूल होना चाहिए, इतना भी विचार कृष्णानन्दजी ने अपनी समीक्षा में नहीं रक्खा।

समीक्षा में एक और विक्षेप इस कारण उपस्थित हुआ है कि श्री कृष्णानन्द इतिहास की पुस्तक लेकर नाटक देखने बैठे हैं। ऐसा कोई नहीं करता। फिर उनकी यह धारणा भी प्रकट हो रही है कि इतिहास के वर्णन से नाटक का चित्रण अधिक प्रभावशाली होना ही चाहिए; पर इसका क्या अर्थ है? इतिहास का रंगमंच विस्तृत, उसके पाठक की कल्पना भी उतनी ही विस्तृत, सदैव उसके साथ रहती है। नाटक की छोटी रंगशाला से उसका क्या मुकाबला? नाट्य-रचना में कथानक, अभिव्यक्ति, चरित्र-विकास और जीवन-व्यापार के बाहुल्य, उत्कर्ष, अथवा भेदोपभेदों के प्रदर्शन में बहुत-से अनिवार्य प्रतिबंध लगे रहते हैं, जो नाटकीय कला और अभिनय से संबंधित हैं। इतिहास या आख्यानक साहित्य उन सबसे बरी रहता है। किन्तु श्री कृष्णानन्द चूँकि नाटक देखते हुए अपनी इतिहास की पुस्तक पढ़ते जा रहे हैं, इसलिए उनकी कल्पना वैसी ही होती चली गई है और नाटक की रंगशाला के उपयुक्त वह स्वभावतः बन नहीं सकी है।

श्री कृष्णानन्द-जैसे नाट्य-समीक्षक को दृष्टि में रखकर ही प्रसादजी ने लिखा है:—

'हिन्दी में कुछ अकालपक्व आलोचक, जिनका पारसी स्टेज से पिंड नहीं छूटा है, सोचते हैं स्टेज में यथार्थवाद। अभी वे इतने भी सहनशील नहीं कि फूहड़ परिहास के

बदले—जिससे वह दर्शकों को उलझा लेता है, तीन-चार मिनट के लिए काला पर्दा खींचकर दृश्यांतर बना लेने के अवसर रंगमंच को दें। हिन्दी का कोई अपना रंगमंच नहीं है। जब उसके पनपने का अवसर था, तभी सस्ती भावुकता लेकर वर्तमान सिनेमा में बोलनेवाले चित्रपटों का अभ्युदय हो गया, और फलतः अभिनयों का रंगमंच नहीं-सा हो गया है। साहित्यिक सुरुचि पर सिनेमा ने ऐसा धावा बोल दिया है कि कुरुचि को नेतृत्व करने का संपूर्ण अवसर मिल गया है। उन पर भी पारसी स्टेज की गहरी छाप है।...... रंगमंच की तो अकाल मृत्यु हिन्दी में दिखाई पड़ रही है। कुछ मंडलियाँ कभी-कभी साल में एकाध बार वार्षिकोत्सव मनाने के अवसर पर कोई अभिनय कर लेती हैं। पुकार होती है आलोचकों की, हिन्दी में नाटकों के अभाव की। रंग-मंच नहीं है, ऐसा समझने का कोई साहस नहीं करता; क्योंकि दोष-दर्शन सहज है। उसके लिए वैसा प्रयत्न करना कठिन है, जैसा 'कीन' ने किया था।'

इन उद्धृत वाक्यों से स्पष्ट है कि प्रसादजी नाट्य-कला-संबंधी स्वतंत्र आधार लेकर चले हैं और उसकी परीक्षा के लिए अनुकूल रंगमंच का होना भी आवश्यक है। बिना ऐसी परीक्षा का अवसर दिए, यह कहना कि प्रसादजी की भाषा जटिल है, नाटक नाट्योपयोगी नहीं, प्राथमिक उत्तरदायित्व से मुँह मोड़ना है। प्रसादजी के ऐतिहासिक, मनोवैज्ञानिक और रोमैण्टिक नाटकों की अपनी सुस्पष्ट विशेषताएँ हैं, जिनकी अवहेलना नहीं की जा सकती। उनकी स्वतंत्र नाट्यकला का अध्ययन न कर राय या इब्सन की विशेषताओं को उनमें ढूँढ़ना नादानी होगी। हिन्दी के स्वतंत्र रंगमंच की स्थापना के बिना प्रसादजी के नाटकों की सर्वांग समीक्षा नहीं हो सकेगी। उसका नाट्य-चमत्कार तो हम तभी देख सकेंगे। उद्योग उसी के लिए होना चाहिए।

सितम्बर, १९३२

'मालविका' : एक सांकेतिक चरित्र

मालविका का चरित्र श्री जयशंकर प्रसाद के 'चंद्रगुप्त' नाटक में आया है। वहाँ वह प्रधान पात्री के रूप में नहीं आई है, यद्यपि उसके कार्य महत्त्वपूर्ण हैं। मालविका का चरित्र प्रसादजी ने तत्कालीन परिस्थितियों और सामाजिक अवस्था को ध्यान में रखकर चित्रित किया है। अतएव यह संभव है कि आज की स्थिति में हम उसकी कल्पना किसी अन्य दृष्टि से करें। परन्तु ऐसा करना ऐतिहासिक नाटक के लक्ष्य के अनुरूप न होगा। प्रसाद के चंद्रगुप्त नाटक में पात्रों की बहुलता है। उसमें प्रायः दो दर्जन पुरुष और नौ नारी पात्र हैं। साथ ही उसकी घटनावली अनेक स्थानों में घटित होती है। इन दोनों कारणों से यह नाटक किसी एक चरित्र या कुछ थोड़े चरित्रों या दृश्यों को संपूर्णता के साथ चित्रित करने का लक्ष्य नहीं रख सका। ऐसी स्थिति में हम यह आशा नहीं कर सकते कि मालविका-जैसे अपेक्षाकृत गौण पात्र का सर्वांगपूर्ण चित्रण किया गया होगा। परन्तु, उसका जितना भी चित्रण किया गया है, वह अपने में पर्याप्त है। यही नहीं, इस चित्रण में प्रसाद की नारी-संबंधी वैयक्तिक अनुभूतियों का मार्मिक प्रकाशन भी हुआ है। नाटक के लिए एक सामान्य और उपेक्षित पात्र होकर भी, वह अत्यन्त संवेदनीय और आकर्षक चरित्र बन सका है। चरित्र-चित्रण के इस रहस्य को समझना आवश्यक है; क्योंकि इसके द्वारा प्रसाद की नाट्य-कला पर एक अपूर्व प्रकाश पड़ता है।

मालविका सिन्धु देश की कुमारी है। गान्धार की राजकुमारी अलका की वह सहेली है। इससे उसकी सम्मानित स्थिति का परिचय मिलता है। नाटक में आगे चलकर, वह महत्त्वपूर्ण कार्य करती है। मालव में वह सिंहरण और चंद्रगुप्त के संपर्क में रहती है। युद्ध के समय उस पर अन्तःपुर के संरक्षण का दायित्व दिया जाता है। वह ललित कलाओं में निपुण है और स्वयं चंद्रगुप्त उसके प्रति उसके इन गुणों के कारण आकृष्ट होते हैं। घायल सिंहरण की सेवा-शुश्रूषा का कार्य तथा आहत सैनिकों की परिचर्या का कार्य भी उसे दिया गया है और आगे चलकर हम उसे गुप्तचर और अत्यन्त विश्वसनीय प्रणिधि का कार्य करते भी देखते हैं। चाणक्य ने जो मुद्रा राक्षस से कौशलपूर्वक ले ली थी, और मुद्रांकित जो पत्र उसके नाम लिखकर मगध सम्राट् नंद के पास भेजा था, उसे ले जाने का कार्य मालविका ही करती है। नन्द की राजसभा में पहुँचकर वह जिस चतुरता के साथ पत्र देने का कार्य संपन्न करती है, वह उसके सफल संदेशवाहक होने का प्रमाण है। मालविका नन्द के द्वारा शंका में कारागार को भेज दी जाती है। वह सहर्ष इसे भी सहन करती है। इसके पश्चात् चाणक्य के पास चंद्रगुप्त का संदेश ले जाने और चंद्रगुप्त और चाणक्य दोनों प्रधान पात्रों के निकट संपर्क में रहने के कारण मालविका का पद और उसकी सामाजिक स्थिति अत्यन्त ऊँची हो जाती है। अंतिम अंक में मालविका और चंद्रगुप्त के बीच में जो वार्तालाप होता है, उससे इन दोनों की स्नेहपूर्ण घनिष्ठता का भी परिचय मिलता है। कदाचित् मालविका का चंद्रगुप्त के प्रति यह स्नेह अपुरस्कृत ही रह गया है।

इसी उत्कट स्नेह को लेकर मालविका अपने आप को चंद्रगुप्त की रक्षा के लिए पूर्णतः विसर्जित कर देती है। हम देखते हैं कि जिस शयनागार में चंद्रगुप्त सोता था, उसमें आज मालविका सोई हुई है। गुप्त विद्रोह की आशंका से चाणक्य ने यह व्यवस्था की है। इसी रात्रि को वह घटना घटित होती है, जो आशंकित थी। परन्तु मालविका के आत्म-बलिदान द्वारा न केवल चंद्रगुप्त की रक्षा होती है; बल्कि एक दृष्टि से देखा जाय, तो सारा साम्राज्य सुरक्षित हो जाता है। इस प्रकार मालविका के जीवन का अन्तिम दृश्य न केवल उसकी व्यक्तिगत महत्ता को सूचित करता है; बल्कि वह समस्त राष्ट्र के लिए मूल्यवान और महान् बन गया है।

मालविका के इस चरित्र को नाटककार ने किस रूप में हमारे समक्ष रखा है? पहले अंक में जब हम उसे सिन्धु नदी के तट पर अलका के साथ घूमते-फिरते देखते हैं, तभी से हमें ज्ञात हो जाता है कि अपनी सखी अलका की ही भाँति मालविका ने भी देश-सेवा का व्रत ले रखा है। जब यवन सैनिक इन दोनों वीर नारियों को सिन्धु पर बनने वाले सेतु का मानचित्र लेते देखता है, और उसे छीनना चाहता है, तो वे दोनों रमणियाँ जिस कौशल के साथ स्थिति का सामना करती हैं, वह उन दोनों के प्रति ऊँची धारणा बना देता है। इसी अवसर पर यवन सैनिक से लड़ता हुआ सिंहरण घायल हो जाता है और अलका अपनी सखी मालविका को उसके साथ सिन्धु प्रदेश से मालवा को भेज देती है। यहाँ हम सिंहरण और मालविका के बीच पूर्व परिचय और शिष्टाचार-सम्मान की कोई सूचना नहीं पाते। कदाचित् नाटककार यह समझता है कि मालविका—जैसी समर्पणशील नारी के लिए किसी ऐसे प्रदर्शन की आवश्यकता नहीं।

दूसरे अवसर पर जब हम मालव के उद्यान में चंद्रगुप्त और मालविका को एक साथ पाते हैं और दोनों की बातचीत सुनते हैं, तो यह आभास होता है कि दोनों के हृदयों में एक दूसरे के प्रति स्नेह का अंकुर उत्पन्न हो गया है; परन्तु आगे के दृश्यों में इस समरस स्नेह का विकास नहीं होता। मालविका क्रमशः चंद्रगुप्त की गुप्त प्रेमिका-सी बन जाती है और वह इतने से ही संतोष भी कर लेती है। आज की नवीन धारणा और नारी पुरुष की समता का आदर्श कदाचित् इस स्थिति को न्यायोचित नहीं मानेगा। परन्तु प्रसादजी ने इस प्रकार की घटना-योजना के द्वारा मालविका के चरित्र को नारी-सुलभ त्याग का आदर्श बनाने की चेष्टा की है। अतएव, आज की दृष्टि से इस व्यवहार में सामाजिक अन्याय के रहते हुए भी प्रसादजी एक दूसरे महान् गुण की प्रतिष्ठा द्वारा मालविका के चरित्र को गिरने नहीं देते। इसी दृश्य में चाणक्य का प्रवेश कर मालविका के प्रति चंद्रगुप्त से यह वाक्य कहना ''छोकरियों से बातें करने का समय नहीं है, मौर्य'' कुछ कठोर अवश्य प्रतीत होता है। इससे मालविका के आत्म-सम्मान को थोड़ी चोट अवश्य लगती है; किन्तु हमें यह भी देखना होगा कि चाणक्य के चरित्र की दुर्धर्षता भी इस वाक्य से प्रकट हुई है। उसका यह वाक्य विशेष रूप से मालविका के प्रति नहीं है, बल्कि किसी भी नारी के लिए प्रयुक्त हो सकता था और साथ ही इसका मुख्य लक्ष्य चंद्रगुप्त है, न कि मालविका।

दो दृश्यों में मालविका की शांतिप्रियता और हिंसा के प्रति विगर्हणा का भाव दिखाया गया है। एक अवसर पर चंद्रगुप्त और मालविका के वार्तालाप के बीच मालविका कहती है— ''मैं सिन्धु देश की रहनेवाली हूँ आर्य! वहाँ युद्ध विग्रह नहीं है, न्यायालयों की आवश्यकता

नहीं है।'' दूसरे स्थान पर अलका से वार्तालाप करती हुई वह कहती है—''मैं डरती हूँ, घृणा करती हूँ। रक्त की प्यासी छुरी अलग करो, अलका! मैंने सेवा का व्रत लिया है।'' इन दृश्यों में न केवल मालविका के चरित्र को विशिष्टता दी गई है, उसकी असाधारण मनोभावना का सुन्दर निरूपण भी किया गया है।

तीसरे अंक में मालविका मालव युद्ध के पश्चात् सिकन्दर की विदाई के अवसर पर एक प्रधान पात्री के रूप में उपस्थित होती है। यवन सेनापति फिलिप्स के द्वारा चंद्रगुप्त से द्वन्द्व-युद्ध करने का आह्वान जिस पत्र द्वारा दिया जाता है, उसे मालविका ही चंद्रगुप्त तक पहुँचाती है और इसी प्रकार चाणक्य के द्वारा भेजा हुआ कृत्रिम पत्र नंद के राजमंदिर तक पहुँचाने का दायित्व भी वही लेती है। अत्यन्त विश्वस्त गुप्तचर का कार्य उसे सौंपा गया है, जिसे वह दक्षता के साथ संपन्न करती है।

इन दृश्यों के पश्चात् हम मालविका के प्रति जो सम्मानपूर्ण धारणा बना लेते हैं, उसकी रक्षा प्रसादजी ने नाटक के अन्तिम दृश्यों में बड़े कौशल से की है। चौथे और अन्तिम अंक के चौथे दृश्य में हम एक बार फिर मालविका और चंद्रगुप्त को प्रेमी और प्रेमिका के रूप में देखते हैं; परन्तु इसी अवसर पर मालविका द्वारा यह गीत गाया जाता है—

''मधुप कब एक कली का है''

इस दृश्य से, और विशेषकर इस गीत से, मालविका के अन्तस्तल के विक्षोभ का पता लगता है; परन्तु फिर भी वह संतोष करती है। कहा जा सकता है कि नाटककार ने यहाँ भी उसके प्रति अन्याय किया है। जब कि अलका को उसका प्रेमी सिंहरण मिल गया है और वे दोनों विवाहित हो चुके हैं, तब उसकी सखी मालविका का इस प्रकार जीवन-भर भटकते रहना कहाँ तक न्याय-संगत कहा जा सकता है? इस प्रश्न पर कई दृष्टियों से विचार किया जा सकता है। नाटककार का लक्ष्य चरित्रों की विविधता और परिस्थितियों की अनेकरूपता दिखाना ही रहा है। वह प्रत्येक पात्र का सुखपूर्ण अन्त दिखाकर वह प्रभाव नहीं उत्पन्न कर सकता, जो ऐसी विषम परिस्थितियों के चित्रण के द्वारा उपस्थित कर सकता है। दूसरी बात यह कि चंद्रगुप्त के समक्ष, और विशेषकर चाणक्य के समक्ष, भारतीय साम्राज्य के निरापद करने की समस्या भी है, और इसकी पूर्ति प्रतिपक्षी सिल्यूकस की कन्या कार्नेलिया से चंद्रगुप्त के परिणय द्वारा हो सकती है। नाटक का सारा घटना-चक्र उसी दिशा में चला जा रहा है। यहाँ तक कि नाटककार को इसी प्रयोजन की सिद्धि के लिए राजकुमारी कल्याणी की भी अवहेलना करनी पड़ी है। अतएव इस प्रश्न को जब हम इस भूमि पर रखकर देखते हैं कि मालविका, कल्याणी और कार्नेलिया में से कौन-सा पात्र चाणक्य की दृष्टि में चंद्रगुप्त के उपयुक्त होगा, तब हमें स्थिति से संतोष करना पड़ता है। नाटककार ने इस स्थान पर भी मालविका के चरित्र को गिराया नहीं है; बल्कि उसे त्यागमयी गरिमा से मंडित किया है। संभव है, कुछ लोगों को मालविका की इस स्थिति में उसका व्यक्तिगत असम्मान दिखाई दे, और साथ ही उसके प्रति करुणापूर्ण सहानुभूति उत्पन्न हो; परन्तु नाटककार को यह अभीष्ट नहीं है। वह जिस दूसरे प्रकार का महत्त्व मालविका को दे रहा है, उसकी ओर नाटक के दर्शकों की दृष्टि निश्चय ही जानी चाहिए।

मालविका के चरित्र का अन्तिम दृश्य उसके संपूर्ण व्यक्तित्व के चरम उत्कर्ष के रूप में दिखाया गया है, जब कि वह जीवन-भर के अपने ऐकान्तिक प्रेमी चंद्रगुप्त के लिए अपने को बलिदान कर देती है। भारतीय नाटकों की परम्परा के अनुसार इस दृश्य को नाटककार रंगमंच पर नहीं दिखा सका है। इस कारण मालविका की अन्तिम घड़ी की भावनाओं और उसकी चरित्रगत निष्ठा को दर्शक साक्षात् नहीं देख पाते। यदि इसके पूर्व किसी एक दृश्य में मालविका के इस महान् त्याग का परिचय कराया जा सकता, तो अधिक अच्छा होता; परन्तु यहाँ भी नाटककार के सामने एक कठिनाई रही है। चंद्रगुप्त की हत्या का षड्यंत्र जिस गुप्त रूप से किया गया है, उसका प्रतिकार भी उतने ही गुप्त रूप से किया जाना था। चाणक्य का कौशल इसी गुप्त-योजना में प्रकट हो सकता था। नाटककार के लिए यह निर्णय करना कठिन हो गया कि इस अवसर पर वह चाणक्य की कूटनीति को प्रमुखता से हमारे सामने लाए, अथवा एक भावनापूर्ण दृश्य के निर्माण के द्वारा मालविका की चरित्र-गरिमा का प्रदर्शन करे। इन दोनों विकल्पों में से प्रसादजी ने पहले विकल्प को स्वीकार किया है और इस प्रकार मालविका के चरित्र की अन्तिम प्रभावपूर्ण रेखा नहीं अंकित की जा सकी है। इसके लिए प्रसादजी की अपेक्षा नाटक की समग्र नीति-विधि और भारतीय नाट्य-परंपरा का विधान अधिक उत्तरदायी है।

दूसरे दिन मालविका की हत्या हो जाने का वृत्तान्त ज्ञात होता है। वह चंद्रगुप्त के स्थान पर उसकी शय्या पर सोई थी। तब नाट्य-दर्शकों को चंद्रगुप्त के बच जाने की प्रसन्नता और मालविका के निधन का खेद और विषाद दोनों भाव आक्रांत कर लेते हैं। यह सही है कि इस अवसर पर सिंहरण के मुख से मालविका की हत्या का अत्यन्त क्षोभकारी संवाद सुनकर चंद्रगुप्त केवल ''आह मालविका'' कहकर ही रह जाता है और फिर लोग दूसरे कार्यों में लग जाते हैं। परन्तु चंद्रगुप्त के हृदय का विषाद दूर नहीं होता। वह मालविका के प्रति अपनी हार्दिक श्रद्धांजलि एक बार पुनः इन शब्दों में प्रकट करता है—''पिता गए, माता गई, गुरुदेव गए, कंधे-से-कंधा भिड़ाकर प्राण देनेवाला चिर सहचर सिंहरण गया, तो भी चंद्रगुप्त को रहना पड़ेगा और रहेगा। परन्तु मालविका, आह! वह स्वर्गीय कुसुम''—इन वाक्यों में चंद्रगुप्त के साथ ही प्रसादजी की हृदय-स्थित भावना का भी परिचय मिलता है। मालविका के विछोह का दुःख उसे पिता, माता, गुरुदेव और सखा सिंहरण के विछोह के दुःख के समान ही नहीं, उनसे भी कुछ अधिक ही है। इस विछोह में उसकी अनेक वैयक्तिक भावनाएँ और कृतज्ञता लिपटी हुई हैं। इससे बढ़कर दूसरी श्रद्धांजलि नाटककार मालविका को क्या दे सकता था?

अस्तु यदि मालविका बोल पाती, तो मेरे विचार से वह कुछ इस प्रकार से कहती—''मैं जानती हूँ, नाटककार के समक्ष मैं ही नहीं थी, अन्य अनेक पात्र-पात्रियाँ और समस्याएँ भी थीं। उन सबके बीच में उसने मेरी उपेक्षा नहीं की है, मुझे समादर का स्थान दिया है। उसने मेरे व्यक्तित्व को केवल शब्दों और संवादों द्वारा ही नहीं, वातावरण के आग्रहों, रंगमंच की व्यंजनाओं और अभिनय-कला के संकेतों द्वारा भी प्रकट किया है। यत्र-तत्र मेरी एकाध चरित्र-रेखा बिना व्यक्त हुए रह गई है, परन्तु जितनी भी वह व्यक्त हुई है, उतने से भी मुझे संतोष है। मैं इतनी महत्त्वाकांक्षिणी नहीं हूँ कि प्रत्येक अवसर पर मुझे प्रमुखतम स्थान ही अभीष्ट हो। लोग कह सकते हैं कि मैंने नायक चंद्रगुप्त के प्रति गुप्त प्रेम किया और अपने

परिणय-अधिकार को स्वाभाविक सीमा तक पहुँचने नहीं दिया। चंद्रगुप्त से विवाह की माँग नहीं की; परन्तु उन लोगों से मैं कहूँगी कि उनकी दृष्टि एकांगी है। वे यह नहीं देख पाते कि विवाह न करके मुझे जो गौरव मिला है, वह विवाह करने पर कदाचित् न मिल पाता। और भी कुछ लोग हैं, जो कहेंगे कि मुझे चंद्रगुप्त के लिए अपने प्राण देने पड़े, और वह भी बिना किसी प्रकार के प्रतिदान के। ऐसे लोगों से मैं यही कहूँगी कि मुझे पूर्व सूचना मिल चुकी थी और मैंने अपने अन्तिम कर्त्तव्य की पूरी तैयारी कर ली थी। रहा यह कि मेरे मरने के पश्चात् नाटककार ने मेरे आत्म-बलिदान का क्या मूल्य आँका? उसने मेरे लिए कौन-सी श्रद्धांजलि अर्पित की और कौन-सा स्मारक बनवाया? इसके उत्तर में मैं इतना ही कहूँगी कि श्रद्धांजलि मुझे मिली है, यथेष्ट मिली है, और मेरे स्मारक भी बने हैं, एक नहीं अनेक। चंद्रगुप्त नाटक के प्रत्येक पाठक और प्रत्येक दर्शक के हृदय में मेरा स्मारक मौजूद है। स्वयं नाटककार प्रसाद के हृदय में भी मेरे लिए मर्मपूर्ण स्थान है।''

पूर्वी और पश्चिमी नाट्य-तत्त्व

१. पूर्वी तत्त्व

भरत के नाट्य-शास्त्र में रंगमंच, अभिनेता, उनके वस्त्राभरण, संगीत, नृत्य, आंगिक, वाचिक और आहार्य अभिनय आदि का विस्तृत वर्णन किया गया है। काव्य का स्वरूप, काव्य के भेद, रस और भाव की मीमांसा के साथ नाटकों के अनेक भेदोपभेदों की परिगणना की गई है। नाट्य-साहित्य के सम्बन्ध में यह पहला उपलब्ध ग्रंथ है।

भरत के पश्चात् धनंजय का दशरूपक नामक ग्रंथ प्राप्त होता है। इसमें प्रायः वे ही विषय मिलते हैं, जो नाट्य-शास्त्र में हैं। किन्तु नाट्य-शास्त्र के संपूर्ण विषयों का ग्रहण इसमें नहीं किया गया है और न उतना विस्तार ही आ पाया है। नाटक के चारों उपकरण—वस्तु, नेता, रस और संवाद—इस ग्रंथ में विवेचित हुए हैं। धनंजय के पश्चात् विद्यानाथ की 'प्रताप रुद्रीय' और विद्याधर की 'एकावली' नामक रचनाएँ नाटकों का विवेचन करती हैं। इस सम्बन्ध के सबसे अन्तिम लेखक विश्वनाथ कविराज हैं, जिन्होंने साहित्य-दर्पण नामक ग्रंथ में नाटकीय सिद्धान्त का उल्लेख किया है। साहित्य-दर्पण का एक अध्याय इसी विषय से सम्बन्ध रखता है। यह भी भरत के नाट्य-शास्त्र की ही बातों को लेकर लिखा गया है, यद्यपि इसमें स्पष्टता नाट्य-शास्त्र की अपेक्षा अधिक है।

नाट्य-शास्त्र में नाटक को अनुकृतिमूलक काव्य माना गया है। इनमें व्यक्तियों के कार्यों, उनकी स्थितियों और मनोभावों का अनुकरण किया जाता है। अनुकरण का आधार इंगित, वाणी, वस्त्र और वेश-भूषा है। किन्तु केवल अनुकृति ही पर्याप्त नहीं है। अनुकृति का लक्ष्य है दर्शकों के मनोगत भावों के उन्मेष द्वारा काव्यरस की प्रतीति कराना। रस की निष्पत्ति ही भारतीय नाटक का प्रधान उद्देश्य माना गया है।

इसके अतिरिक्त नाटक के अन्य तत्त्वों में वस्तु, चरित्र (नायक) और संवाद भी हैं। नाटकों के अनेक भेद होते हैं, और उन्हीं के अनुसार कथानक तथा पात्रों के भेद भी होते हैं; किन्तु रस का स्थान सभी नाटकों में रहता है। इससे यही सिद्ध होता है कि रस की सृष्टि ही नाटक-रचना का मुख्य उद्देश्य है।

नाटक का कथानक (वस्तु) तीन प्रकार का हो सकता है। प्रख्यात, उत्पाद्य और मिश्र। प्रख्यात कथानक किसी प्राचीन पौराणिक या ऐतिहासिक व्यक्ति से संबंधित होता है। उत्पाद्य नाटक में कवि अपनी कल्पना द्वारा पात्रों की सृष्टि करता है। मिश्र कथानक वह है, जिसमें उत्पाद्य और प्रख्यात कथानकों का मिश्रण हो; किन्तु इसमें इस बात का ध्यान रखा जाता है कि प्राचीन कथा में ऐसी काल्पनिक बातें न जोड़ी जायँ, जिनसे श्रोताओं के विकास को धक्का लगे और रस-भंग हो।

इन कथानकों में प्रख्यात कथानक ही सर्वश्रेष्ठ माना गया है। प्राय: सभी नाटककारों ने इसी का आश्रय लिया है। कालिदास को अपने 'अभिज्ञान शाकुन्तल' नाटक में दुष्यंत के चरित्र को महाभारत के दुष्यंत से कुछ भिन्न रखना पड़ा है। कवि ने अपनी कल्पना द्वारा दुष्यंत के चरित्र में केवल उन अंशों को परिवर्तित किया है, जिनसे वह और भी उदात्त हो जाये। किसी प्रसिद्ध घटना को तोड़-मरोड़कर नहीं रक्खा गया। महाकाव्य में नायक के दोष भी दिखाए जा सकते हैं; जैसे—रामायण में बालि-वध का प्रकरण। किन्तु, नाटक के सीमित आकार में नायक के दोष-दर्शन के लिए स्थान नहीं है। ऐसा करने से रस के निष्पन्न होने में बाधा पड़ती है।

कथानक को आधिकारिक और प्रासंगिक दो भागों में बाँटा गया है। आधिकारिक कथानक वह है, जिसका सम्बन्ध नाटक के मुख्य कार्य या उद्देश्य से होता है, जिसकी प्राप्ति में नाटक के प्रधान नायक का हाथ रहता है। प्रासंगिक कथानक के दो भेद होते हैं—१. 'पताका' जिसमें प्रासंगिक कथानक अधिक विशाल होता है और स्थान-विशेष से आरम्भ होकर नाटक के अन्त तक चलता है, जैसे रामायण में सुग्रीव का आख्यान; २. 'प्रकरी' का प्रासंगिक कथानक संक्षिप्त होता है और आरम्भ होने के पश्चात् शीघ्र ही समाप्त हो जाता है, जैसे रामायण में जटायु का प्रकरण।

नाटक में कार्य की पाँच अवस्थाएँ होती हैं—आरम्भ, प्रयत्न, प्राप्त्याशा, नियताप्ति और फलागम। 'आरम्भ' में नायक अपनी लक्ष्य-प्राप्ति के लिए इच्छा प्रकट करता है। 'प्रयत्न' में वह इष्ट-प्राप्ति के लिए गंभीर उद्योग करता है। 'प्राप्त्याशा' में इष्ट की प्राप्ति और अप्राप्ति का द्वंद्व उस अवस्था पर पहुँचता है, जहाँ प्राप्ति की सम्भावना हो जाती है। 'नियताप्ति' में इष्ट के प्राप्त करने में केवल एक ही मुख्य बाधा शेष रहती है, जिसके दूर होते ही कार्य की सिद्धि हो जाती है। इष्ट-सिद्धि की अवस्था को 'फलागम' कहते हैं।

फल-प्राप्ति के सम्बन्ध से वस्तु या कथानक को भी पाँच भागों मे विभक्त किया जाता है। इन्हें अर्थ-प्रकृति के नाम से अभिहित करते हैं। इन पाँचों अर्थ-प्रकृतियों के नाम हैं—बीज, बिंदु, पताका, प्रकरी और कार्य। बीज से कार्य की उत्पत्ति होती है। यही मुख्य फल का हेतु है। बिन्दु से कार्य का प्रसरण होता। समाप्त होने वाली अवान्तर कथा को प्रधान कथा से जोड़ देना ही इसका मुख्य कार्य है। पताका और प्रकरी का उल्लेख ऊपर हो चुका है। कार्य नाटक का प्रधान साध्य है। इसी के हेतु समस्त उपकरण एकत्र किए जाते हैं। अर्थ-प्रकृतियों तथा कार्यावस्थाओं को जोड़ने के लिए आचार्यों ने पंचसंधियों की व्यवस्था भी की है। उनके नाम हैं—मुख-संधि, प्रतिमुख-संधि, गर्ग-संधि, विमर्श-संधि और निर्वहण-संधि। मुख-संधि में प्रारम्भ अवस्था और बीज अर्थ-प्रकृति का संयोग होता है। प्रयत्न अवस्था और बिन्दु अर्थ-प्रकृति का मेल प्रतिमुख-संधि में होता है। प्राप्त्याशा और पताका के योग को गर्भ-संधि कहते हैं। नियताप्ति और प्रकरी का संयोग विमर्श-संधि में होता है। फलागम और कार्य के संयोग को निर्वहण-संधि कहते हैं।

वस्तु या कथानक के पाँच भेद (जिन्हें ऊपर अर्थ-प्रकृति कहा गया है) नाटक के अंग-विन्यास के सूचक हैं। जिस प्रकार मनुष्य की आकृति और उसके अंगों की संगति होने पर ही उसका सौन्दर्य निखरता है, उसी प्रकार कथानक (या अर्थ-प्रकृति) की संगति पर नाटक में

सम्यक् आकर्षण आता है। कथानक के ये भेद नाटक के बाह्य सौन्दर्य के विधायक हैं। इससे भिन्न कार्यावस्था का व्यापार का तत्त्व नाटक को सजीव और सप्राण बनाने के उद्देश्य से नियोजित किया जाता है। वह नाटक का अंतरंग और गतिशील तत्त्व है। वस्तु संघटन और व्यापार की समुचित योजना, दोनों मिलकर नाटक को पूर्ण कलात्मक उत्कर्ष देते हैं। कथानक-सम्बन्ध तीसरा तत्त्व संधियों का है। वस्तु (अर्थ-प्रकृति) और व्यापार (कार्यावस्था) के पाँच भेदों के अनुरूप संधियों की संख्या भी पाँच मानी गई है। नाटक के वे चमत्कारपूर्ण स्थल, जो सहसा सहृदयों की दृष्टि आकृष्ट करते हैं, तथा जिन स्थलों से कथानक एक नवीन मोड़ या दिशान्तर प्राप्त करता है, संधि कहलाते हैं। संधियों के उचित संस्थान से वस्तु या कथानक की शोभा और व्यापार या कार्य की प्रगति में नया चमत्कार आ जाता है। इस प्रकार भारतीय पंडितों ने नाटकीय वस्तु के निर्णय और निर्माण के संबंध में तीन-तीन कसौटियाँ प्रस्तुत की हैं—तीन-तीन विधियाँ बताई हैं। वास्तव में वस्तु, कार्य तथा संधियों के अन्य अनेक भेद भी किए गए हैं; परन्तु मुख्य ये ही पाँच हैं।

कथानक के अन्य दो भेद भी किए जाते हैं, दृश्य और सूच्य। दृश्य का विचार हो चुका है। सूच्य का अर्थ है—जो सूचित किया जाय। सूच्य-कथाओं को अर्थोपक्षेपक भी कहा जाता हैं। युद्ध, हत्या, मृत्यु इत्यादि सूच्य-कथाएँ होती हैं। विवाह, भोजन भी नाटक में नहीं दिखाए जाने चाहिए। सूच्य के पाँच विभाग किए गए हैं। विष्कंभक, प्रवेशक, चूलिका, अंकमुख और अंकावतार। सूच्य वस्तुओं के और भी भेद हैं—जैसे स्वगत, अपवारित, जनान्तिक और आकाशभाषित। भूत और भविष्य की कथाएँ जब मध्यम पात्र द्वारा सूचित की जायें, तब उन्हें विष्कंभक के अन्तर्गत समझना चाहिए। प्रवेशक में भूत और भविष्य की कथाओं की सूचना नीच पांत्र देते हैं। नेपथ्य द्वारा दी गई सूचना चूलिका कहलाती है। किसी अंक के अंत में आगे के अंक में घटित होने वाली घटना की सूचना को अंकावतार कहते हैं। जब पिछले अंक के अंत में आए पात्र अगले अंक के आरम्भ में अभिनय करते हैं, तब उसे अंकमुख कहा जाता है।

कथा का विचार करने के बाद पात्रों या चरित्रों पर भी विचार किया गया है। नाटक में प्रधान पात्र को नायक कहते हैं। स्वभाव भेद से इनके चार प्रकार होते हैं—धीरोदात्त, धीर ललित, धीर प्रशांत और धीरोद्धत। धीरोदात्त नायक उच्च कुल का वीर और उदार व्यक्ति होता है। धीर प्रशांत ब्राह्मण हुआ करता है। धीरोद्धत प्रतिनायक तथा नायक भी हो सकते हैं। यह स्वभाव से दर्पपूर्ण होता है। नायक का साथी पीठमर्द कहलाता है। प्रसाद के 'चन्द्रगुप्त' का मित्र सिंहरण पीठमर्द है।

नायिकाएँ तीन प्रकार की मानी गई हैं—स्वकीया, अन्या और गणिका। आयु के हिसाब से स्वकीया नायिका के तीन भेद होते हैं—मुग्धा, मध्या और प्रगल्भा (प्रौढ़ा)।

नायकों और नायिकाओं के संबंध के अनुसार नायिकाओं के आठ भेद होते हैं—स्वाधीनपतिका, वासक सज्जा, विरहोत्कंठिता, खंडिता, कलहान्तरिता, विप्रलब्धा, प्रोषितपतिका और अभिसारिका। अयत्नज, स्वभावज और अंगज, नायिका के तीन स्वाभाविक अलंकार होते हैं। नायक का अंतरंग मित्र और ब्राह्मण विदूषक होता है। कोई कवि या कलाओं का प्रेमी नायक का मित्र विट कहलाता है।

दूत या प्रतिहार के अंतर्गत मंत्री आदि नाटक के पात्र आते हैं। कुमार, सेनापति, न्यायाधीश भी नाटक के पात्र होते हैं।

प्रधान रानी का नाम महादेवी होता है। रानी न होने पर राजा की प्रेयसी स्वामिनी कहलाती है।

रस दृश्य-काव्य का सर्वाधिक महत्त्वपूर्ण तत्त्व है। विभाव, अनुभाव, और व्यभिचारी भावों के संयोग से रस की निष्पत्ति होती है। रस भाव की आनंदात्मक अनुभूति है। इसे संस्कारशील व्यक्ति ही ग्रहण कर सकते हैं। नाटक में वीर और शृंगार-रस प्रधान होते हैं और अद्‌भुत रस नाटकीय प्रभाव की सृष्टि के लिए लाया जाता है।

वृत्ति—रसानुकूल प्रभाव उत्पन्न करने के लिए वृत्तियों के प्रयोग का विधान है। ये चार प्रकार की मानी गई हैं। कैशिकी, सात्वती, आरभटी और भारती। कैशिकी में नृत्य और गान अधिक होते हैं। इसमें पुरुष-स्त्री दोनों भाग लेते हैं। शृंगार-प्रधान नाटकों में इसी वृत्ति का उपयोग होता है। वीर, अद्‌भुत और भयानक के अनुकूल सात्वती वृत्ति है। आरभटी भयानक और रौद्र के लिए अधिक अनुकूल है। इसमें छल, जादू आदि की प्रधानता होती है। भारती वृत्ति केवल भाषा-प्रयोग पर आधारित है। सभी रसों में इसका अनुकूल प्रयोग हो सकता है।

नाट्याचार्यों ने उत्तम, मध्यम तथा अधम पात्रों के अनुकूल जो अलग-अलग भाषा-प्रकार का निर्देश किया है, उससे यही अर्थ निकलता है कि नाटक की भाषा पात्र के अनुकूल होनी चाहिए। नृत्य के भी दो भेद हैं, तांडव, और लास्य। नृत्य और गान भी रस के अनुकूल होने चाहिए। तांडव वीर-रस का और लास्य शृंगार-रस का नृत्य है।

२. पश्चिमी तत्त्व

पश्चिमी परंपरा के अनुसार नाटक का प्रमुख तत्त्व 'वस्तु' है। अरिस्टोट्‌ल ने वस्तु-विन्यास की चर्चा बड़े विस्तार से की है। उसने यह बताया है कि वस्तु और चरित्र में वस्तु को क्यों प्रधानता दी जाती है। उसके मत में चरित्र तो व्यक्तियों का निष्क्रिय गुण है; किन्तु वस्तु मानव-जीवन का सक्रिय और गतिशील रूप है। नाट्य-वस्तु ही चरित्रों को प्रभावित करती और उनको स्वरूप देती है। वस्तु अथवा नाट्य-घटना ही चरित्रों के सुख-दुःख का कारण होती है। अरिस्टोट्‌ल के मतानुसार चरित्र के बिना नाटक बन सकता है; परन्तु वस्तु के बिना उसकी सत्ता नहीं रह सकती। केवल चरित्र की सूचना देनेवाले कुछ संवाद किसी नाटक में हो सकते हैं; परन्तु केवल उन संवादों से ही नाटक नहीं बनता। नाटकीय प्रभाव सक्रियता और चरित्रों की सजीवता और गतिशीलता के लिए वस्तु का निर्माण होता है। वस्तु नाटक का सचेतन और गतिशील आधार है। वस्तु के अन्तर्गत ऐसी घटनाओं का सन्निवेश भी किया जाता है, जिससे नाटक में कौतूहल की वृद्धि होती है और दर्शकों को तदनुकूल आनन्द मिलता है। इन्हीं कारणों से नाटक में चरित्र की अपेक्षा वस्तु का महत्त्व अधिक होता है। इसकी पुष्टि के लिए अरिस्टोट्‌ल ने चित्रकला का उदाहरण भी दिया है। यदि एक चित्र में अनेक रंग भर दिए जायें; किन्तु उनमें सार्थकता एवं सामंजस्य न हो, तो वह रंगों की योजना व्यर्थ है। उसकी अपेक्षा केवल पेंसिलें या खड़िया मिट्टी से चित्र की रूपरेखा प्रस्तुत कर देना अधिक सार्थक और प्रभावपूर्ण होगा। चित्र में रंगों की स्थिति चरित्र के स्थान पर होती है और रेखाओं की

स्थिति वस्तु के स्थान पर। इससे सिद्ध है कि चरित्र की अपेक्षा वस्तु अधिक महत्त्वपूर्ण तत्त्व है।

नाटकीय वस्तु अपने में पूर्ण तथा निरपेक्ष होनी चाहिए, साथ ही उसका एक समुचित आकार अथवा विस्तार भी आवश्यक है। जिस प्रकार अत्यंत छोटी वस्तु अपना सौन्दर्य आँखों के सामने स्पष्ट नहीं कर पाती, तथा अत्यधिक विशाल वस्तु भी अपने सौन्दर्य को सीमा में नहीं बाँध पाती, उसी प्रकार नाटक का कथानक न अत्यन्त छोटा और न अत्यधिक विशाल होना चाहिए। उसका विस्तार हमारी स्मृतिशक्ति के अंतर्गत समा सकने योग्य हो। वस्तु की पूर्णता के लिए उसका आदि, मध्य और अंत निर्धारित होना चाहिए। आरम्भ उसे कहते हैं, जो किसी पूर्ववर्त्ती घटना से कार्य-कारण-संबंध द्वारा मिला नहीं होता; पर जिसके पीछे कार्य-कारण-संबंध द्वारा घटनाएँ जुड़ी होती हैं। उसके पूर्व में घटनाओं की अपेक्षा नहीं होती, पीछे होती है। मध्य वह है, जिसके पूर्व तथा पश्चात् दोनों ओर कार्य-कारण-परंपरा से घटनाओं का योग आवश्यक जान पड़ता है। अन्त वह है, जिसके पूर्व घटनाओं की शृंखला संयुक्त होती है और वह उनका परिणाम प्रतीत होता है, साथ ही उसकी परवर्ती किसी घटना की अपेक्षा नहीं रहा करती।

मनुष्य अथवा जीवधारी के किसी भी अंग के न्यूनाधिक होने से उसके सौन्दर्य में त्रुटि आ जाती है, उसी प्रकार नाटक के संपूर्ण अंगों का विन्यास भी आवश्यक होता है। इसके लिए नाटक की कथावस्तु का समुचित विस्तार अपेक्षित है तथा घटनाओं की शृंखला उस विस्तार के अन्तर्गत व्यवस्थित रूप से रक्खी जानी चाहिए। नाटकीय वस्तु का विस्तार ऐसा हो, जिसमें सुखात्मक स्थिति से दु:खात्मक और दु:खात्मक से सुखात्मक स्थिति का परिवर्तन संभाव्य बन जाये।

नाटकीय वस्तु में संकलन की आवश्यकता होती है। किसी मनुष्य के जीवन-व्यापी समस्त कार्यों को नाटक में एकत्र कर देना कथावस्तु का संकलन नहीं है। एक चरित्र को लेकर आदि से अन्त तक उसकी जीवनी का दृश्य उपस्थित कर देना, संकलित वस्तु का उदाहरण नहीं है। केवल कार्य-कारण-शृंखला से जुड़ी हुई घटनाओं को ही नाटकीय वस्तु का आधार बनाया जा सकता है। व्यापार की शृंखला एकरस होनी चाहिए तथा समस्त घटनाएँ उस व्यापार के निर्माण में सहायक हों। नाटक की कथावस्तु जीवनी से भिन्न होती है, वह इतिहास से भी पृथक् है। इतिहास में केवल वास्तविक घटनाओं का समावेश होता है। नाटक में घटनाओं का संभाव्य रूप ग्रहण किया जाता है। इतिहास व्यक्ति-विशेष अथवा घटना-विशेष के पूरे विवरण को लेकर आगे बढ़ता है; किन्तु नाटक के संकलन में घटनाओं के ऐसे इतिवृत्त की आवश्यकता नहीं होती। कहा जाता है कि इतिहास में व्यक्ति और स्थान के नामों को छोड़कर और कुछ भी 'सत्य' नहीं होता और काव्य तथा नाटक में व्यक्ति और स्थान के नाम छोड़कर सभी कुछ सत्य (अर्थात् तथ्यपूर्ण और मार्मिक) होता है। काव्य या नाटक की कथावस्तु के निर्माण में कलाकार की कल्पना कार्य करती है; किन्तु इतिहास-ग्रन्थ के निर्माण में कल्पना का कोई विशेष हाथ नहीं होता।

अरिस्टोट्ल का मत है कि नाटकीय कथा-वस्तु में प्रासंगिक कथा अथवा अनावश्यक घटना-बाहुल्य की योजना न होनी चाहिए। कथानक का समरस होना आवश्यक है। यदि

विभिन्न दिशाओं से भिन्न-भिन्न घटनाएँ आकर नाटक में समाहित होना चाहेंगी, तो नाटक बोझीला और प्रभावहीन हो जायेगा। उसकी एकाग्रता न रहेगी। कभी-कभी एक-एक पात्र को लेकर नाटककार उससे सम्बन्ध रखनेवाली घटनाओं को नाटक में स्थान देता है, इस प्रकार अनेक पात्रों से सम्बन्ध रखने वाली बहुत-सी घटनाओं का संग्रह हो जाता है, जिससे वस्तु-सौन्दर्य में स्वभावतः त्रुटि आ जाती है।

नाटकीय वस्तु में कौतूहलवर्धक तथा चमत्कारपूर्ण प्रसंगों की अधिक आवश्यकता होती है; अतएव कथावस्तु के भीतर स्थिति-परिवर्तन तथा प्रत्यभिज्ञान के दृश्यों को स्थान दिया जाता है। कथानक के प्रवाहक्रम में नवीन घटना-योग द्वारा आकस्मिक परिवर्तन की प्रणाली अत्यन्त प्राचीन है; किन्तु श्रेष्ठ नाटककार नियोजित घटना की स्वाभाविकता का ध्यान रखते हैं। उसमें अस्वाभाविकता नहीं आने देते। इसी प्रकार नवीन अभिज्ञान भी एकदम अप्रत्याशित या अकल्पनीय न होना चाहिए। इसी कारण श्रेष्ठ नाटक की कथावस्तु सीधी लीक पर चलनेवाली न होकर किंचित जटिल तथा विस्मयकारक होती है। कौतूहल उत्पन्न करने के लिए आकस्मिक घटना-योजना का तत्त्व अत्यंत आवश्यक है।

स्थिति परिवर्तन उपस्थित करनेवाली घटना के विषय में भी अरिस्टोट्ल का मत है कि वह नाटक में करुणा तथा भय के भावों की सृष्टि करनेवाली हो। यह उस अवस्था में सम्भव नहीं है, जब कोई सच्चरित्र व्यक्ति उन्नति से अवनति की ओर जाता दिखाया जाये, या किसी दुष्ट को सुख की प्राप्ति हो। किसी नितान्त नीच व्यक्ति का आपत्तियों में पड़ जाना भी करुणा एवं भय का संचार नहीं कर सकता। किसी प्रसिद्ध, उन्नतमना व्यक्ति का किसी आकस्मिक भूल के कारण विषम परिस्थिति में फँस जाना ही इस उद्देश्य की पूर्ति कर सकता है। दुर्गुणी पात्र में यह भी बात घटित नहीं हो सकती; क्योंकि उक्त योजना से करुणा अथवा भय की भावना का उदय न हो सकेगा। पात्र का उदात्तमना होना आवश्यक है; परन्तु वह चरित्र अत्यन्त असाधारण या आदर्श भी नहीं होना चाहिए; क्योंकि उस स्थिति में भी करुणा या भय की सृष्टि न होगी।

आकस्मिक प्रभाव-वैषम्य को अत्यन्त महत्त्वपूर्ण मानकर अरिस्टोट्ल ने इसकी विस्तृत विवेचना की है। दुःखान्त नाटक में स्थिति का यह परिवर्तन दो विरोधी पात्रों के बीच संभव नहीं। जब दो परिचित मित्र सहसा किसी चारित्रिक विपर्यय से इस प्रकार की घटना में नियोजित हो जाते हैं, तभी भय और करुणा की सम्यक् उत्पत्ति होती है। घटना का अनजान में ही घटित हो जाना संवेदना को और भी तीव्र बना देता है। वास्तविक स्थिति का ज्ञान होने पर महान् पश्चाताप का उदय भी नाटकीय प्रभाव के अनुकूल होगा। दुःखान्त नाटक के लिए सबसे अधिक प्रभावपूर्ण स्थिति-विपर्यय यही हो सकता है।

अरिस्टोट्ल का कथन है कि व्यक्ति में कुछ गुणों का स्थापन ही चरित्र का सूचक है। चरित्र की श्रेष्ठता उद्देश्य की महानता पर निर्भर है। अपने स्थान पर सभी उद्देश्य महान् हो सकते हैं, इसी कारण चारित्रिक श्रेष्ठता के लिए कोई जातिगत बन्धन नहीं है। औचित्य भी चरित्र के लिए आवश्यक वस्तु है। उचित पात्र में उचित गुण का सन्निवेश किया जाना चाहिए। नारी में पुरुष के गुण तथा पुरुष में नारी के गुण चित्रित करना औचित्य से परे की वस्तु है। जीवन की अनुरूपता भी स्वाभाविक चरित्र-चित्रण के लिए आवश्यक है। चरित्रगत

विशेषताओं में वैषम्य सकारण तथा सनियम होना चाहिए! अकारण किसी चरित्र का उत्थान या पतन कलापूर्ण नहीं होता। चरित्र-निर्माण पात्र के कार्यों द्वारा होना चाहिए। पात्र के वक्तव्यों द्वारा भी चरित्र-चित्रण संभव है। अभिनय द्वारा भी चरित्र की विशेषता का उद्घाटन हो सकता है; परन्तु यह एक गौण उपक्रम है।

नाटक का अन्य तत्त्व पात्रों के संवादों में व्यक्त होनेवाली देश-काल संबंधी विचारधारा है। पात्रों के प्रवचन कुछ अंश तक उनके चरित्र की सूचना देते हैं; परन्तु नाटक के बौद्धिक पक्ष तथा देश-काल की स्थिति का आभास भी उनसे मिलता है। किसी भावना को उत्तेजित करने तथा किसी विषय का निर्देश करने के लिए यह तत्त्व काम में आता है। समस्त संवाद, जो चरित्र-निर्माण में किसी प्रकार का सीधा सहयोग नहीं देता, इसी 'विचार' तत्त्व के अन्तर्गत आ जाता है।

अरिस्टोट्ल ने नाटक की भाषा-योजना पर अत्यन्त विस्तारपूर्वक लिखा है। संपूर्ण विवेचन के पश्चात् वह इस निष्कर्ष पर पहुँचा है कि भाषा-योजना असाधारणता-समन्वित तथा स्पष्टता की विधायक होनी चाहिए। वे दोनों विरोधी गुण हैं। प्रायः सामान्य उक्तियाँ स्पष्ट होती हैं और असाधारण शब्द स्पष्ट होते हैं; किन्तु नाटककार की संपूर्ण सफलता इन दोनों विरोधी तत्त्वों का समुचित सामंजस्य स्थापित करने में है। नाटक को साधारण भाषा से ऊँचा उठाकर कला की उच्च भूमि पर उपस्थित करके भी उसमें स्पष्टता की प्राण-प्रतिष्ठा कर देना कलाकार की कुशलता का परिचायक है। लाक्षणिक भाषा का प्रयोग तथा रूपक आदि के प्रयोग भी आकर्षक होते हैं; किन्तु शर्त यह है कि वे नाटक की स्पष्टता और बोधगम्यता पर आवरण न डाल दें। नाटक दर्शकों की वस्तु है, यह कलाकार को कभी न भूलना चाहिए। कुछ अप्रचलित शब्द, रूपक, आलंकारिक उक्ति आदि नाटक की भाषा-योजना को असाधारण चमत्कार प्रदान करती है; किन्तु सरल और मधुर वाक्यों का प्रयोग ही उसे स्पष्ट बना सकेगा। नाटककार असाधारणता में स्पष्टता तथा स्पष्टता में असाधारणता को सन्निहित कर ही सफलता प्राप्त करता है।

नाटक का पाँचवाँ और अंतिम तत्त्व गीत है। इसके संबंध में अरिस्टोट्ल का मुख्य वक्तव्य यह है कि नाटकों के गीत नाटक के अभिन्न अंग होने चाहिए। वे ऊपर से जोड़े हुए नहीं हो सकते। निर्धारित स्थानों पर गीतों का होना आवश्यक है। बिना इसके नाटक की सर्वांगता अपूर्ण ही रहेगी। स्पष्ट है कि अरिस्टोट्ल का यह निर्देश तत्कालीन ग्रीक नाटकों को आधार मानकर ही किया गया। नाटक में गीत की स्थिति और आवश्यकता पर भिन्न-भिन्न समयों में विचार बदलते रहे हैं।

सन् १९५० ई०

भारतीय नाटक की रूप-रेखा

संस्कृत साहित्य और विशेषत: संस्कृत नाटकों पर जिन पाश्चात्य विद्वानों ने महत्त्वपूर्ण कार्य किया है, उनमें ए० बेरीडेल कीथ का नाम विशेष ख्यात है। 'संस्कृत-नाटक' ('Sanskrit Drama') नामक उनका ग्रंथ अत्यधिक प्रामाणिक माना जाता है, और जहाँ कहीं प्राच्य-साहित्य की चर्चा होती है, वहाँ सम्मान के साथ स्मरण किया जाता है। इस ग्रन्थ में लेखक ने संस्कृत नाटकों का क्रमबद्ध विवरण दिया है और उनकी साहित्यिक विशेषताओं का विस्तृत विवेचन किया है। कीथ यह मानते हैं कि भारतीय नाटकों का स्वतन्त्र विकास हुआ था, उन पर किसी दूसरे राष्ट्र की नाट्य-पद्धति की छाप नहीं पड़ी है। यह बात दूसरी है कि कभी किसी संस्कृत नाटककार ने कहीं कोई बात यूनानी नाट्य-कला से ले ली हो; पर इस प्रकार का आदान अनुकृति नहीं कहा जा सकता।

भारतीय नाटक की स्वतन्त्र विशेषता को स्वीकार करते हुए भी कीथ उनके प्रशंसक नहीं हैं। यूनानी नाटक की तुलना में वे भारतीय नाटक को महत्त्व नहीं देते। उनका कथन है कि भारतीय नाटक यूनानी नाटकों की भाँति जन-समाज के लिए नहीं लिखे गए। उनका प्रसार जनता में नहीं हुआ। केवल ब्राह्मण और क्षत्रिय वर्गों के मनोरंजनार्थ उनकी सृष्टि हुई, इसी उच्चवर्गीय एकान्तिक वातावरण में उनका प्रचलन हुआ। ब्राह्मण जाति आरम्भ से ही आदर्शवादी थी। वस्तु और चरित्र का यथार्थ चित्रण उसकी प्रकृति के विरुद्ध होने के कारण असम्भव था। केवल भाव-विशेष सृष्टि साहित्य और नाटकों का लक्ष्य थी। कथानक का निर्माण इसी लक्ष्य की पूर्ति के लिए किया जाता था और प्राय: कोई सुप्रसिद्ध पौराणिक कथा ही इसके लिए उपयुक्त समझी जाती थी। कथा को ऐसे साँचे में ढाल लेते थे, जिसमें किसी रस-विशेष की सर्वांगीण अनुभूति कराई जा सके।

रसों में भी ब्राह्मण जाति के आदर्शों का बोलबाला था। ब्राह्मणों के सिद्धान्त के अनुसार कोई भी मनुष्य पूर्वजन्म के कर्मों के अनुसार ही इस जन्म में सुख-दुख का भागी होता है। अत: भारतीय नाटकों में यूनानी दु:खान्त नाटकों की भाँति ऐसी शक्तियों और स्थितियों का चित्रण नहीं किया जा सका, जो स्वतन्त्र हैं और जिन पर मानव-बुद्धि का कोई वश नहीं। इसी कारण संस्कृत नाटक में किसी सत्पुरुष का भाग्य के दुर्दमनीय चक्र में पड़कर विफलताओं से टक्कर खाना और अन्त तक भटकना नहीं दिखाया गया, न उसमें किसी खल पुरुष का अन्त तक विजयी होना चित्रित किया गया है।

संस्कृत नाटक सदैव सुखान्त रहे हैं। वे ब्राह्मण-विचारों की आदर्शवादी परम्परा पर चलते गए हैं। केवल वीर और शृंगार रस ही की सृष्टि नाटक में होती है, और घटना-चमत्कार की सृष्टि के लिए अद्‌भुत रस के प्रसंग भी आ सकते हैं। अद्‌भुत रस की योजना में भारतीय नाटककार बेखटके स्वर्ग और पाताल-लोक के सम्भव-असम्भव दृश्य नाटकों में लाते रहे हैं।

अस्वाभाविकता की ओर कभी उनका ध्यान नहीं गया।

कीथ के कथनानुसार भारतीय नाटक में चरित्र-सृष्टि के लिए भी यथेष्ट स्थान न था। चरित्रों का स्वतन्त्र स्वरूप भी नाटक की रसात्मकता में बाधक ही हो सकता था; इसलिए पात्रों का चरित्र-चित्रण भी रसानुयायी ही रहा है। रावण का चरित्र एक दंभी और मूर्ख व्यक्ति का-सा प्रायः सभी नाटककारों ने अंकित किया है। राम के महान् चरित्र के समीप वह किसी भी अवस्था में नहीं पहुँचता। संघर्ष की यथार्थता की अनुभूति कराने में संस्कृत नाटककार इसीलिए असफल रहे हैं। आदर्शवादी प्रकृति और रस-सृष्टि के लक्ष्य के कारण यह गड़बड़ी हुई है।

नाटक की शैली पर महाकाव्य की शैली का प्रभाव बराबर बना रहा—यही नहीं, प्रगीतात्मक मुक्तक पद्य, प्रकृति-वर्णन और कथात्मक प्रकरण (Narration) भी भारतीय नाटकों में भरे हुए हैं। ये तीनों ही वस्तुएँ नाटकीयता के अनुकूल नहीं पड़तीं; किन्तु रसोद्रेक के लिए इनका उपयोग किया गया है। इसी प्रकार नृत्य, गान, वाद्य और अभिनय का प्रयोग भी रस-सृष्टि के ही लिए हुआ है।

'नाटक' में तो राजपरिवार और उच्चवर्गीय समाज के चित्रण का प्रतिबन्ध था ही, 'नाटिका' में भी सामान्य जीवन की वास्तविकता चित्रित न हो सकी। यद्यपि 'नाटिका' में और उससे भी अधिक 'प्रकरण' में मध्यवर्गीय समाज के चित्रण का अवकाश रहा है; पर यह चित्रण भी रूढ़ि के आधार पर ही हुआ। रति स्थाई-भाव के परम्परा-प्राप्त प्रदर्शन के लिए भवभूति ने 'मालती-माधव' नामक प्रकरण—रूपक लिखा। 'प्रहसन' और 'भाण' नामक रूपक हास्य-रस की सृष्टि के लिए थे—वह भी एक बँधी हुई लीक पर।

कीथ साहब ने भारतीय नाटक में ये मूलभूत दोष गिनाने के पश्चात् भारतीय नाटक की भाषा पर आपत्ति की है। आपका मत है कि संस्कृत और प्राकृत भाषाओं के जो स्वरूप नाटकों में मिलते हैं, वे जन-भाषा से बहुत भिन्न थे और उस भाषा-स्वरूप को समझना जनता के लिए असम्भव था। केवल अल्पसंख्यक उच्च-पदस्थ वर्ग ही उस भाषा को समझ सकता था, और उसी के लिए वे नाटक रचे भी गए थे। इस प्रकार संस्कृत नाटक केवल एक अल्पसंख्यक वर्ग-विशेष की कलाभिरुचि और हास्य एवं मनोविनोद के विषय रहे हैं। उसका सम्बन्ध सामान्य भारतीय समाज से नहीं था। वात्स्यायन के 'कामसूत्र' तथा राजशेखर की 'काव्य-मीमांसा' में राजाश्रित समाज और दरबारी कवियों का जो स्वरूप दिखाया गया है, संस्कृत का नाटककार उसी श्रेणी का व्यक्ति था। वह सामान्य जनता और उसके जीवन के सम्पर्क में न कभी रहा और न कभी उस ओर उसका ध्यान ही गया।

ये आरोप कीथ साहब ने संस्कृत नाटक मात्र पर किए हैं, इसलिए इन आरोपों से न तो कालिदास बचे हैं और न उनकी कोई नाट्यकृति। अवश्य संस्कृत के अन्य नाटककारों की तुलना में कीथ ने कालिदास की श्रेष्ठता स्वीकार की है। उसने लिखा है कि कालिदास प्रसाद-गुण-सम्पन्न वैदर्भी शैली के प्रधान नाटककार हैं। भास और मृच्छकटिककार शूद्रक की ही भाँति सरल भाषा का प्रयोग करते हुए भी कालिदास उक्त दोनों लेखकों से कहीं अधिक आकर्षक और परिष्कृत शैली में नाटक लिख सके। अश्वघोष से वे प्रभावित हुए थे; किन्तु उनकी सुरुचि और परिमार्जना उनकी अपनी वस्तु है। अश्वघोष में वह बात नहीं। परवर्त्ती

लेखकों की कृत्रिम आलंकारिकता का महाप्रदर्शन कालिदास में नाम को भी नहीं है। 'अभिज्ञान शाकुन्तल' के पञ्चम अंक में तो वे संस्कृत नाटककारों की वस्तु-वर्णनात्मक काव्य-शैली को छोड़कर विशुद्ध नाट्य-व्यापार की ही योजना करने में सफल हुए हैं।

कालिदास में व्यञ्जना-पद्धति का बड़ा सुन्दर स्वरूप विकसित हुआ। भवभूति जिसका वर्णन करने में श्लोक-के-श्लोक लगा देते हैं, कालिदास उसे एक छोटे-से आधे वाक्य में पूरा कर देते हैं। भाषा के प्रयोग में भी कालिदास की सूक्ष्मदर्शिता प्रकट हो जाती है। सिपाही की भाषा, मछुए की भाषा, स्त्रियों की भाषा—सबके सूक्ष्म भेदों की ओर उनकी पैनी दृष्टि गई थी। भवभूति की भाषा में यह बारीकी नहीं मिलती।

शृंगार-रस की उद्भावना में कालिदास अद्वितीय हैं। किशोर-हृदय में रति की स्थापना से लेकर उसके विकास और परिपाक की समस्त अवस्थाओं का चित्रण करने में वे सिद्धहस्त हैं। वियोग-शृंगार और करुण-रस की कोमल भावना 'अभिज्ञान शाकुन्तल' के चतुर्थ अंक में जैसी प्रस्फुटित हुई है, वह अपने ढंग की अनुपम है। शकुन्तला के कण्व के आश्रम से विदा होते समय का यह दृश्य है। वृक्ष और लता-गुल्म भी शकुन्तला के वियोग से विक्षुब्ध दिखाए गए हैं। कालिदास में प्रकृति-चित्रण भी उच्च कोटि का पाया जाता है। हास्य-रस की योजना में भी कालिदास कहीं भद्दापन नहीं आने देते। नृत्य और संगीत-कलाओं के भी वे ज्ञाता थे।

कालिदास के नाटकों में कीथ ने 'अभिज्ञान शाकुन्तल' को सर्वोच्च पद प्रदान किया है। उनके दो अन्य नाटक 'मालविकाग्निमित्र' और 'विक्रमोर्वशीय' कला की दृष्टि से 'शाकुन्तल' की बराबरी नहीं कर सकते। कीथ ने 'अभिज्ञान शाकुन्तल' की श्रेष्ठता दिखाते हुए लिखा है कि महाभारत की मूल कथा तो बहुत ही सीधी-सादी है। उसे कालिदास ने अपने नाटक में रूपों-रंगों से सुसज्जित कर दिया है। महाभारत की कथा इस प्रकार है कि शकुन्तला के आश्रम में दुष्यन्त आए। कुमारी शकुन्तला अपने उच्च वंश का वर्णन दुष्यन्त से करती है। दुष्यन्त विवाह का प्रस्ताव करते हैं। शकुन्तला चतुर नारी की भाँति यह वचन उनसे उसी समय ले लेती है कि उसी का लड़का राज्याधिकारी होगा। दुष्यन्त इसे स्वीकार करते हैं और शकुन्तला से मिलकर अपनी राजधानी वापस जाते हैं। शकुन्तला को पुत्र उत्पन्न होता है। कुछ काल पश्चात् माता और पुत्र दुष्यन्त के यहाँ उपस्थित होते हैं। साथ में आश्रम के साधु भी हैं। राजा दुष्यन्त राजनीतिज्ञता का परिचय देते हैं—शकुन्तला को पहचान कर भी नहीं पहचानते। शकुन्तला कठोर अभिशाप की धमकी और अपने उच्च कुल की बार-बार दुहाई देती है। अन्त में आकाशवाणी होती है कि शकुन्तला दुष्यन्त की परिणीता पत्नी है और उसका पुत्र राज्याधिकारी है। यही दुष्यन्त को अभीष्ट था। वे अपनी पत्नी और पुत्र को ग्रहण करते हैं—यह कहते हुए कि आकाशवाणी की ही वे प्रतीक्षा कर रहे थे, अब शकुन्तला के पुत्र को युवराज-पद देने में कोई आपत्ति न हो सकेगी।

कहाँ यह मोटी कथा और कहाँ 'अभिज्ञान शाकुन्तल' नाटक में उसका सँवारा हुआ अनुपम स्वरूप! नाटक की लज्जावती नायिका अपने उच्च कुल का निर्देश करने में भी हिचकती है। उसकी सखियाँ तक स्पष्ट नहीं कह सकतीं। नवोढ़ा शकुन्तला का नवोदित्त प्रेम अनुपम क्षमता के साथ चित्रित किया गया है। दुष्यन्त का शकुन्तला को न पहचानने की मोटी कथा महाभारत में आई है, उसे सुन्दर और सार्थक बनाने के लिए कालिदास ने दुर्वाशा के शाप

की योजना की है। और शाप भी अकारण नहीं है, शकुन्तला के प्रेमोन्माद का फल है—कर्त्तव्य की सूचना का स्थाई स्मारक अस्वीकृति के समय नाटक में शकुन्तला का व्यवहार अत्यन्त शिष्ट और प्रसंगानुकूल है। नारी और वनवासिनी नारी के लिए सर्वथा समीचीन है। दुष्यन्त का चरित्र सदोष नहीं है; अतः उसे अन्त में शकुन्तला, उसकी परिणीता भार्या मिलनी चाहिए। इसीलिए शाप की रक्षा भी हुई और अन्त में अँगूठी मिल जाने पर अभिज्ञान भी हुआ। यहाँ से अन्त तक का दृश्य पवित्र प्रेम की तपोमयी ज्योति से ज्योतित है—न केवल दुष्यन्त के पक्ष में, शकुन्तला के पक्ष में भी। और अन्तिम मिलन नारी और पुरुष का—सुन्दर वीर बालक उपहार के साथ—स्वर्गीय अनुपमता लिए हुए है।

केवल कथा में तथा नायक-नायिका के चित्रण में ही विशेषता नहीं है। कालिदास की कला नाटक के अन्य पात्रों की सृष्टि में भी देखी जाती है। कण्व का चित्रण दुर्वाशा के विपरीत, एक सरल सन्तानहीन साधु का वात्सल्यमय स्वरूप दिखाता है। इसी प्रकार मारीच के चित्रण में भी कवि की सुन्दर कला प्रदर्शित हुई है। शकुन्तला की सखियाँ अनसूया और प्रियंवदा कवि की कोमल लेखनी की उपज हैं—अनसूया अनुभूति-प्रवण और गम्भीर है, प्रियंवदा मिष्टभाषिणी और हँसमुख। इसी प्रकार शारंगरव और शारद्वत के चित्रणों में भी संन्यासी स्वभाव की दो पृथक्-पृथक् विशेषताएँ परिलक्षित हुई हैं।

अद्‌भुत रस की योजना के लिए अलौकिक दृश्य 'विक्रमोर्वशीय' की भाँति सीमा के बाहर नहीं गए। केवल एक स्थान पर नाटक के अन्त में स्वर्ग में शकुन्तला का आश्रम दिखाया गया है। प्रतीकात्मक दृष्टि से भी शकुन्तला और दुष्यन्त का यह स्वर्गीय मिलन अत्यन्त स्वाभाविक है। अँगूठी के खोने और फिर से मिल जाने की योजना कथा-सूत्र में सुन्दर विधि से गुम्फित हुई है। किसी अंश में कोई त्रुटि नहीं दिखाई देती।

किन्तु, इतनी प्रशंसा कर चुकने के पश्चात्, कीथ साहब को सहसा यूनानी नाटक फिर याद आ गए और वे एक बार फिर भारतीय नाटकों पर विरक्त हो उठे। 'अभिज्ञान शाकुन्तल' की मृदुल कल्पना और रचना भी उनका परितोष न कर सकी। पश्चिम को पूर्व से श्रेष्ठता दिए बिना कैसे काम चलता! फलतः बहुत कुछ अप्रासंगिक रूप में और ऊपर की प्रशंसा से किसी प्रकार मेल न खानेवाली बातें कीथ साहब के मुँह से निकल पड़ीं। वे कहते हैं:—

"कालिदास की रचना अत्यन्त प्रशंसनीय है; किन्तु इस तथ्य को भुला देना अनुचित होगा कि उनके नाटकों में तथा काव्यों में जीवन और भाग्य की महान् समस्याएँ उपस्थित नहीं हुईं। जर्मनी के महाकवि गेटे ने कालिदास के सम्बन्ध में प्रशंसा के जो महान् शब्द लिखे हैं और अंग्रेजी में भी सर विलियम जॉन्स ने कालिदास की जो तुलना शेक्सपियर से की है, वे ठीक हैं; किन्तु अपने समय की ब्राह्मण-जातीय विशेषताओं के अनुयायी होने के कारण कालिदास की रचना में जो अनिवार्य संकीर्णता आ गई है, उसकी ओर से हम अपनी आँखें नहीं मूँद सकते। कालिदास को यह विश्वास था कि एक न्यायकारिणी अदृष्ट सत्ता का अस्तित्त्व है, जो सृष्टि पर शासन करती है। अतः वह संसार के दुःखों और वैषम्यों से भरे भयावह स्वरूप को नहीं देख पाया, बहुसंख्यक मनुष्यों की आर्त्त जीवनी के प्रति सहानुभूति से प्रेरित न हो सका और संसार में फैले हुए व्यापक अन्याय की ओर दृष्टि न दौड़ा सका। वह अपनी ब्राह्मण-दार्शनिकता के संकुचित दायरे से ऊपर न उठ पाया। फिर भी हम कृतज्ञ हैं (किसके?) कि

सिद्धान्तों से अवरुद्ध होते हुए भी कालिदास ने 'शकुन्तला' जैसी स्थाई गुणोंवाली और लोकव्यापी प्रभावशाली रचना प्रस्तुत की, जो निष्प्रभ अनुवादों में भी संसार द्वारा एक महान् कलाकृति स्वीकार की जा चुकी है।"

ये पंक्तियाँ अपनी कथा आप ही कहती हैं। कीथ का हृदय 'अभिज्ञान शाकुन्तल' से अभिभूत है; फिर भी उसकी लेखनी जो कुछ लिख जाती है, उसका उत्तरदायित्व किस पर है? उसका उत्तरदायित्व है पूर्व और पश्चिम के बीच नीच-ऊँच का कृत्रिम भेद करनेवाली साम्राज्यवादी मनोवृत्ति पर। दूसरे क्षेत्रों से यह मनोवृत्ति चाहे जब हटे, साहित्य-क्षेत्र से इसका शीघ्र-से-शीघ्र दूर होना अत्यावश्यक है। जब तक यह मनोवृत्ति है, तब तक कीथ-जैसे विद्वानों की लेखनी भी परस्पर-विरोधी तथ्यों का निरूपण करने को बाध्य रहेगी। विद्या के क्षेत्र में यह बात शोभनीय नहीं है।

संस्कृत नाटकों के स्वरूप पर कीथ का जो मत ऊपर उद्धृत है, वह उसके पांडित्य का परिचायक है; किन्तु भारतीय नाटकों के इस स्वतन्त्र स्वरूप में जो विशेषताएँ हैं, उनकी ओर कीथ की निगाह नहीं गई और न तब तक जा सकती है, जब तक वह वैषम्य बना है। पाश्चात्य और प्राच्य नाटक के इस स्वतन्त्र-स्वरूप में भेद होते हुए भी दोनों की अपनी अलग-अलग विशेषताएँ भी हैं। कीथ की दृष्टि केवल त्रुटियों पर गई है; किन्तु उसने पाश्चात्य नाटक और विशेषत: यूनानी नाटक की स्थूल संघर्ष में टिकनेवाली भावना में कोई त्रुटि नहीं देखी। पाश्चात्य विद्वानों के ही प्रामाणिक ग्रन्थों में यूनानी नाटक की इस स्थूलता का—पाशविक द्वंद्व की मूल भित्ति का—उल्लेख किया गया है। यदि एक में एक प्रकार की त्रुटियाँ हैं, तो दूसरे में दूसरे प्रकार की। किन्तु, सच पूछिए तो यह बहुत कुछ पूर्व और पश्चिम की अपनी-अपनी प्रकृति है। एक दूसरे के दोष-दर्शन की अपेक्षा यदि तटस्थ और वैज्ञानिक दृष्टि से दोनों के गुणों और विशेषताओं का अनुशीलन किया जाये, तो साहित्य का ही नहीं, मनुष्यता और मानव-संस्कृति का कहीं अधिक कल्याण हो सकता है।

यहाँ संक्षेप में हम यह उल्लेख करना चाहते हैं कि कीथ साहब ने संस्कृत नाटकों की जो त्रुटियाँ प्रदर्शित की हैं, उनमें अतिरंजना अधिक है और तथ्य को जानने का प्रयत्न कम। संस्कृत और भारतीय नाटकों का सुखान्त होना भारतीयों की काल्पनिक दृष्टि का परिणाम है। जो जीवन के कठोर यथार्थ और वास्तविकता से अपरिचित रही हैं—कीथ का यह कथन भारतीय नाटक के लिए अन्यायपूर्ण है। भारतीय नाटक सुखात्मक और दु:खात्मक दृश्यों के प्रदर्शन में समान अभिरुचि और सामर्थ्य रखता है। स्वयं भारतीय नाटक इसके प्रमाण हैं। भारतीय नाटक दु:खान्त नहीं होते, इसका यह अर्थ नहीं कि दु:ख, करुणा या जीवन की कुरूप वास्तविकता से वे अपरिचित होते हैं। वास्तव में संस्कृत नाटक करुणा, संवेदना और जीवन-संघर्ष की भावना से भरे हुए हैं। नाटक की परिसमाप्ति सुख में होने का अर्थ इतना ही है कि भारतीय नाटक अपने दर्शकों की भावना का ध्यान रखता है और उन्हें प्रेक्षागृह से प्रसन्नतापूर्वक और खुशी-खुशी घर भेजने का शिष्टाचार बरतता है। यह भारतीय नाटक की एक विधि, व्यवस्था या शैली-मात्र है। इसका इससे अधिक अर्थ लेना अप्रासंगिक और अनुचित है।

भारतीय नाटकों की यह सुखान्त व्यवस्था नाटक पर भारतीय दर्शनों के शासन या अधिकार की परिचायक है, यह कहना भी वास्तविकता से दूर जाना है। भारतीय दर्शन परलोक और पुनर्जन्म को मानते हैं; पर वे यह कहीं नहीं कहते कि इस संसार में भले का परिणाम सदैव भला ही होता है। संसार की कठोर और कटु वास्तविकताओं और अनर्थों की स्वीकृति ही भारतीय दार्शनिकों को पुनर्जन्म का विश्वास कराती है। ऐसी अवस्था में भारतीय दार्शनिकता दु:खान्त नाट्य सृष्टि का विरोध नहीं करेगी? यह बात कहीं सुनने में नहीं आई कि भारतीय दर्शन सुख की काल्पनिक प्रतिष्ठा के लिए सत्य की अवहेलना करते हैं। सच तो यह है कि भारतीय दर्शन सुख और दु:ख दोनों को एक ही श्रेणी की वस्तु मानते हैं और उनमें कोई तात्त्विक अन्तर नहीं देखते। ऐसी अवस्था में वे सुखान्त या दु:खान्त नाटकों की सृष्टि में कोई अनावश्यक विरोध क्यों देखने लगे! इस सम्बन्ध में ध्यान देने की बात यह भी है कि काव्य और साहित्य के सम्बन्ध में भारतीयों की यह सदा से धारणा रही है कि वह आदर्शात्मक वस्तु है, केवल जीवन की साधारण वास्तविकता की अनुकृति नहीं है। यह आदर्शवादी धारणा और दृष्टिकोण ही भारतीय नाटकों को कुरूप और भोंड़े यथार्थ के स्थान पर ऊँची भावनात्मक और आदर्शात्मक प्रेरणा देता रहा है; परन्तु यह आदर्शात्मकता इस हद तक कभी नहीं गई कि वह मानव-जीवन की वास्तविकता और उसके अनिवार्य संघर्षों और दु:खों की अवहेलना करे। जीवन के सुखात्मक और दु:खात्मक दोनों पक्ष भारतीय नाटककारों की दृष्टि में सदैव रहे हैं।

भारतीय नाटककार 'रस' को काव्य की आत्मा मानते हैं और रस को अलौकिक आनन्द-स्वरूप कहते हैं। इसका अर्थ यह नहीं कि रस के आग्रह से नाटक में केवल सुखात्मक दृश्य ही दिखाए जा सकते हैं। ऐसा समझना रस के तत्त्व और स्वरूप से अनभिज्ञता सूचित करना है। 'रस' तो काव्यानुभूति का दूसरा नाम है, वह अनुभूति सुखात्मक दृश्यों पर अवलंबित रह सकती है और दु:खात्मक दृश्यों पर भी। रस का सम्बन्ध काव्यानुभूति और काव्य-कला से है। जीवन के किसी क्षेत्र की सीमा बाँधना और उसे काव्य के लिए वर्जित या बहिष्कृत करना 'रस' के विधायकों का काम नहीं है। 'रस' की सत्ता किसी नीतिवाद पर भी प्रतिष्ठित नहीं, जिसमें जीवन के सत् और असत् दो स्थूल पक्ष हो जाते हैं और रस का आस्वाद सत् पक्ष या नैतिकता पर आश्रित हो जाता है। आचार्य रामचन्द्र शुक्ल का यह निर्देश कि 'राम' के काव्यात्मक निरूपण में ही पाठकों या श्रोताओं को रस मिलता है, रावण के निरूपण में नहीं कदाचित् ऐसे ही नीतिवाद पर आश्रित है; परन्तु प्राचीन भारतीय आचार्यों की 'रस' धारणा इतनी सीमित और स्थूल नहीं थी। ध्वनि-सिद्धान्त के आग्रह से काव्यमात्र में 'रस' की सत्ता सिद्ध होती है। काव्य में राम और रावण, सत् और असत्,सुख और दु:ख, सभी कल्पना और अनूभूति के विषय बनकर आते हैं; अतएव वे सभी काव्य-जगत् में आस्वाद्य हैं। रस-सिद्धान्त की यह व्यापकता कीथ साहब की तत्सम्बन्धी धारणा से एकदम विपरीत पड़ती है। उनका मत है कि 'रस' भारतीय दार्शनिक मतवाद का अनुचर है; पर हमारी दृष्टि में रस, अतिशय स्वतन्त्र, सार्वजनिक तथा अव्याहत काव्य-तत्त्व है।

भारतीय नाटकों के चरित्र-चित्रण और वस्तु-विन्यास-सम्बन्धी कीथ साहब के आक्षेपों के उत्तर में हम केवल इतना कहना चाहते हैं कि भारतीय नाटक रस या भावानुभूति को अपना

मुख्य तत्त्व मानता है, चरित्र-निर्देश उसके लिए अपेक्षाकृत गौण वस्तु है, और वस्तु-विन्यास और भी ऊपरी तथ्य है। ठीक इसके विपरीत पश्चिमी नाटक वस्तु या कथानक को नाटक का सर्व प्रमुख तत्त्व मानता है और चरित्र-चित्रण को दूसरा स्थान देता है (यद्यपि इन दोनों की प्रमुखता के प्रश्न को लेकर भी वहाँ पर्याप्त मतभेद है)। रसात्मक आस्वाद या सौन्दर्य-बोध को पश्चिमी नाटक बहुत दिनों तक स्वतन्त्र तत्त्व मानते ही न थे। इसका कारण यह है कि काव्य की रसात्मक या सौन्दर्य-विधायिनी सत्ता की स्वतन्त्र प्रतीति पश्चिम में बहुत बाद को हुई और काव्यानुभूति एक विशिष्ट आध्यात्मिक तथ्य है, यह निर्णय तो और भी नया है। भले ही अरिस्टोट्ल ने 'कला' के रूप में एक स्वतंत्र वस्तु-व्यापार का निर्देश किया हो, पर उस कला-वस्तु का तात्त्विक स्वरूप क्या है, इसकी जानकारी यूरोप में बहुत बाद को हुई। भारत में 'रस' सिद्धान्त की स्थापना द्वारां काव्य के आनन्दात्मक (सौन्दर्य-मूलक) स्वरूप की अभिज्ञता बहुत पहले हो चुकी थी। इसीलिए भारतीय नाटककार रस को नाटक की आत्मा मानकर अन्य तत्त्वों को उसका अनुवर्ती साधक या सहायक मानते रहे हैं।

आज भी भारतीय नाट्य-धारणा ही अधिक तात्त्विक और तथ्यपूर्ण कही जा सकती है। नाटक में चरित्र-चित्रण और स्वभाव-निरूपण अन्ततः साधन ही हैं, साध्य नहीं। मनोविज्ञान के आधार पर मनुष्य की सूक्ष्म विशेषताओं का चित्रण कितना ही मार्मिक क्यों न हो, काव्य में वस्तु चित्र-मात्र है। वह काव्योपयोगी तभी होगा, जब कवि या नाटककार की मूलवर्ती भावसत्ता या कला का अंग बनकर आवे, काव्य में अन्तर्भुक्त हो जाये। मानव-प्रकृति की यथार्थवादी खोज अन्ततः विज्ञान का विषय है। पश्चिमी विचारक भले ही उसे काव्य के लिए सब कुछ मान लें; परन्तु वह सारी मार्मिकता और वैज्ञानिकता कवि-कल्पना का समुचित अंग न होने पर निरी निरर्थक भी हो सकती है, इस अनिवार्य तथ्य को भी स्वीकार करना ही होगा। वस्तु या घटनाओं की स्वाभाविकता या अस्वाभाविकता के सम्बन्ध में भी यह जान लेना चाहिए कि देवताओं और स्वर्ग आदि का नाटक में अवतरण उतना अस्वाभाविक नहीं, जितना समझा जाता है। आखिर देवतागण रंगमंच के अन्तर्गत मनुष्य रूप में आते थे, और मानवीय वृत्तियों का ही प्रदर्शन करते थे। स्वर्गलोक भी रंगमंच के ही भीतर सजाया जाता था। साधारण मनुष्यों से वे कुछ अधिक सौम्य रूप में उपस्थित किए जाते थे और स्वर्ग भी मनोरम भू-खंड का ही स्वरूप ग्रहण करता था। अतएव, देवता और स्वर्ग के नामों से ही अस्वाभाविकता की कल्पना कर लेना उचित नहीं। नाटक में नाट्य-वस्तु की कल्पना और उसकी अवतारणा किस रूप में की गई है, यह प्रश्न प्रमुख है। नाटक की वस्तु का ऊपरी रूप-रेखा की अपेक्षा उसका कल्पनात्मक ग्रहण कैसा हुआ है, यह अधिक महत्त्वपूर्ण है। वस्तु के नाम, रूप और उसके ऊपरी स्वरूप के आधार पर कुछ निर्णय करना, जड़ मशीन को चेतन मनुष्य से बढ़कर मानने के समान अज्ञतापूर्ण है। अन्त में यही सिद्ध होता है कि कवि-कल्पना और काव्यात्मक अनुभूति ही सब कुछ हैं, और वस्तु तथा चरित्र-चित्रण आदि उसके उपकरण या प्रसाधन मात्र हैं। यदि कवि की कल्पना पर किसी प्रकार का बन्धन नहीं लगाया जा सकता, तो वस्तु और चरित्र की कोई सुनिश्चित रूप-रेखा भी निर्धारित नहीं की जा सकती। अतः वस्तु और चरित्र की अपेक्षा रस अथवा भावानुभूति को प्रमुख तत्त्व मानना साहित्यिक दृष्टि से सर्वथा संगत है।

वर्तमान युग विज्ञान और यथार्थवाद का है। काव्य और नाटक की शैलियाँ विज्ञान और यथार्थ का आधार ले रही हैं। रंगमंच पर अनेक ऐसी वस्तुओं और पदार्थों का प्रदर्शन किया जा रहा है, जो पूर्व काल में सम्भव नहीं था। कला में यथार्थवादिता और वास्तविकता का प्रभाव बढ़ रहा है। ऐसी अवस्था में भारतीय नाटकों का प्राचीन विधान आज के समीक्षक को बाधाकारक और अवास्तविक प्रतीत हो, यह असंभव या अस्वाभाविक नहीं। भारतीय नाटक आज समय के अनुसार अपना स्वरूप परिवर्तन भी कर रहा है।

रंगमंच की दृष्टि से भी भारतीय नाटक को पश्चिम से बहुत कुछ सीखना और बहुत कुछ ग्रहण करना है। समय की दौड़ में हम जितना पिछड़ चुके हैं, उसकी पूर्ति हमें करनी ही होगी; परन्तु इसका यह अर्थ नहीं कि हम अपनी पूर्ववर्ती और प्राचीन परम्परा को बेकार मानकर उसे एक किनारे रख दें। उसका उचित उपयोग हम करेंगे। जहाँ तक सैद्धान्तिक विवेचन का प्रश्न है, भारतीय आचार्यों का नाटक-सम्बन्धी सैद्धान्तिक विवेचन अनेक अंशों में मान्य और प्रामाणिक है। हमें अपनी प्राचीन परम्परा की पूरी जानकारी होनी चाहिए तभी हमें उसका समुचित गर्व और गौरव होगा।

नाटकों में संस्कृत भाषा और प्रगीतों के प्रयोग पर भी कीथ साहब ने आक्षेप किया है। भाषा के सम्बन्ध में कोई क्या कह सकता है! उस समय सभ्य समाज की वही भाषा थी। साधारण जनता संस्कृत नाटकों का उपयोग नहीं कर सकी, यह हमारा दुर्भाग्य रहा है; परन्तु यह तो एक अनिवार्य स्थिति थी। ग्रीक और लैटिन भाषाओं का साहित्य भी प्राचीन यूरोप में कितने लोगों द्वारा समझा जाता था? प्राकृत और अपभ्रंश के प्रयोगों को संस्कृत के साथ जोड़ कर भारतीय नाटककारों ने फिर भी सामान्य जनता के प्रति अपनी जागरूकता का परिचय दिया था। क्या ग्रीक और लैटिन नाटककारों ने इतना भी किया?

नाटक में प्रगीत काव्य का संनिवेश कोई बुरी वस्तु नहीं है। प्राचीन नाटक प्रायः भावपूर्ण और काव्यात्मक होते थे। उनमें प्रगीत मुक्तक बड़ी स्वाभाविकता के साथ और प्रभाववृद्धि के उद्देश्य से जुड़े रहते थे। नाटक की कथावस्तु का उनसे कोई विरोध नहीं था। भारतीय नाटक नाट्य-व्यापार को तीव्र और गतिशील बनाने के पक्ष में उतने न थे। वे नाटक में रमना जानते थे, घटनाओं के साथ दौड़ लगाना नहीं।

सन् १९५० ई०

प्रसाद के नाटक : सामान्य विशेषताएँ

'प्रसाद' के नाटकों को हम ऐसी श्रेणी में नहीं रख सकते, जो स्वतंत्र नाटकों की श्रेणी कहला सके, अर्थात् जिसमें पात्र, घटना तथा वस्तु का विन्यास पूर्णतः स्वाधीन रूप में किया गया हो। शेक्सपियर के नाटकों अथवा उसकी 'ट्रेजिडी' के पात्र यदि ऐतिहासिक हैं, तो भी गौणरूप में; किन्तु प्रसादजी ने कुछ पूर्वनिश्चित घटनाओं या कुछ ऐतिहासिक व्यक्तियों को लेकर अपनी नाट्य-रचनाएँ की हैं।

कला यदि मानव-कल्पना का परिणाम है, तो स्वतंत्र कल्पना में जो इतिहास-सम्बन्धी या अन्य प्रतिबन्ध लगेंगे, वे बाधा ही उपस्थित करेंगे।

प्रसादजी के नाटक ऐतिहासिक कोटि के भीतर आते हैं, वे कल्पना-प्रधान नाटकों की कोटि से भिन्न हैं। प्रसाद के नाटक काल्पनिक और स्वतंत्र नहीं, वे ऐतिहासिक और सांस्कृतिक हैं। केवल 'एक घूँट' और 'कामना' नाटकों में प्रसादजी ने इतिहास का कोई प्रतिबन्ध नहीं रखा, उनके पात्र ऐतिहासिक नहीं हैं; किन्तु बन्धन वहाँ भी है—'कामना' और 'एक घूँट' प्रतीकात्मक नाटक हैं। उनमें मानव-वृत्तियों का वह संघर्ष नहीं है, जो स्वतंत्र नाटक में हो सकता है।

यही कारण है कि प्रसाद के नाटक आलंकारिक कोटि में ही परिगणित होंगे। ऐतिहासिक नाटककार विशुद्ध नाट्य-रचयिता की कोटि में नहीं आ सकता। वह ऐतिहासिक पात्रों को ऐतिहासिक घटनाओं के अनुसार ढालने का प्रयत्न करता है। उसे अतीत की घटनाओं का अनुवर्तन करना पड़ता है। जिस निर्माण में पूर्ण स्वतंत्रता न हो, वह अवश्य ही एक प्रतिबन्ध के रूप में उपस्थित होता है। प्रसाद ने अपने नाटकों में इतिहास का बन्धन स्वीकार करते हुए भी ऐसे पात्रों और चरित्रों की योजना की है, जो ऐतिहासिक नहीं हैं। नाटकों में ऐतिहासिक घटनावली के अतिरिक्त जो अनुरंजकता आई है, वह बहुत-कुछ इसी स्वतंत्र कल्पना का परिणाम है। प्रसाद ने ऐतिहासिक घटनाक्रम का बोझ स्वीकार करते हुए भी अपने पात्रों को सजीव और व्यक्तित्व-संपन्न बनाया है। उनके सभी पात्र अपनी विशेषता रखते हैं। नाटकीय पात्रों में यह व्यक्तित्व-स्थापन या चरित्र-निरूपण का प्रयत्न हिन्दी-नाटकों के विकास की एक ऐसी कड़ी है, जो हिन्दी के नाटककारों में प्रसादजी का स्वतंत्र स्थान निर्धारित करती है।

ऐतिहासिक नाटकों की रचना करते हुए भी देश के तत्कालीन संपूर्ण राष्ट्रीय वातावरण का भी उन्होंने निर्माण किया है। वहाँ भी युग की वस्तु से भिन्न कोई वस्तु वे नहीं लाए हैं। उनके नाटकों में इसी कारण एक भास्वरता और सम्पन्नता है।

उन्होंने ऐसे चरित्र रचे हैं, जो ऐतिहासिक परिस्थिति को चित्रित कर सकें और साथ ही जिनमें नाटकीय चरित्र बनने की क्षमता है। उन्होंने काल्पनिक पात्रों का ऐतिहासिक पात्रों से

योग किया है। प्रसादजी कवि थे; इसलिए वस्तु-विन्यास उनकी विशेषता नहीं है। चरित्रों की सजीवता और बहुरूपता उनका सर्वप्रथम गुण है। व्यक्ति के चित्रों के अंकन में उन्हें अधिक सफलता मिली है। चरित्र-निर्माण-सम्बन्धी उनकी दूसरी विशेषता यह है कि उन्होंने सभी पात्रों में अलग व्यक्तित्व-योजना का ध्यान रखा है।

देश और काल का चित्रण करने में प्रसादजी नें पात्रों का प्रयोग किया है। तत्कालीन युगों की सामाजिक और सांस्कृतिक विकास-धाराओं का चित्रण प्रसादजी ने किया है। यही कारण है कि उनके नाटक पात्र-बहुल हैं।

उनके सभी नाटक सांस्कृतिक हैं, वे देश की समृद्धि के प्रतिरूप हैं। उनमें केवल यथातथ्य चित्रण नहीं है, वे केवल इतिहास का चित्रण करने वाले नाटक नहीं हैं, उनका सांस्कृतिक पक्ष भी है। उनमें वर्तमान और भविष्य की छाया विद्यमान है। कोरे ऐतिहासिक नाटककार के लिए यह कार्य सम्भव नहीं होता। प्रसाद में चरित्र-निर्माण द्वारा भविष्य में भी उनकी छाया फेंकने का सामर्थ्य था। उनके पात्र मृत अतीत के निर्देशक नहीं हैं, वर्तमान के लिए भी वे सन्देश लिए हैं।

नाटक में एक ही मुख्य घटना-प्रवाह रहता है। यदि नाटक दुःखान्त है, तो दुःखान्त घटना का लक्ष्य बनाकर नाटक रचा जायेगा। इसी प्रकार सुखान्त नाटक का लक्ष्य भी सुखान्त घटना की योजना करना होता है। नाटक एक ही मूल घटना में केन्द्रित होगा, नाटक का आरम्भ और चरम विकास एक ही सूत्र में बँधा होना चाहिए। यह तभी संभव है, जब लेखक सर्वथा ऐतिहासिक बंधनों में न बँधा हो; उसमें निर्माण की स्वतंत्रता के लिए स्थान हो।

प्रसादजी का आदर्श स्वतंत्र नाटकीय कृति प्रस्तुत करने का नहीं है। जीवन के मर्म को लेकर जो कुछ उन्हें कहना था, वह उन्होंने अपनी कविता में यथास्थान कहा है। इनके नाटक इतिहास को चित्रित करने के लिए हैं। ऐतिहासिक नाटकों के प्रतिबन्धों को ध्यान में रखकर प्रसादजी को नाटक लिखने पड़े हैं।

अभिनय की विशेषताओं से भी नाटकों की सृष्टि बँधी होती है। नाटककार को रंगमंच की सुविधा के अनुसार चलना पड़ता है। रंगमंच का क्रमशः विकास होता चला आया है। इसी के अनुसार नाटकीय कला भी परिवर्तित होती चली गई है। नाटक को दर्शकों को यथार्थता का आभास देना है, नाटक इसी मुख्य लक्ष्य को ध्यान में रखकर सामने आते हैं। वास्तविकता की ओर नाटक बढ़ता है। आज का साहित्यिक नाटक जीवन का यथार्थ चित्र होता है, उसके अभिनय में कोई ऐसी बात नहीं होती, जिससे मालूम पड़े कि वह अभिनय है। यथार्थ का बोध करने वाली वस्तु-योजना ही नाटक में स्थान पा सकती है; परन्तु प्रसादजी के नाटक यथार्थवाद की इस पद्धति का अनुसरण नहीं करते।

परन्तु साथ ही यदि हम ढाई हजार वर्ष पूर्व भारत के नाट्य-शास्त्र के आधार पर प्रसादजी के नाटकों की व्याख्या करने लगेंगे, तो भी समय के अनिवार्य प्रवाह की उपेक्षा करनी होगी। प्रसादजी ने ध्यान रखा है कि उनके नाटक आधुनिक युग और आधुनिक रंगमंच के अनुकूल हों। यदि उनके नाटक नई नाट्य-शैली का पूरी तरह अनुवर्तन नहीं करते, तो वे पुराने नाट्य-प्रकार के अनुकरण से भी दूर हैं।

इनके नाटकों का कोई एक लक्ष्य या केन्द्र नहीं रहता, जिस पर सारी घटनाएँ केन्द्रित हों। ये Biographical अथवा जीवनी-प्रधान नाटक हैं और प्रत्येक नाटक में एक व्यक्ति की ही नहीं; परन्तु अनेक व्यक्तियों की जीवन-घटनाएँ हैं। इन नाटकों की घटनाएँ उपन्यास का अच्छा विषय बन सकती थीं।

ऐतिहासिक नाटकों के दो प्रतिबंध होते हैं—प्रथम कला-सम्बन्धी और दूसरा इतिहास-सम्बन्धी। यदि कोई नाटककार इन दोनों का सामंजस्य स्थापित कर सकता है, तो वह पूर्णतः सफल ऐतिहासिक नाटककार होगा। नाटकों में व्यापार-संकलन प्रधान कार्य है। ऐतिहासिक नाटकों में समय, स्थान और कार्य-संकलन का बराबर ध्यान रखना पड़ता है; परन्तु प्रसादजी के नाटकों में सर्वत्र ऐसी बात नहीं है। उनके नाटकों में औपन्यासिक गुण अधिक हैं। उपन्यासों का मुख्य कार्य अनेक चरित्रों का वर्णन करना है। इसके अतिरिक्त उपन्यासकार पर समय की परिधि का उतना प्रतिबंध नहीं रहता। नाटक में अनेक स्थान होने से प्रभाव बिखर जाता है। अतः स्थान और घटनाओं का केन्द्रीकरण करने में भी इस प्रकार से पूर्ण सफलता मिलनी कठिन होती है।

प्रसादजी के नाटकों को देखने से यह ज्ञात होता है कि वे दुःखान्त घटना को अपने नाटकों में स्थान नहीं देते। इसका कारण यह है कि भारतीय नाट्य-परंपरा को वे तोड़ नहीं सके। स्कंदगुप्त का सारा उपक्रम विफलता की ओर दौड़ता हुआ दिखाई पड़ता है। स्कंदगुप्त के मार्ग में कठिनाइयाँ इतनी विराट् हैं कि स्कंदगुप्त का चरित्र इन विरोधी परिस्थितियों के समकक्ष खड़ा होकर हमारा दयापात्र बन जाता है। सदैव कठिनाई ही उसके सामने दीखती है और उसकी विजय की आशा नहीं रह जाती। अन्तिम अंक में स्कन्द की समस्त आशाओं पर पानी फिर चुका है और उसका समस्त प्रयास विफलता में परिणत हो चुका है, फिर भी प्रसादजी ने अन्तिम दृश्यों में उसकी विजय दिखाई है।

स्कंदगुप्त की विफलता वास्तविक है। स्कंदगुप्त नाटक में प्रत्येक अंक के बाद उसकी पराजय देखते हुए हमें यह भान नहीं होता कि वह सफल होगा। यह योजना कला की दृष्टि से उत्कर्षमूलक नहीं है। यह हमें उनकी पूर्व की कृतियों में नहीं मिलता; परन्तु यह इतने प्रौढ़ नाटक में मिलता है। इससे सिद्ध होता है कि वे नाटक को सुखान्त बनाना चाहते थे। उन्होंने भारतीयता की रक्षा के लिए ही यह योजना की, भारतीय परंपरा का त्याग वे नहीं कर सके।

प्रसादजी के नाटकों की एक अन्य विशेषता है उनका देश-प्रेम-सम्बन्धी भाव, जिसे उन्होंने अतीत का आधार लेकर अंकित किया है। वे द्विजेन्द्रलाल राय की भाँति मध्ययुगीन पात्रों तक ही सीमित नहीं रहे हैं। उन्होंने सुदूर-अतीत के पात्रों को भी स्थान दिया है और वहाँ भी पौराणिक की अपेक्षा ऐतिहासिक युगों की घटनाओं का चयन किया है। प्रसादजी ने पौराणिक आख्यान को अधिक नहीं अपनाया। यदि वे ऐसा करते, तो वह कदाचित् अधिक प्रामाणिक भूमि पर न आ पाते। उनके नाटकों में अतीत युग की भारतीय वीरता और संस्कृति की इतिहास-संमत व्याख्याएँ और चित्र मिलते हैं।

प्रसादजी के नाटकों की एक अन्य विशेषता है, उन युगों की सामाजिक और दार्शनिक विचारधाराओं के निर्देश करने की। दर्शन को प्रसादजी ने सर्वत्र अपने साथ रखने का प्रयत्न

किया है। उनके नाटकों में भी दर्शन है। कहीं-कहीं उनकी दार्शनिकता उनकी नाटकीय कलात्मकता में विघ्न भी उपस्थित करती है, फिर भी उन्होंने उत्कृष्ट दार्शनिक भावना को नहीं छोड़ा। उन्होंने एक ही पौराणिक नाटक 'जनमेजय का नाग-यज्ञ' लिखा है; किन्तु उसमें भी विशेष प्रकार का दार्शनिक संघर्ष है। 'चन्द्रगुप्त' में चाणक्य और दाण्ड्यायन प्रसादजी के दर्शन को उपस्थित करते हैं। प्रेममूलक दर्शन की अभिव्यक्ति के लिए प्रसादजी ने नारी-चरित्रों का निर्माण किया है। 'अजातशत्रु' और 'विशाख' में बौद्ध दार्शनिकता की झलक मिलती है। 'ध्रुवस्वामिनी' में सामयिक समस्या, अर्थात् विच्छेद की समस्या प्रस्तुत की गई है। उनके समस्त नाटकों में बौद्धिक उपक्रम और दार्शनिक अन्तर्धारा व्याप्त है।

प्रसादजी ने 'कामना' नाटक में मानवीय मनोवृत्तियों को चित्रित करने का प्रयत्न किया है। मनोवृत्तियों को चित्रित करने का उनका प्रयास संस्कृत के प्रबोध-चंद्रोदय नाटक के पश्चात् सबसे महत्त्वपूर्ण है।

प्रसादजी के नाटकों का देश-काल पर्याप्त विस्तृत है। किस युग में किन संप्रदायों का उद्भव और विकास हुआ; धार्मिक, राजनीतिक, सामाजिक तथा जीवन-सम्बन्धी अन्य परिस्थितियाँ कैसी थीं; इसका पूरा आभास उनके नाटकों में मिलता है। इतिहास के आधार पर ही तत्कालीन संस्कृति का निर्माण होता है। इतिहास के उत्थान के युग में संस्कृति का भी उत्थान होता है और ऐतिहासिक ह्रास के युग में संस्कृति का भी अध:पतन हो जाता है। प्रसादजी ने इतिहास के संपूर्ण स्वरूप को अपनाया है और नाटकीय कला का ध्यान रखते हुए इन सभी ऐतिहासिक अंगों का उल्लेख और संकेत किया है।

प्रसादजी के पात्र देश और काल की भूमि पर दृढ़ रूप से स्थापित प्रतीत होते हैं। उनकी सत्ता एकांतिक नहीं है; अतएव प्रसादजी के नाटक हमारी संस्कृति के अध्ययन के लिए भी उपयोगी हो गए हैं। इतिहास से संस्कृति का समन्वय प्रसादजी के नाटकों की प्रमुख विशेषता है। संस्कृति का आभास इतिहास के माध्यम द्वारा देते हुए प्रसादजी ने अपने नाटकों में एक सुन्दर सांस्कृतिक धारा का निर्माण किया है, जिससे भारतीय-संस्कृति के प्रवाह का परिचय मिलता है। ऐसा करते हुए प्रसादजी ने समय-समय पर परिवर्तित होनेवाली परिस्थितियों की उपेक्षा नहीं की है; वरन् भिन्न-भिन्न नाटकों में सांस्कृतिक स्थितियों का यथार्थ रूप देखते हुए भी उस अंतर्धारा का लोप नहीं होने दिया है, जिसे हम भारतीय संस्कृति की विकासोन्मुख धारा कह सकते हैं। प्रत्येक नाटक में प्रसादजी ने मुख्य पात्र या नायक को उस युग की सांस्कृतिक समस्याओं का प्रतीक माना है और उसके माध्यम से नवीन सांस्कृतिक निर्माण की सूचना दी है। यही कारण है कि प्रसादजी के नायक आदर्शवादी हैं। वे भिन्न-भिन्न युगों की सांस्कृतिक स्थिति और विकास के प्रतिनिधि स्वरूप हैं।

प्रसादजी के नाटकों की काव्यात्मकता भी विशेषरूप से उल्लेखनीय है। शैली और वस्तु दोनों में प्रसादजी के नाटकों में काव्यत्व दृष्टिगोचर होता है। उनकी शैली काव्यात्मक है और पात्रों द्वारा कथित संवादों में भी काव्य की प्रमुखता है। उनमें काव्य-भावना की विशेषता है। किसी कथन को सीधे तरह और निरलंकार रूप में कहने की शैली को प्रसादजी ने नहीं अपनाया। उनके नाटकों में काव्यात्मक वातावरण की पूरी मात्रा रहती है। वर्तमान नाट्य-शैली के अनुसार नाटकों में अधिक-से-अधिक यथार्थवादिता आवश्यक समझी जाती है। भाषा

का स्वरूप भी सामान्य बोल-चाल का आभास देनेवाला रहा करता है। प्रसादजी ने अपने नाटकों को यथार्थवादी भूमि पर नहीं रक्खा, उनकी शैली में चमत्कार तथा काव्यात्मकता है। शैली की विशेषता के साथ ही प्रसादजी के संवाद भी भावात्मक हैं, बौद्धिक नहीं; उनमें कोरी बौद्धिकता, सम्भाषण-पटुता या उक्ति-वैचित्र्य नहीं है। इस दृष्टि से यद्यपि उन्होंने अपने नाटकों का माध्यम गद्य ही रक्खा है; परंतु वह गद्य कवित्व के अधिक समीप है। पाश्चात्य नाटकों में पद्य दु:खान्त सृष्टियों के लिए उपयोगी माना गया है; परन्तु प्रसादजी ने अपने सुखान्त नाटकों में भी इसी पद्धति को अपनाया है। यह प्रसादजी की अपनी विशेषता है।

प्रसादजी के संपूर्ण नाटक मनोवैज्ञानिक आधार लिए हुए हैं। उनका 'कामना' नाटक मनोवृत्तियों की स्वरूपगत विशेषता का उद्‌घाटन और चित्रण करता है। 'संतोष' और 'विवेक' ये दोनों मनोभाव विनोद और विलास के संघर्ष में प्रदर्शित किए गए हैं। प्रसादजी ने इन वृत्तियों का व्यक्तीकरण करके घटनाओं के विरोध और संघर्ष द्वारा संतोष और विवेक नामक वृत्तियों का उत्कर्ष दिखाया है। मनोवृत्तियों पर नाटक लिखने का उनका यह प्रयास उनकी मनोवैज्ञानिक रुचि का परिचायक है।

प्रसादजी के नाटकों में चरित्र-चित्रण प्रधान होने के कारण उसके अंगभूत मनोवैज्ञानिक पक्ष का सुन्दर निरूपण है। आरंभिक नाटकों की अपेक्षा उनके प्रौढ़ नाटक इस विशेषता से अधिक समन्वित हैं। मानव-जीवन के विविध स्वरूपों और पक्षों के प्रतिनिधि रूप में प्रसादजी ने अनेक पात्रों की रचना की है। उनके नाटकों में पात्रों की बहुलता के दो कारण हैं। पहला कारण यह है कि ऐतिहासिक स्थिति का दिग्दर्शन कराने के लिए अधिक पात्रों की आवश्यकता स्वाभाविक थी; और दूसरा कारण यह है कि मनोवैज्ञानिक विशेषताओं का चित्रण करने के लिए पात्रों की बहुलता आवश्यक थी।

इन दोनों कारणों से प्रसादजी के नाटकों में वैविध्य और पूर्णता आ गई है, यद्यपि अभिनय की दृष्टि से यह बहुलता कहीं-कहीं बाधक भी बन जाती है। प्रसादजी ने अपने नाटकों में समय की अवधि बड़ी रक्खी है। उनके नाटक कई वर्षों की घटनाओं का समावेश करते हैं। इसका कारण यही है कि प्रसादजी इतिहास के चित्रणों को प्रस्तुत करना चाहते थे और साथ ही दीर्घ समय के अन्तर्गत चरित्रों की मनोवृत्ति में होनेवाले परिवर्तनों का निरूपण भी करना चाहते थे। सारांश यह कि प्रसादजी के नाटकों का समस्त स्वरूप इस आधार पर स्थित है कि उसमें देश, काल और पात्र की अनेक-विध-रूपरेखा सरलता से चित्रित की जा सके। थोड़े-से समय और पात्रों के अन्तर्गत नाटकीय गुणों का अधिक विकास सम्भव था; पर प्रसादजी ने अपने लिए वह मार्ग नहीं अपनाया। मुख्यत: मनोवैज्ञानिक चित्रण की अपनी शक्ति का परिचय देने के लिए उन्होंने पात्र-बहुल और समय-बहुल नाट्‌य-सृष्टि की है।

विशेषत: नारी-चित्रण में प्रसादजी की क्षमता प्रकट हुई है। प्रसादजी की नाटकीय नारियों का अनुशीलन करने पर यह बात स्पष्ट हो जाती है कि उन्होंने नारी की आदर्श कल्पना के अतिरिक्त उसकी आकर्षक और विकर्षक, रमणीक और भयावह कल्पना भी प्रस्तुत की है। नारी के चित्रण में प्रसादजी की यह विविधता इसलिए हमारा ध्यान अधिक

आकृष्ट करती है कि उनकी अधिकांश नारियाँ कल्पना-प्रसूत हैं, इतिहास के उल्लेखों में वे प्राप्त नहीं; अतएव वहाँ प्रसादजी की अनुभूति और कल्पना को अधिक खुला क्षेत्र मिला है। दूसरी बात यह है कि उनकी नारी, पुरुषों की भाँति वर्गगत प्रतीक या प्रतिनिधि बनकर नहीं आई। नारियों में वैसा वर्ग-निरूपण नहीं है, जैसे पुरुषों में कोई राजा, कोई सैनिक, कोई संन्यासी और कोई कवि आदि हैं। नारी-मनोविज्ञान और नारी-चरित्र के उद्घाटन में प्रसादजी को पुरुष-चित्रण की अपेक्षा कहीं अधिक सफलता प्राप्त हुई है।

सन् १९५० ई०

प्रसाद के नाटक : विकास-रेखाएँ

विशाख

'विशाख' एक प्रेम-कथा को नाटक का स्वरूप देने का प्रयत्न है। यदि हमें यह ज्ञात न होता कि इसका कथानक प्राचीन इतिहास से लिया गया है, तो कदाचित् हम इसकी ऐतिहासिकता का ध्यान भी न कर पाते। उस समय के रहन-सहन, घटनाओं और वातावरण आदि को चित्रित करने के कारण ही नाटक ऐतिहासिक कहा जाता है, केवल नाटक के पात्रों के नाम और उनकी प्रेमचर्चा को देखकर ही नहीं। विशाख नाटक में ऐतिहासिक परिपूर्णता की कमी है। ऐसी प्रेम-कथा (जैसी विशाख में है) किसी भी युग में सम्भव थी। सामान्य प्रेम-कथा को इसमें एक प्राचीन आवरण देने का प्रयास-मात्र है। एकमात्र प्राचीन ऐतिहासिकता इसमें ब्राह्मण और बौद्ध मतों के तुलनात्मक स्वरूप के प्रदर्शन में मिलती है। दूसरी कोई वस्तु ऐसी नहीं, जिससे इतिहास का स्वरूप स्पष्ट हो सके। इसके कथानक में एक स्त्री और उसके दो प्रेमियों की कथा है, जो प्रायः सभी प्रेम-गाथाओं में रहा करती है। ज्ञात होता है कि लेखक अभी अपनी निर्माणावस्था में है।

एक राजा और सामान्य नागरिक के बीच का द्वंद्व इसमें दिखाया गया है। राजा लोग किस प्रकार अपनी शक्ति और पद का दुरुपयोग कर किसी नारी को अपने वश में किया करते थे, इसका एक सामान्य चित्र प्रस्तुत किया गया है। इस नाटक में कोई ऐसी वस्तु नहीं, जिसे प्रसादजी की मौलिक सूझ कह सकें। संघर्ष का आधार प्रेम-कथा ही है। साथ में राजकीय षड्यंत्रों की योजना की गई है, जो जासूसी प्रकार की है। इसमें प्रसादजी की किसी प्रौढ़ कल्पना का प्रवेश नहीं हो पाया। आगे चलकर प्रसादजी ने नाटकों में जो विशेषताएँ रक्खी हैं, वे इस नाटक में उपलब्ध नहीं। जो वस्तु छोटी कहानी के अंतर्गत आ सकती थी, उसे नाटक के अंतर्गत विस्तार देकर रखने का प्रयत्न किया गया है।

जनमेजय का नाग-यज्ञ

इस नाटक में एक अन्य प्रकार की त्रुटि है। इसमें महाभारत-युग के पश्चात् आर्यों और अनार्यों के बीच चलने वाले जातिगत संघर्ष का दिग्दर्शन कराया गया है। इसके कुछ पात्र तो आर्य जाति के प्रतिनिधि हैं, कुछ अनार्य जाति के और कुछ पात्र दोनों की मिश्रित सृष्टि हैं। यह नाटक उस काल का है, जिस समय आर्य और नाग जातियों का संघर्ष चल रहा था। दो जातियों के संघर्ष को चित्रित करने के लिए नाटक की अपेक्षा उपन्यास का माध्यम अधिक उपयुक्त होता; क्योंकि जातीय विशेषताओं और वैषम्यों का सम्पूर्ण विवरण उपन्यास में दिया जा सकता था।

इस नाटक में पात्रों की अधिकता हो गई है और कथानक उपन्यासों जैसा हो गया है। पूर्ववर्ती घटनाओं का आभास देने के लिए श्रीकृष्ण और अर्जुन को ला रक्खा है। जहाँ श्रीकृष्ण

आर्य-जीवन की व्याख्या अर्जुन के सामने उपस्थित करते हैं, वहाँ लम्बे-लम्बे प्रकरण हैं और दार्शनिकता भर गई है। प्रसादजी को इस नाटक में यथेष्ट सफलता नहीं मिली। कथानक बिखरा हुआ है, अलग-अलग दृश्यों में नाटकीयता है; परन्तु सम्पूर्ण नाटक में प्रभावान्वित बहुत कुछ न्यून है।

अजातशत्रु

यह प्रसादजी का प्रथम सफल नाटकीय प्रयत्न कहा जा सकता है। प्रथम प्रयत्न की महत्त्वाकांक्षा और अपरिपक्वता दोनों ही इसमें दिखाई पड़ती है। कथानक तीन स्थलों में प्रसरित है—मगध, कोशल और कौशाम्बी। तीनों स्थलों के घटना-चक्र इस नाटक में स्थान पाते हैं। तीनों में परिस्थितियाँ आगे बढ़ती हैं तथा तीनों की परिस्थितियों का एक ही व्यापार में सन्निवेश है।

अजातशत्रु में न केवल उस युग की राजनीतिक परिस्थिति की अभिव्यक्ति है, वरं उस युग के दार्शनिक मतवाद का प्रभाव भी स्पष्ट है। वह गौतम बुद्ध का युग था, इस कारण इस नाटक का नायक बुद्ध के व्यक्तित्व की समता नहीं कर सका। यही नहीं, महात्मा बुद्ध की शिष्या मल्लिका का चरित्र भी अजातशत्रु से कहीं अधिक प्रभावशाली है? नाटककार उस युग की सम्पूर्ण स्थिति सम्मुख रखना चाहता है; पर नाटक के नायक को इसी कारण प्रमुखता नहीं दे पाता। नाटक में नायक का जो स्थान होना चाहिए, वह उसे नहीं मिल सका।

अजातशत्रु गौतम और मल्लिका दोनों से प्रभावित है। यद्यपि आरम्भ में वह उनका विरोधी था; परन्तु क्रमश: उनके महत्त्व को स्वीकार कर उनका अनुवर्ती बन जाता है। ऐसी स्थिति में गौतम और मल्लिका प्रमुख पात्र के रूप में उपस्थित होते हैं; किन्तु यह वस्तु-विन्यास-सम्बन्धी एक त्रुटि है।

प्रसादजी ने इस नाटक में आकर्षक और कौतूहलवर्धक घटनाओं को अधिक मात्रा में रक्खा है। विदूषक के हास्य-रस के संचार के लिए दो-तीन दृश्यों की योजना की गई है। यह नाटक प्रसादजी की प्रयोगकालीन कृति है।

मुख्य संघर्ष तो मगध के अन्तर्गत ही चल रहा है। पिता और पुत्र का विरोध राजनीतिक परिवर्तन में सहायक होता है; परन्तु इस संघर्ष में पद्मावती को भी सम्मिलित कर लिया गया है। इस प्रकार पद्मावती द्वारा संघर्ष का यह सूत्र कौशाम्बी पहुँचता है। कौशाम्बी में भी राजनीतिक परिस्थिति डाँवाडोल हो रही थी, उदयन की अनेक दुरभिसंधियाँ मागंधी द्वारा की जा रही थीं। मागंधी उदयन को पद्मावती के विरुद्ध भड़काने की चेष्टा में संलग्न थी। कोशल में विरुद्धक और उसके पिता प्रसेनजित एक दूसरे के विरोधी बनकर षड्यंत्रों की सृष्टि कर रहे थे।

इस परिव्याप्त संघर्ष को एक केन्द्रीय संघर्ष में परिवर्तित करने की चेष्टा की गई है। सभी स्थलों में अलग-अलग संघर्षों के साथ मुख्य संघर्ष की योजना करने में लेखक को पर्याप्त सफलता नहीं मिली है। संघर्ष का विकास दिखाते-दिखाते लेखक इतना आगे बढ़ जाता है कि सहसा अंतिम अंक में उसे कथानक को समेटना और संघर्ष की समाप्ति कर देना कठिन हो जाता है। परिस्थितियाँ और पात्र जब स्वाभाविक विकास में आगे बढ़ते हैं, तब उनको

सम्हालना और दूसरी दिशाओं में मोड़ना उसके लिए असम्भव-सा हो जाता है। फलतः नाटक का तीसरा अंक अस्वाभाविक रूप से समाप्त होने के लिए बाध्य हुआ है। यदि प्रसादजी ने इस नाटक को चार अंकों में समाप्त किया होता, तो सम्भवतः उठाए हुए संघर्ष की स्वाभाविक समाप्ति हो सकती।

इस नाटक में प्रत्येक मुख्य पात्र का दूसरा विरोधी पात्र उपस्थित है, जैसे गौतम का देवदत्त, बंधुल का विरुद्धक, विम्बसार और वासवी : छलना और अजातशत्रु! केवल मागंधी और मल्लिका स्वतंत्र पात्र के रूप में आई हैं। चारित्रिक दृष्टि से मागंधी एक विलक्षण नारी है। कथानक में उसका चरित्र विलक्षणता की सृष्टि करता है। मल्लिका का चरित्र नाटक की नायिका के रूप में प्रस्तुत किया गया है। नाटक की सभी घटनाओं के परिवर्तन का केन्द्र वही है। इसका कोई विरोधी पात्र नहीं है। मुख्य पात्रों के विरोधी पात्र रखने की पद्धति नाटक के विकास की आरम्भिक पद्धति है। ऐसा ज्ञात होता है कि कथानक में संघर्ष लाने के लिए इन विरोधी पात्रों की रचना की गई है। मल्लिका और मागंधी के चरित्र ही इसके अपवाद हैं।

इस नाटक में वैषम्य या संघर्ष का पल्ला भारी है और संतुलन की कमी है। यह समस्त वैषम्य बिखरा हुआ है। प्रत्येक स्थान में एक वैषम्य की योजना की गई है। वैषम्य का तत्त्व एक मुख्य व्यापार को लेकर नहीं है। यह नाटक की अपरिपक्वता का प्रमाण है। विरोध का समाहार इस नाटक में ठीक-ठीक नहीं हो सका।

नाटक में कई अनावश्यक दृश्यों को भी स्थान मिला है। विदूषक आदि के दृश्य ऐसे ही हैं। सूच्य अंशों को दृश्य रूप में रखने की त्रुटि भी रह गई है। नायक को प्रमुख रूप से सामने नहीं लाया जा सका। नाटककार ने अजातशत्रु को नायक बनाकर उसके नायकत्त्व का निर्वाह नहीं किया। मल्लिका और गौतम की समकक्षता पर अजातशत्रु का चरित्र-विकास नहीं दिखाया गया है। हास्य-रस की योजना प्रभावशालिनी नहीं है।

नाटक का अन्तिम अंक हल्की और छिछली भावात्मकता से भर गया है। चरित्र-चित्रण का लोप-सा हो गया है। तीसरे अंक में लेखक अत्यधिक भावुक बन गया है। उसे किसी तरह नाटक में आरंभ किए संघर्षों को समाप्त करना है। ऐसा प्रतीत होता है कि चरित्र-विकास की स्वाभाविक शृंखला को नाटककार इस अंक में भूल बैठा है।

प्रसादजी ने इस नाटक में रस की योजना को इतना महत्त्व नहीं दिया, जितना भारतीय नाटककार दिया करते हैं। चरित्र-चित्रण और परिस्थितियाँ नाटककार का ध्यान अधिक आकर्षित करती हैं। केवल रस की विशेषता रखनेवाले नाटकों में स्थिति और कार्य की वास्तविकता का आभास कठिनाई से मिल पाता है। प्रसादजी के पूर्व हिन्दी नाटकों का अधिकतर लक्ष्य किसी रस-विशेष की अवतारणा करना रहता था। आदि से अन्त तक एक ही रस के विभाव-अनुभाव आदि रहते थे। परिस्थितियाँ और जीवन-दशाओं का बाहुल्य और उनकी वास्तविकता का चित्रण करने वाला नाटककार भाव-चरित्र और मनोविज्ञान की प्रमुखता देकर केवल किसी भाव-विशेष की सृष्टि के लिए संपूर्ण प्रसंग का उपयोग नहीं करेगा।

प्रायः रस को प्रधानता देने वाले नाटककार चरित्र का ध्यान नहीं रखते; किंतु प्रसादजी ने पात्रों और परिस्थितियों की बहुलता को स्थान दिया है। प्रसादजी के इस नाटक में अनेक रसों का सम्मिलन इसी कारण हुआ है। वीर, शांत, हास्य आदि अनेक रसों की योजना, बहुमुखी

वस्तु-निर्देश और चरित्र-चित्रण की प्रमुखता का स्वाभाविक परिणाम है।

स्कन्दगुप्त

यह मानते हुए भी कि स्कन्दगुप्त का वस्तु-विन्यास आदर्श वस्तु-रचना का उदाहरण नहीं है, और प्रारम्भिक तीन और अंतिम अंकों की धारा समन्वित नहीं हो पाई है, यह कहना होगा कि इस नाटक की कला-क्षमता उनके अन्य नाटकों की अपेक्षा ऊँची है। प्रसादजी ने इसमें कथानक की ऐतिहासिक और राजनीतिक घटनाओं का योग स्कन्दगुप्त की व्यक्तिगत जीवन-घटनाओं से करना चाहा है। इसीलिए नाटक के कथानक में इन दोनों घटना-समूहों का पारस्परिक संघात मिलता है। सभी पात्रों का एक पक्ष भारतीय राजनीति के परिवर्तन में देखा जाता है और दूसरा व्यक्तिगत पार्श्वभूमि पर। एक तरह से सारा वस्तु-विन्यास दो स्तरों पर चलता है, जिससे नाटक में अधिक स्वाभाविकता आई है। प्रसादजी ने कदाचित् यह पहली बार समझा कि कोरी राजनीतिक या ऐतिहासिक घटनाओं को लेकर नाटक में मानवीय मनोभावना की स्वाभाविकता और संघर्ष नहीं आ सकेंगे। इसीलिए स्कन्दगुप्त में पात्रों के सामाजिक जीवन-चित्रण के साथ उनके वैयक्तिक द्वंद्व को प्रदर्शित किया है। स्कंदगुप्त के वस्तु-विन्यास की दूसरी विशेषता यह है कि इसमें कार्य या व्यापार का तत्त्व सम्यक् वेग से आगे बढ़ता है। इस विशेषता द्वारा आदि से अन्त तक एक आकर्षण की सृष्टि और निर्वाह हुआ है। कथानक के भीतर अनेक चरित्रों की स्थापना हुई है और वह स्थापना केवल ऐसी नहीं है, जो कवि द्वारा ऐतिहासिकता की पूर्ति करने के लिए लाकर रखी गई हो। नाटकीय चरित्र-चित्रण घटनाओं की स्वाभाविक गति के अंतर्गत हुआ है, केवल संवादों या पात्रों की भरती के लिए नहीं।

यद्यपि स्कन्दगुप्त के कथानक में भी दो विरोधी घटना-चक्र काम में लाए गए हैं; पर वे घटना-चक्र ऐसे स्थूल रूप में नहीं आए, जैसे 'अजातशत्रु' में। यहाँ पर सामाजिक चरित्र के साथ-साथ व्यक्तिगत चरित्र-चित्रण की परिपाटी अधिक व्यापक रूप में मिश्रित है। भटार्क, शर्वनाग, प्रपंचबुद्धि-जैसे खल चरित्रों में भी मनोवैज्ञानिक अंतर अच्छे ढंग से उपस्थित किया गया है। चरित्र-चित्रण में नाटकीय विस्तार और व्यापकता लाई गई है। काश्मीर से लेकर लंका तक के पात्र इसमें हैं। कवि, सेनापति, धार्मिक चरित्र तथा नारियों की भिन्न प्रवृत्तियों के चित्रण में चरित्रों की विविधता का पूरा प्रवेश है। कुछ पात्र अतिरिक्त पात्र कहे जा सकते हैं, जिनके छोड़ने से नाटक की विशेषता में कदाचित् अधिक अन्तर नहीं आता। प्रख्यातकीर्ति, गोविन्दगुप्त तथा मुद्गल को आसानी से छोड़ा जा सकता था। मुद्गल नाटक के कथानक के विकास में अपरिहार्य पात्र नहीं है। यदि हास्य लाने के लिए पात्रों की अलग से योजना की जाय, तो कहना पड़ता है कि यह कला की दृष्टि से सुसंगत नहीं है। ब्राह्मणों तथा बौद्धों का झगड़ा नाटक के लिए अधिक आवश्यक नहीं है। प्रख्यातकीर्ति नाटक के कथानक का अभिन्न अंग नहीं है। पहले दो अंकों में घटना-क्रम इतने सुलझे रूप में आगे बढ़ा है कि अंतिम अंकों की शिथिलता खटकने लगती है। दो अंकों में व्यापार का यथेष्ट विकास हो जाता है। तीसरे अंक में भी घटनाएँ शीर्ष या सीमा तक पहुँच जाती हैं; परन्तु चौथे और पाँचवें अंकों में नाटक के उदात्त रूप को बनाए रखने में नाटक की कथा पूर्णतः समर्थ नहीं है। चौथा और पाँचवाँ

अंक घटनाओं और पात्रों को तीसरे अंक के चरम द्वंद्व तक ले जाने में समर्थ नहीं है।

स्कन्दगुप्त में भी ऐतिहासिक सत्य को अधिक प्रमुखता दी गई है, जिससे नाटक का कला-पक्ष उतना प्रभावशाली नहीं बन पाया। 'स्कन्दगुप्त' में चरित्र-चित्रण का आधार विरोध है; पर स्थूल विरोध नहीं। पुरगुप्त और स्कन्दगुप्त एक दूसरे के अकारण विरोधी नहीं हैं। उनके विरोध में चरित्रगत मौलिक विषमता कारण है। उनका विरोध सजीव विरोध है। अनंत देवी के चरित्र को इस नाटक के नारियों के चरित्र में एक विशेष चरित्र माना जा सकता है। विजया तथा देवसेना के चरित्रों में भी विरोध है; परन्तु परिस्थितियों को इस प्रकार रखा गया है कि इन दोनों का विरोध नाटक में आद्यंत आकर्षक बना रहा है। विजया और देवसेना दोनों के चरित्रों में अलग-अलग आकर्षण है। स्कंदगुप्त-जैसा पात्र इन दोनों की ओर स्वल्प या अधिक मात्रा में झुका रहता है और दोनों के बीच चुनाव करने में उसे देर लगती है। यह इस बात की सूचना देता है कि नाटककार के चरित्र-चित्रण में मानव-स्वभाव का स्वाभाविक और कलात्मक प्रदर्शन अधिक हुआ है। देवसेना तथा विजया के चारित्रिक संघर्ष को दिखाने में नाटककार विशेष सफल हुआ है। इन दोनों पात्रों को भला और बुरा कहकर दो बँधी-बँधाई कोटियों में नहीं रक्खा जा सकता।

पाश्चात्य नाटकों का वस्तु-विन्यास विरोध के आधार पर होता है। विरोध मध्य में चरम सीमा पर पहुँचता है और अंत में उसकी परिसमाप्ति होती है। दुःखांत नाटक का आरम्भ विरोध से हुआ करता है और अन्त दुःख में होता है। विरोध का चरम सीमा पर पहुँच जाना, कथानक की परिसमाप्ति का सूचक नहीं होता, वह दुःखांत घटना की ओर मोड़ लेने का परिचायक होता है। इस स्वाभाविकता का पालन दुःखांत नाटक में ही किया जा सकता है।

भारतीय नाटकों में इस प्रकार का क्रम नहीं रखा गया; क्योंकि वे सुखान्त होते हैं और फल-प्राप्ति के लिए उद्योग आरम्भ से होता है। उद्योग का विकास प्राप्त्याशा की ओर से फल की ओर जाता है। सुखान्त नाटक की यही पद्धति है। स्कंदगुप्त नाटक को परिणाम में सुखान्त बनाया गया है; पर उसका वस्तु-विन्यास अंशतः दुःखांत नाटक की पद्धति पर रचा गया है। यह वस्तु-विन्यास-सम्बन्धी त्रुटि स्कंदगुप्त में स्वीकार करनी पड़ती है।

चंद्रगुप्त

जहाँ तक चरित्रों के निर्माण तथा नाटकोपयोगी विशेषताओं का प्रश्न है, स्कन्दगुप्त अधिक सुन्दर नाटक कहा जा सकता है। स्कन्दगुप्त में घटनाओं के बीच में संघर्ष की भावना अधिक प्रबल है और ऐसी स्थितियों की योजना की गई है, जो अधिक नाटकीय हैं। स्कंदगुप्त को श्रेष्ठता प्रदान करने वाली दूसरी वस्तु है चरित्र-चित्रण का व्यक्तिगत पक्ष तथा उसका उत्थान-पतन। घटनाओं का भी उसमें पर्याप्त उत्कर्ष-अपकर्ष दिखाया गया है। विरोध का तत्त्व स्कन्दगुप्त में अधिक प्रमुख रूप से चित्रित हुआ है।

इसके विपरीत चन्द्रगुप्त नाटक में, चाणक्य के महाकाव्योचित व्यक्तित्त्व के कारण विरोध-पक्ष बहुत कुछ दुर्बल हो गया है। नाटक तथा महाकाव्य में स्वाभाविक अंतर होता है। नाटक में उत्थान-पतन को अधिक स्थान मिलता है। तभी उसकी नाटकीयता प्रस्फुटित होती है। इस दृष्टि से चन्द्रगुप्त में महाकाव्य का औदात्य अधिक है, नाटक का संघर्ष कम। उसके

नायक चाणक्य तथा चन्द्रगुप्त परिस्थितियों से ऊपर उठे हुए हैं, जिससे संघर्ष का पूरा विकास नहीं हो पाया है। अलक्षेन्द्र की रणनीति और वीरता भी इस नाटक में पूर्ण रूप से प्रस्फुटित नहीं हो पाई है।

इस नाटक का कथानक वर्षों का समय ले लेता है। यह भी महाकाव्य के अनुकूल वस्तु-विन्यास कहा जा सकता है। वीर-रस प्रधान नाटकत्व 'चन्द्रगुप्त' में उपस्थित हुआ है। इसमें स्थितियों का वास्तविक वैषम्य नहीं है। ऐसी घटनाएँ नहीं हैं, जो हमारी दृष्टि को निर्णय के सम्बन्ध में उलझाए रखें। 'स्कन्दगुप्त' में यह विशेषता पूरी मात्रा में आई है।

'चन्द्रगुप्त' नाटक में चरित्रगत वैविध्य नहीं है, जैसा कि स्कन्दगुप्त में है। स्कंदगुप्त में एक दार्शनिकता मिश्रित वीरत्व पाया जाता है, जो अधिक नाटकीय है। चन्द्रगुप्त के चरित्र में वीरत्व और कोरा वीरत्व है। उसमें किसी प्रकार की मनोवैज्ञानिक और नाटकीय अभिसंधि के लिए स्थान नहीं है। चन्द्रगुप्त की वस्तु-योजना स्कंदगुप्त की अपेक्षा अधिक विस्तृत है। चन्द्रगुप्त में काल-संकलन का अभाव खटकता है। 'चन्द्रगुप्त' का-सा प्रत्येक अंक में नया वस्तु-विन्यास 'स्कन्दगुप्त' में नहीं है। वहाँ घटनाएँ लक्ष्य की ओर समगति से आगे बढ़ती हैं। वस्तु का समुचित विभाग और संधियों की योजना 'स्कंदगुप्त' में अधिक स्पष्टरूप में हुई है।

'चन्द्रगुप्त' नाटक में नायिका का प्रश्न भी जटिल रह गया है। कार्नेलिया नाटक के आरम्भ में आकर अंत में बस एक बार अपने दर्शन देती है। नायिका को नाटक में जो प्रमुखता मिलनी चाहिए, वह उसे नहीं मिल पाई। चन्द्रगुप्त में प्रमुखता अलका की है; किन्तु नायिका की जो क्रमानुगत परिभाषा है, उसके अनुसार कार्नेलिया को नायिका मानना पड़ेगा। कल्याणी समस्त नाटक में पर्याप्त दूरी तक नाटक की सम्भावित नायिका बनने का उपक्रम करती हुई दिखाई देती है; किन्तु न जाने क्यों वह सहसा आत्महत्या कर लेती है। कल्याणी के चरित्र-चित्रण के आधार पर उसकी आत्महत्या अस्वाभाविक-सी प्रतीत होती है। ऐसा ज्ञात होता है कि यह केवल कार्नेलिया के नायिका पद को स्थापित करने का प्रयास है। कल्याणी और कार्नेलिया के चरित्रों में एक ही चरित्र को दो भागों में विभाजित करने का-सा कृत्रिम प्रयत्न किया गया है। ऐसा प्रतीत होता है कि नाटककार के सम्मुख स्वयं एक समस्या थी, जिसका निर्णय वह संतोषजनक रीति से नहीं कर पाया।

चाणक्य के जीवन में उसकी अतिमानवीय बौद्धिकता के साथ उसकी प्रेमवृत्ति को प्रदर्शित करने का प्रयोग भी किया गया है। इन विरोधी प्रकृतियों के बीच स्वाभाविक और कलात्मक सामंजस्य पूरी तरह स्थापित नहीं हो पाया। राक्षस का चरित्र भी 'मुद्राराक्षस' की समकक्षता पर चित्रित नहीं हुआ है। अलक्षेन्द्र, नन्द या राक्षस इन तीनों के बीच प्रतिनायकत्व किसको दिया जाय, यह प्रश्न भी अनिश्चित-सा है। यदि अलक्षेन्द्र को प्रतिनायक माना जाय, तो वह तीसरे अंक के अन्त में प्रयाण कर जाता है। नन्द केवल चतुर्थ अंक तक रहता है। नाटक के अन्त तक वह भी नहीं चलता। कदाचित् इसी समस्या को सुलझाने के लिए प्रसादजी ने अलक्षेन्द्र के प्रतिनिधि सिल्यूकस द्वारा अलक्षेन्द्र की स्मृति जागृत रखने की चेष्टा की है। राक्षस का विरोधी चरित्र उतनी प्रमुखता पर नहीं आ पाया है कि उसे नाटक का प्रतिनायक कहा जा सके। नन्द की भी यही स्थिति है और अलक्षेन्द्र भी प्रतिनायक की परिभाषा पूरी नहीं करता। वास्तव में 'चन्द्रगुप्त' चरित्र-प्रधान नहीं काव्योपजीवी नाटक है। उसमें

भावप्रवणता का पक्ष मुख्य है। उसमें स्कंदगुप्त की भाँति अनेक चरित्रों, परिस्थितियों और अनेक रसों का योग नहीं है। चन्द्रगुप्त में वीर-रस का आद्यंत प्रवाह है। 'स्कंदगुप्त' में पराजय और करुणा का वातावरण दूर तक व्याप्त है। चन्द्रगुप्त में ऐसा नहीं है। विजया, देवसेना, जयमाला के आने से स्कन्दगुप्त में शृंगार-रस का अच्छा वातावरण तैयार हुआ है। चन्द्रगुप्त नाटक में अलका का सम्बन्ध नाटक के नायक से नहीं, उपनायक से है और चन्द्रगुप्त के नाटकीय जीवन में ऐसे अवसर कम हैं, जिनमें वह शृंगारिक भावना का आलम्बन बनकर आया हो। अलका भी आदि से अन्त तक वीर नारी के रूप में ही चित्रित हुई है।

सुवासिनी के आने से चन्द्रगुप्त नाटक में शृंगार-रस की सृष्टि हुई है, पर यह रस नाटक की मुख्य भूमि पर नहीं आया है। स्कंदगुप्त में शृंगार, वीर, करुण नाटक की मुख्य भूमि पर आ जाते हैं।

किसी भी अच्छे नाटक के लिए यह दोष ही है कि नायिका की स्थिति सुव्यवस्थित न होने पाए। नाटक के पूरे प्रवाह में प्रमुख पात्रों का संस्थान होना चाहिए। यदि ऐसा नहीं होता, तो किसी पात्र की सापेक्षित प्रमुखता में सन्देह हो जाता है। प्रकरी और पताका के अन्तर्गत प्रासंगिक कथाएँ आ सकती हैं; पर मुख्य कथा आदि से अन्त तक बनी रहनी चाहिए। यदि मुख्य पात्र 'प्रकरी' और 'पताका' अंशों में लाकर वहीं समाप्त कर दिए जायें, तो वह नाट्य-वस्तु की त्रुटि ही कही जायेगी।

'चन्द्रगुप्त' के चार अंकों में प्रत्येक अंक एक ही स्थान पर केन्द्रित हो गया है। एक अंक को एक स्थान पर केन्द्रित करने की पद्धति के कारण कुछ पात्रों की उद्‌भावना उसी अंक में होती है और अन्त भी उसी अंक में होता जाता है। नाटक-संविधान में यह व्यवस्था त्रुटि-रहित नहीं कही जा सकती।

प्रसादजी अपने नाटकों के वस्तु-विन्यास पर पूर्ण अनुशासन नहीं कर पाए हैं। यह त्रुटि कवि-नाटककार प्रसाद के लिए अधिक आश्चर्यजनक नहीं। वस्तु-संघटन का कार्य प्रसाद की मुख्य विशेषताओं में नहीं आता। प्रसाद का वस्तु-विन्यास पूर्णतः कलात्मक और निर्दोष नहीं बन पाया।

ध्रुवस्वामिनी

ध्रुवस्वामिनी को प्रसादजी ने नए प्रयोग के रूप में लिखा है। यह उनकी सामान्य नाट्य-कला का अन्तिम विकास नहीं है। उनके नाटकों की मुख्य विशेषता चन्द्रगुप्त और स्कन्दगुप्त में आकर अपनी सीमा पर पहुँच गई है।

ध्रुवस्वामिनी नवीन शैली का प्रयोग है। प्रसादजी पर आरोप किया जा रहा था कि उनके नाटक काव्य-रूपक हैं। उनके संवादों में कृत्रिमता का आरोप किया जाता था। कहा जाता था कि उनके संवादों में चमत्कार, वाग्वैदग्ध्य और जवाब-सवाल की कमी है। यथार्थवादी लोगों ने इसे अवगुण माना है। यद्यपि प्रसादजी ने अपनी शैली का निर्माण कर लिया था; परन्तु वे नवीन सृष्टि की योजना से विमुख नहीं थे। ध्रुवस्वामिनी में उन्होंने यथार्थवादी संवाद, रंगमंच और प्रणाली अपनाई है। कथनोपकथन स्वाभाविकता के अधिक समीप हैं। इसमें पाश्चात्य रीति से चमत्कार-प्रधान रचना का उपक्रम किया गया है।

आज के नए नाटकों में समस्या की प्रमुखता रहती है। ये नाटक प्रधानतः बुद्धि-प्रधान होते हैं। समस्त उपक्रम किसी एक समस्या का सर्वांग चित्रण करने का रहा करता है। बर्नार्ड शा के अनेक नाटक किसी एक समस्या को लेकर चलते हैं। यही वस्तु हमें ध्रुवस्वामिनी में प्रेरणा के रूप में दिखाई देती है; परन्तु ध्रुवस्वामिनी का स्वरूप समस्या-नाटक के स्वरूप से भी भिन्न है।

वास्तविक समस्या-नाटक में केवल एक घटना द्वारा समस्या का चित्रण नहीं किया जाता। प्रसाद के ध्रुवस्वामिनी नाटक में समस्या है अवश्य; किन्तु वह नाटक समस्या-नाटक नहीं है। समस्या-नाटक का बौद्धिक होना पहली शर्त है और नाटक की सारी विचारधारा किसी एक समस्या को केन्द्र बनाकर चलती है। समस्या-नाटककार विशुद्ध दार्शनिक या विचारक कलाकार हुआ करता है। प्रसादजी विचारक कलाकार के रूप में उपस्थित नहीं हुए हैं। प्रत्येक बड़ा लेखक अपनी स्वतन्त्र शैली बनाता है। वह क्रमशः प्रौढ़ होती है और प्रौढ़तम रचना उसकी प्रतिनिधि रचना कही जाती है। ध्रुवस्वामिनी में प्रसादजी ने एक नया प्रयोग किया है। वह उनकी अन्तिम रचना है; परन्तु उनकी श्रेष्ठतम कृति नहीं।

सन् १९५० ई०

प्रसाद के नाटक : मूल्यांकन

प्रसाद के नाटक हमारे नाट्य-इतिहास में सम्मानित स्थान के अधिकारी हैं। अपने पीछे चली आती पारसी रंगमंच की परम्परा और भारतेन्दु-युगीन नाट्य-कला की पृष्ठभूमि पर उन्होंने जो विशिष्ट निर्माण-कार्य किया, उसकी विकास-प्रक्रिया उनके नाट्य-इतिहास में अंकित है। डी० एल० राय ने उन्हें एक नई दिशा का संकेत दिया, जिससे हिन्दी-संसार उस समय तक अपरिचित था और उनकी प्रकृति-प्रदत्त स्वच्छंद तथा मौलिक चिन्तन-प्रवृत्ति ने हिन्दी-नाट्य-जगत् को एक नए मोड़ पर ला खड़ा किया।

प्रसाद की नाट्य-कला के विकास में तीन सोपान स्पष्ट परिलक्षित होते हैं। प्रथम सोपान में परम्परागत नाट्य-पद्धति का प्रभाव, पौराणिक आख्यानों के प्रति रुचि, भारतेन्दु-शिल्प की छाप एवं गद्य-पद्य-मिश्रण की रूढ़ि के पालन का प्रयास स्पष्ट है। इन आरंभिक नाटकों में प्रसाद अपनी निर्माणावस्था में हैं। ये नाटक चरित्र-चित्रण एवं मनोवैज्ञानिक अन्तर्द्वंद्व को प्रधानता नहीं देते, रस का आग्रह अधिक करते हैं। प्रख्यात पौराणिक कथा को नाटकीय रूप देकर दर्शकों के मन में रसानुभूति की आह्लादक सृष्टि एवं भारतीय संस्कार-जन्य भावुकता का उपयोग कर आदर्शवादी मान्यताओं की स्थापना इनका उद्देश्य है। भावात्मक अभिव्यक्ति के अनुरूप वातावरण की सृष्टि और काव्यात्मक शैली का उपयोग भी किया गया है।

नवीन नाटकीय धारा गद्य एवं पद्य को अलग-अलग करके चली। बौद्धिक प्रभावान्विति उसका लक्ष्य हो गई। आधुनिक नाटक व्यंग्य एवं वाक्पटुता का आग्रह करने लगा। भारतेन्दु-युग के भावात्मक कथनोपकथन के स्थान पर सबल पुष्ट गद्य का आग्रह चमत्कारपूर्ण उक्तियों के निर्वाह के लिए किया जाने लगा। भारतेन्दु की पद्य-शैली, जिसमें भावना-विशेष को अनावश्यक संवेदना की सीमा तक खींचा जाता था, धीरे-धीरे परित्यक्त होने लगी। जब पारसी रंगमंच पर चमत्कार-प्रधान अनुप्रास-गर्भित भाषा-शैली का प्रभाव बढ़ गया, तब नाटक के साहित्यिक स्तर को क्षति पहुँची। अर्द्ध-शिक्षित समाज की निम्न अभिरुचि की परितृप्ति के लिए अलंकार-सज्जा और दृश्य-विधान की अस्वाभाविक चकाचौंध किसी भी साहित्य के गौरव का विषय नहीं हो सकती। नाट्य-कला की ऐसी असाहित्यिक अवस्था में प्रसाद के आरंभिक नाटक लिखे गए। प्रथम सोपान के इन नाटकों में भी प्रसाद की मौलिकवृत्ति का आभास स्पष्ट मिलता है। भारतेन्दु-युग में पद्य कथ्य था, वह गेय नहीं था। प्रसादजी ने उसे गेय बनाया। संस्कृत-नाटकों में प्रसंग को अधिक भावमय बनाने के लिए पद्य का प्रयोग होता था, जिसको पारसी रंगमंच ने अपने साँचे में ढालकर एक असाहित्यिक स्वरूप दे दिया था। प्रसादजी हिन्दी-नाट्य-इतिहास में यह सांस्कृतिक धारा फिर से लाए। आरंभ के कुछ नाटकों में पारसी-रंगमंच की हल्की छाप प्रसाद पर भी दिखाई देती है; किन्तु उसे महत्त्व नहीं दिया जा सकता।

प्रसाद की नाट्य-कला का द्वितीय सोपान उन पर पड़े डी० एल० राय एवं पाश्चात्य नाट्य-पद्धति के प्रभाव से निर्मित है। इस काल के नाटकों में अन्तर्द्वन्द्व को महत्त्व दिया गया। दूसरी महत्त्वपूर्ण योजना नाटकों में विशेष प्रकार की राष्ट्रीय भावना के उद्‌बोधन की चेष्टा है। तीसरी विशेषता स्वच्छंदतावादी सौन्दर्य-चित्रण है, जिसके प्रयोग से कतिपय नाटक आकर्षक बन गए हैं। डी० एल० राय ने भी इतिहास को अपनाया था; किन्तु उन्होंने प्राचीन कथाओं को उतना नहीं अपनाया जितना मध्यकालीन घटनाओं को। डी० एल० राय ने चंद्रगुप्त नाटक १९०९ में लिखा था, जब कि प्रसाद ने नाट्य-रचना आरंभ नहीं की थी। डी० एल० राय ने पश्चिमी नाटकों में बहिर्द्वन्द्व एवं अन्तर्द्वन्द्व के तत्त्वों को लिया, जिनका भारतीय नाट्य-शास्त्र में उल्लेख ही नहीं था। पात्रों के मन में उठने वाली परस्पर विरोधी भावनाएँ अन्तर्द्वन्द्व की सृष्टि करती हैं। जीवन-पथ पर संकल्प-विकल्प के झोंके खाकर जो कशमकश की स्थिति आती है, वही अन्तर्द्वन्द्व है। डी० एल० राय ने पश्चिम के इस नाटकीय चमत्कार उत्पन्न करने वाले प्रयोग को अपने साहित्य में मान्यता दी। डी० एल० राय से प्रभावित होकर प्रसाद ने नाटकों के अन्त में सुख, दुःख का विचित्र संयोग उपस्थित करने की मौलिक सूझ का परिचय दिया। यह नाटकीय वस्तु-योजना की चरम सीमा पर होनेवाला अन्तर्द्वन्द्व स्पष्ट ही आंतरिक संकल्प-विकल्प की सूचना देता है। 'अजातशत्रु' नाटक में प्रसादजी ने यह कुशलतापूर्वक नियोजित किया है। हम निर्णय नहीं कर पाते कि विम्बसार नाटक के अन्त में दुखी है या सुखी। रस-योजना की अपेक्षा यह मनोवैज्ञानिक प्रयोग हमें अधिक आकर्षित करता है। स्कन्दगुप्त का चरित्र भी अन्तर्द्वन्द्व से परिपूरित है। वैराग्य एवं कर्तव्य के द्वन्द्व में लपेटकर नायक का चरित्र खूब उभारा गया है। चाणक्य तक का चरित्र भी प्रेम और राजनीति के द्वन्द्व की कहानी है। यद्यपि चाणक्य-जैसे स्थिर-धी पात्र के जीवन में द्वन्द्व-जैसी वस्तु का प्रवेश विचित्र-सा लगता है।

बहिर्द्वन्द्व की योजना में घटनाओं का आकस्मिक संघर्ष दर्शाया जाता है। पश्चिम में नाटक की यह परिभाषा ही है कि नाटक एक गतिशील और संघर्ष-प्रधान काव्य-सृष्टि है। भाग्य के विरुद्ध अथवा अन्य किसी शक्तिशाली पात्र के विरुद्ध उठ खड़े होनेवाले नायक के संघर्षमूलक उतार-चढ़ाव का चित्रण पाश्चात्य नाटक की आधारशिला है। इसके अभाव में पश्चिमी नाट्य-शास्त्र के अनुसार नाटक की कल्पना भी नहीं की जा सकती। बहिर्द्वन्द्व का अर्थ केवल यही नहीं कि घटनाओं का संघात दिखाया जाय; किन्तु इसके अन्तर्गत पात्र एवं घटना की समन्वयात्मक प्रतिक्रिया का सूक्ष्म उल्लेख भी आवश्यक है। बाह्य संघर्ष एक प्रकार से चरित्र-निर्माण या चरित्र-चित्रण की प्रमुख योजना है, जिसके द्वारा नाटक में गतिशीलता आती है और नाटक की रूप-रेखा विशेष आकर्षक हो उठती है। अन्त तक हम परिणाम से अपरिचित बने रहते हैं और इस प्रकार जिज्ञासा एवं कौतूहल की कलापूर्ण सुरक्षा होती है। डी० एल० राय के ये नाट्यादर्श हमारे साहित्य में प्रसादजी के माध्यम से आए। प्रसाद की नाट्य-कला के विकास का यह द्वितीय सोपान डी० एल० राय एवं पाश्चात्य नाटकों की आंशिक प्रेरणा का परिणाम है। 'अजातशत्रु' की रचना-तिथि तक यह द्वितीय सीमा-रेखा खींची जा सकती है।

प्रसाद के नाट्य-विकास का तृतीय एवं अन्तिम सोपान मूलतः शैली-निष्ठ एवं मनोवैज्ञानिक है। यह उनकी नाट्य-कला का प्रौढ़काल है। इसमें दो धाराएँ स्पष्ट दिखाई पड़ती हैं—एक तो स्कन्दगुप्त और चंद्रगुप्त-जैसे आदर्शवादी नाटकों की रचना और दूसरे यथार्थवादी चित्रांकन 'ध्रुवस्वामिनी' एवं 'एक घूँट' जिसके उदाहरण हैं। यह पक्ष प्रसादजी के शैली-प्रयोग से संबंधित है। इसी काल में प्रसाद ने सूक्ष्म मनोवैज्ञानिक कलात्मकता का परिचय भी दिया है, जो महत्त्वपूर्ण है। 'कामना' और 'एक घूँट' को अन्योक्ति-प्रधान नाटक (Allegorical plays) के साँचे में ढालकर यह कार्य किया गया है। यहाँ प्रसाद एक मौलिक नाट्य-शिल्पी के रूप में हमारे सामने आते हैं। इस स्थल पर पहुँचकर उनकी विशिष्ट नाट्य-शैली अपना स्थान अलग बना लेती है; किन्तु फिर भी प्रसादजी की स्वाभाविक नाट्य-पद्धति के प्रतिनिधि-स्वरूप 'स्कन्दगुप्त' और 'चन्द्रगुप्त' नाटक ही रखे जा सकते हैं। प्रसाद ने अपने ऊपर पड़े प्रभावों को अपने व्यक्तित्व में इस भाँति से जोड़ लिया था कि वे बाहरी तत्त्व बिल्कुल स्वाभाविक एवं प्रसाद के अपने मौलिक चिन्तन के परिणाम ज्ञात होते हैं।

इतिहास की घटनाओं का अनुवर्तन करने में पूर्ण स्वतंत्रता का उपयोग नाटककार नहीं कर सकता। प्रसाद की प्रतिभा इसी कसौटी पर कसी जाकर निखरी। उन्होंने इतिहास का बंधन स्वीकार करते हुए ऐसे पात्रों और चरित्रों की योजना की, जो शत-प्रतिशत ऐतिहासिक नहीं है। नाटकीय पात्रों में व्यक्तित्व-स्थापन या चरित्र-निरूपण का यह प्रयत्न हिन्दी-नाटकों के विकास की एक ऐसी कड़ी है, जो प्रसादजी को असाधारण महत्त्व प्रदान करती है।

स्वतंत्र नाटककार की हैसियत से प्रसाद की पहली विशेषता है उनका काव्यत्त्व। उनका कवि-व्यक्तित्त्व उनकी सारी कृतियों में उपस्थित है। वाक्यावलियों में 'प्रसाद-शैली' कुछ ऐसी गहरी छाप से चिह्नित है कि भ्रम की संभावना ही नहीं रहती। उनके संवादों का अपना स्वतंत्र व्यक्तित्व है, जो किसी अन्य नाटककार की कृति में नहीं मिलता। उनके चरित्रों की सृष्टि, विशेषकर उनका नायक प्रसादजी के कवि-जीवन के आदर्शों का प्रतिनिधि है। उनके नाटकों का साँचा काव्यात्मक है और इसलिए काव्यत्व प्रधान भाषा और गद्य-गीत शैली के संवादों की रचना उनके लिए साधारण वस्तु बन गई है।

उनके नाटकों की दूसरी विशेषता उनकी राष्ट्रीय एवं सांस्कृतिक चेतना है। सांस्कृतिक उत्कर्ष की साधना को दृष्टि-पथ में रखकर निर्मित हुआ उनका साहित्यिक उत्साह, उनकी नाट्य-कृतियों में अनोखी ऊँचाइयों तक पहुँच गया है। चंद्रगुप्त नाटक में बहुत-से पात्रों का निर्माण उस काल के एक सांस्कृतिक जीवन की सर्वांगीण प्रतिष्ठा की दृष्टि से किया गया है। फिर भी उन्होंने संस्कृति के नाम पर परम्परा का गुणगान अंधश्रद्धा से नहीं किया। सभी स्थलों पर उसे ऐतिहासिक आधार पर स्थापित करके ही स्वीकार किया है। उनके 'ध्रुवस्वामिनी' नाटक में विवाह-विच्छेद पर उनका दृष्टिकोण उन्हें स्पष्ट रूप से संस्कृति का सजग द्रष्टा घोषित करता है।

प्रसाद का तीसरा गुण है उनका ऐतिहासिक अध्ययन, और इस विषय में उन्होंने अपने समकालीन कलाकारों को बहुत पीछे छोड़ दिया। इंद्र को सर्वप्रथम ऐतिहासिक सम्राट् के रूप में उपस्थित करते हुए वे एक नाटक लिख रहे थे; किन्तु उनके असामयिक निधन से यह

कृति पूरी नहीं हो सकी। इतिहास की विवादास्पद समस्याओं को सुलझाने का उनका प्रयास सराहनीय रहा है।

उन्होंने संस्कृति को विभिन्न मानवीय अर्जन-कर समन्वय माना, जो कोई स्वतंत्र पदार्थ नहीं; किन्तु विभिन्न क्षेत्रों में अर्जित मानव श्रम का नवनीत है। उनका कथन था कि भारतीय जीवन का आशावादी रूप समन्वय की भित्ति पर आधारित होकर ही इतना उन्नत हो सका है। अत: जातीय जीवन के विभिन्न पहलुओं को एक विराट् चित्र-रूपक देकर उपस्थित करने का आग्रह उनके नाटकों में दिखाई देता है। जीवन के सभी क्षेत्रों के उल्लेख का यह प्रयास जहाँ सांस्कृतिक प्रतिबिम्ब-दर्शन का श्रेय लेता है, वहाँ रेखा-चित्रों और रंगों के विनिमय का व्यापार नाट्य-वस्तु को अतिशय शोभावान और आकर्षक बना देता है; किन्तु इससे कभी-कभी नाटक की कथावस्तु पर औपन्यासिक रंगत चढ़ जाती है। वस्तु-संकलन की सीमा का अतिक्रमण इसी प्रक्रिया का परिणाम है।

प्रसादजी एक मनोवैज्ञानिक शिल्पी थे, उन्होंने चरित्र-निर्माण के क्षेत्र में असाधारण कलात्मक सौष्ठव का परिचय दिया। उनका उत्कर्ष इसी क्षेत्र में है और यह निर्विवाद है कि हिन्दी-साहित्य में दूसरा कोई लेखक ऐसी सृष्टि में समर्थ नहीं हो सका। नाट्य-वस्तु का निर्माण करने में कहीं-कहीं वे भटक गए भी प्रतीत होते हैं। इसका कारण इतिहासों के वे इतिवृत्तात्मक और अनाटकीय प्रसंग हैं, जिन्होंने प्रसाद के कथा-प्रवाह में बार-बार बाधा डाली होगी। साथ ही उनकी सांस्कृतिक दृष्टि के पथ पर लगी हुई विभिन्न समूहों, धर्मों एवं वर्गों के प्रतिनिधि-पात्रों की भीड़ ने भी उन्हें बहुत उलझन में डाला होगा। इतिहास के विशाल चित्रपटल पर सामयिक प्रेरणा के फलस्वरूप साहित्यिक चित्र खींचना अपने-आप में जितना बड़ा कार्य है, उसे देखते हुए हम वस्तु कौशल के सर्वांगीण निर्वाह की कमी को क्षम्य मान सकते हैं।

श्रेष्ठ नाटक में वस्तु नेता एवं रस का समन्वय होना चाहिए। यह नाटक का आदर्श है, जिसके समीप पहुँचने की साधना ही नाटककार का साहित्यिक श्रम है। प्रसाद का सबल पक्ष चरित्र-निर्माण का है। उन्होंने इस क्षेत्र में अपनी अद्वितीय साहित्यिक प्रतिभा का परिचय दिया है। उनकी चरित्र-सृष्टि में स्थिर व चल दोनों प्रकार के प्रतिनिधि हैं। स्थिर-चरित्रों के गुणों का उभार बदलती हुई परिस्थितियों या प्रक्रिया के फल-स्वरूप होता है; किन्तु चल-चरित्रों में सीधे घात-प्रतिघात की आवश्यकता होती है। पात्रों की मनोभावना अपने परिस्थिति-चक्र से संघर्ष करती है और इस प्रकार इस विरोध से उनकी चरित्रगत विशेषताओं में निखार आता है। ऐसे पात्र जीवन-संग्राम के कर्मठ सैनिक होते हैं, जिनका क्षत-विक्षत शरीर भी हमारी प्रशंसा पर अनायास अधिकार कर बैठता है। नाटकों की पुरानी सृष्टियों में सद्वृत पात्र कभी दुश्चरित्र होते नहीं दिखाए गए हैं। दुश्चरित्रों को सद्वृत्ति-सम्पन्न बनाने की योजना भी कम ही है।

प्रसाद के नाटकों में देव, असुर एवं मानव तीनों श्रेणी के पात्र हैं। देव-पात्र एवं राक्षस-पात्र अपरिवर्तनशील हैं। उनके चरित्रों के विविध पहलू ही प्रकाश में आते हैं; किन्तु चरित्र-रेखाओं की मर्यादा नहीं टूटती। मानव-पात्र परिस्थितियों के द्वारा अवश्य परिवर्तित होते हैं;

किन्तु इस प्रकार के चरित्र-परिवर्तन की योजना में प्रसाद के आदर्शवादी कलाकार का हाथ है, क्योंकि वे दुर्वृत्ति-सम्पन्न पात्रों की सुधार-योजना के विषय में सचेष्ट एवं जागरूक हैं।

प्रसाद द्विजेन्द्रलाल राय की भाँति मध्ययुगीन सामंती परकोटे में ही घिरकर नहीं रह गए, उन्होंने सुदूर अतीत के पात्रों को अपनी पैनी दृष्टि से परखा और उन युगों की समस्त सामाजिक एवं वैचारिक क्रांतियों के साथ उन्हें हमारे समक्ष प्रस्तुत किया। इतिहास से संस्कृति का ऐसा अपूर्व मणि-कांचन संयोग हमें अन्यत्र नहीं मिलेगा। प्रत्येक नाटक में प्रसाद का मुख्य पात्र भारतीय संस्कृति की विकासोन्मुख धारा का प्रतीक है। वह उस युग की सांस्कृतिक समस्याओं का प्रतिनिधि है, जिसके माध्यम से नवनिर्माण की सूचना प्रसाद हमें देते हैं।

प्रसादजी के नाटकों में मनोवैज्ञानिक रहस्योद्घाटन भी एक विशेष महत्त्व रखता है। 'कामना' की रचना उनकी इस रुचि की परिचायक है, जिसमें संतोष एवं विवेक का व्यक्तीकरण करके घटना विरोध एवं नाट्यसुलभ संघर्ष द्वारा इन वृत्तियों का उत्कर्ष दिखाया गया है। मनोवृत्तियों को प्रतीकात्मक आवरण में उपस्थित करके सुलझाने का प्रसाद का यह प्रयास संस्कृत के 'प्रबोध चंद्रोदय' नाटक की उपदेशात्मक शैली से कहीं अधिक विकसित और नाटकीय है।

प्रसाद के कुछ आधुनिक समीक्षकों ने उनके नाटकों की त्रुटियाँ खोजने में बड़ा परिश्रम किया है। त्रुटिहीन नाट्य-रचना कलाकार का आदर्श है, जिसके समीप पहुँच सकने की साधना से उसका साहित्यिक मूल्यांकन होता है। प्रसादजी के ये नवीन उत्साही समीक्षक भी इतना तो अवश्य ही स्वीकार करेंगे कि अपने विशिष्ट नाट्यादर्श के समीप पहुँचने की साधना में प्रसादजी ने तत्कालीन समस्त लेखकों को बहुत पीछे छोड़ दिया था। इन समीक्षकों में लक्ष्मीनारायण मिश्र की समीक्षा इसलिए विशेष महत्त्व रखती है कि वह एक नाटककार के संबंध में दूसरे विशिष्ट नाटककार की धारणाओं को व्यक्त करती है। मिश्रजी ने प्रसादजी पर कुछ आक्षेप किए हैं, जिनकी परीक्षा करना आवश्यक है। प्रसाद पर मिश्रजी का मुख्य आक्षेप यही है कि उनके नाटक भारतीय परम्परा के नाटक नहीं हैं, वे स्वच्छंदतावादी पश्चिमी नाटकों के आदर्श से प्रभावित हैं। मिश्रजी की दृष्टि में प्रसादजी के नाटक कालिदास एवं भास की अपेक्षा शेक्सपियर के अधिक समीप हैं। इसका स्पष्टीकरण करते हुए उन्होंने यह तर्क उपस्थित किया है कि भारतीय नाट्य-शैली नायक को धीरोदात्त बनाकर चलती है। वह एक आदर्श पात्र होता है, जिसमें सभी जातीय गुणों का समावेश रहता है; किन्तु प्रसादजी के नायक इस कसौटी पर खरे नहीं उतरते। दूसरा आक्षेप यह है कि प्रसादजी की प्रेम-कल्पना अभारतीय है। उनकी नायिकाएँ एवं अन्य पात्रियाँ प्रेम की एक स्वच्छंदतावादी अनियंत्रित कल्पना के आवेश में कार्य करती हैं। उनका प्रेम आदर्श भारतीय नारी का प्रेम नहीं है।

मिश्रजी का तीसरा आक्षेप यह है कि प्रसाद के नाटकों में आत्म-हत्याओं का प्राबल्य है। अनेक अवसरों पर हत्या होती है, जो कि प्रसादजी की मानसिक दुर्बलता का संकेत देती है। आत्म-हत्या की योजना भारतीय पद्धति के अनुकूल नहीं है। इन तर्कों को उपस्थित करके मिश्रजी ने यह निष्कर्ष निकाला है कि प्रसाद के नाटक पूर्णतः अभारतीय हैं और उनके समीक्षकों द्वारा दिए गए भारतीय संस्कृति के उन्नायक के गौरव-पद के वे अयोग्य हैं।

भारतीय नाट्य-पद्धति के विरुद्ध उन्होंने अपनी नाट्य-रचना की है और वे एक विकृत संस्कृति की प्रतिष्ठा करना चाहते हैं।

यदि ध्यान पूर्वक देखा जाए, तो ये चारों आक्षेप वस्तुतः एक ही ओर संकेत करते हैं और प्रसाद के नाटकों पर अभारतीय परंपरा एवं अभारतीय आदर्शों का लांछन लगाते हैं। मिश्रजी का मुख्य आरोप प्रसादजी की नाट्य-शैली पर है और इसके विपरीत मिश्रजी स्वयं ही अपने नाटकों को पूर्णतः भारतीय परम्परा में समाहित एवं भारतीय आदर्श-संपन्न विज्ञापित करते हैं। मिश्रजी के कथनानुसार भारतीय संस्कृति और भारतीय नाट्य-पद्धति की जैसी शुद्ध और यथार्थ धारणा उनकी है, वैसी प्रसाद की नहीं।

प्रश्न उठता है कि भारतीय संस्कृति क्या है? मिश्रजी कहते हैं कि वह कल्पना एवं स्वच्छंदता की अपेक्षा आदर्श एवं कर्तव्य को प्रधानता देती है। भावों में संयम भारतीय नाट्य-कला का एक विशिष्ट गुण है, जिसे प्रसादजी ने कहीं नहीं दिखाया। उनके सभी पात्र उच्छृंखल हैं। इस प्रकार एक बहुत बड़े सिद्धान्त को लेकर मिश्रजी ने प्रसाद के नाटकों पर आक्रमण किया है।

प्रश्न उठता है कि संस्कृति विकासोन्मुख वस्तु है अथवा स्थिर वस्तु। भारतीय नाट्य-शैली भी क्या कोई स्थिर पदार्थ है अथवा वह किसी विकास-प्रक्रिया पर आधारित है? जहाँ तक मिश्रजी का संबंध है, वे इन दोनों को एक स्थिर अपरिवर्तनीय दृष्टि से देखते हैं। उनके मतानुसार भारतीय नाट्य-कला एक स्थाई वस्तु है, जिसमें आदर्श-गत परिवर्तन संभव नहीं है। यदि लक्ष्मीनारायणजी का यह तर्क ठीक मान लिया जाये कि संस्कृति बदलती नहीं और नाट्य-कला की परम्परा एक स्थिर परम्परा है, तब प्रसादजी पर लगाए गए उनके आरोप बहुत तर्कयुक्त सिद्ध होंगे; किन्तु यदि उनकी यह मूल उद्भावना ही असमीचीन सिद्ध होती है, तब उनके तर्क की सारी भित्ति ही धराशायी हो जाती है।

भारतीय इतिहास के विद्वान् इसको स्वीकार करते हैं कि वह इतिहास सभी राष्ट्रीय इतिहासों की भाँति एक परिवर्तनशील घटना-समुच्चय पर आश्रित है। अनेक जातियाँ यहाँ आईं। नई रीति-नीति, व्यवहारों एवं व्यवस्थाओं के कारण एक परिवर्तनशील सांस्कृतिक आदर्श का निर्माण हुआ। हमारी संस्कृति की सबसे बड़ी विशेषता यही है कि वह विदेशी तत्त्वों को शीघ्र ही अपने में समाहित कर लेती है। फिर हमारा यह ऐतिहासिक सांस्कृतिक संगम स्थिर कैसे हो सकता है? भारतीय जीवन स्वतः अनेक उत्थान-पतन के चित्रों से सजा है, उत्कर्ष एवं अपकर्ष से रेखांकित है। वैदिक कर्मकांड जब अपनी अति पर पहुँच गया, तो एक सुधारात्मक आन्दोलन का सूत्रपात बुद्ध द्वारा हुआ। बौद्धों के अनाचार जब आरंभ हुए, तो शंकराचार्य ने फिर से हिन्दूधर्म को एक नवीन व्याख्या देकर उसे प्रवर्तित किया। वैष्णव कवियों ने एक चौथे सुधार-युग की योजना की। भारतीय पुनरुत्थान का नया अध्याय खुला। किसी एक विशेष जीवन-व्यवस्था को हम भारतीय संस्कृति नहीं कह सकते। वह कौन-सा सांस्कृतिक आदर्श है जिसे हम कोरमकोर भारतीय कहेंगे? इसके उत्तर में मिश्रजी केवल इतना ही कहते हैं, कि भारतीय संस्कृति का मूल आधार यह है कि उसमें तपस्या एवं कर्त्तव्य का योग है और जीवन से भागने की प्रेरणा नहीं है। निवृत्ति-मार्ग का निषेध है। भारतीय संस्कृति कर्मवादी है, जो कि भोग एवं त्याग के समन्वय का आदेश देती है।

सारी राष्ट्रीय संस्कृति को कुछ वाक्यों में लाकर केन्द्रित करना, वैसे तो आसान दिखाई देता है; किन्तु ध्यानपूर्वक परीक्षा करने पर हमें उसकी त्रुटियाँ ज्ञात हो जाती हैं। सभी संस्कृतियाँ दुराग्रहवश अपनी विशेष जीवनदृष्टि या व्यवस्था का हठ कर सकती हैं। अतः कुछ वाक्यों में किसी संस्कृति की सर्वांगपूर्ण व्याख्या कर देना, इतिहास के बदलते हुए जीवनादर्श की उपेक्षा करना ही कहा जायेगा।

मिश्रजी कला-संबंधी भारतीय धारणा को भी एक स्थिर वस्तु मानते हैं। उनका कहना है कि भारतीय नाटक धीरोदात्त चरित्र का अनुयायी रहा है और उसमें प्रसाद द्वारा प्रस्तुत नायकों के लिए स्थान नहीं है। नाट्य-शैली में परिवर्तन शताब्दियों बाद होते हैं, इसका ध्यान हमें रखना होगा। यूरोप में भी वही साहित्यिक आन्दोलन उठा था, जिसे मिश्रजी अभारतीय आदर्श मानते हैं। नाटक में धीरोदात्त नायक को स्थान देने की प्रणाली वहाँ भी थी। उनके भी अपने कुछ नियम थे। शताब्दियों तक वे नियम माने गए; किन्तु आधुनिक युग के आरंभ में शेक्सपियर ने उन नियमों को तोड़ दिया। शेक्सपियर पाश्चात्य संस्कृति का विरोधी था, ऐसा कोई नहीं मानता। इसके पश्चात् यथार्थवादी प्रणाली पर आधारित नाटक पश्चिमी साहित्य में आए। इस प्रकार शास्त्रीय धारा, स्वच्छंदतावादी धारा और फिर यथार्थवादी धारा इस क्रम से पाश्चात्य नाट्य-साहित्य ने अपना विकास-पथ तय किया है। राष्ट्रीय इतिहास में ऐसी परिस्थितियाँ आती हैं, जो धारा विशेष का निर्माण करती हैं। समाज-व्यवस्था का परिवर्तन साहित्य को भी प्रभावित करता है। यदि भारत में भी प्राचीन शैली को छोड़कर नई नाट्य-शैली को अपनाने की चेष्टा प्रसादजी ने की, तो हमें देखना होगा कि वे परिवर्तनशील आदर्श कौन-से थे, जिन्होंने उन्हें इस नई व्यवस्था की ओर अग्रसर किया। उन आदर्शों की भूमिका पर हमें प्रसाद के नाटकों की विवेचना करनी होगी। एक ही पिष्टपेषित मार्ग पर चलते-चलते साहित्य निर्जीव हो जाता है। उस पर जब नवीन प्रभाव पड़ते हैं, तब वह अपना स्वरूप बदलता है।

प्रसाद के नाटक एक विकासमान कड़ी के रूप में नाट्य-साहित्य के इतिहास में जुड़े दिखाई देते हैं, न कि परम्परा को नष्ट कर आमूल क्रांति के रूप में। शास्त्रीय परम्परा का साहित्य उपदेशात्मक है; क्योंकि उसका लक्ष्य जनता को एक बँधे हुए मार्ग पर चलने की प्रेरणा देता था। शैली की स्वतंत्रता के लिए भी अधिक अवकाश शास्त्रीय परम्परा में नहीं रहा है।

प्राचीन सामाजिक और नैतिक आदर्श के साथ नवीन व्यक्ति-स्वातंत्र्य का संगम प्रसाद में है। वे प्राचीन परम्परा को नहीं तोड़ते, न नाट्य-शैली में कोई समूची क्रांति उपस्थित करते हैं। उन्होंने एक संतुलित विकास-मार्ग ग्रहण किया है, जिसे समय और परिस्थिति का आग्रह ही कहा जायेगा।

प्रसाद के नाटकों की अपनी मौलिक विशेषताएँ हैं और उनका स्थान हमारे नाट्य-साहित्य में सदैव सुरक्षित रहेगा। उनके नाटक जहाँ एक ओर साहित्यिक दृष्टि से महत्त्वपूर्ण हैं, वहाँ वे अपना ऐतिहासिक मूल्य भी रखते हैं। नाट्य-साहित्य के इतिहास में प्रसाद ने नया अध्याय जोड़ा, इसे कोई अस्वीकार नहीं कर सकता। परम्परा के साथ-साथ नवीन जीवन

स्थितियों का प्रयोग कर उन्होंने नाट्य-साहित्य को नवीन मार्ग सुझाया, जिसके लिए हिन्दी-साहित्य उनका चिर ऋणी रहेगा।

प्रसाद के नाटकों का शरीर, जहाँ पूर्ण साहित्यिक और मनोवैज्ञानिक है, वहाँ उसका मन अनिवार्यतः ऐतिहासिक एवं उसकी आत्मा विशुद्ध सांस्कृतिक है। सम-सामयिक इतिहास ने जो प्रश्न उठाए, उनका समाधान भी उन्होंने नाट्य-साहित्य के माध्यम से दिया। अतीत के विशाल चित्र-पटल पर उनका यह अद्वितीय तूलिकाश्रम हिन्दी-नाट्य-इतिहास के पचास वर्षों के लम्बे मार्ग पर एक आलोकस्तंभ की भाँति एकछत्र अधिकार किए बैठा है। वह सदैव आज की ही भाँति नए पथिकों को लक्ष्य-ज्ञान का पाथेय देता रहेगा।

प्रसाद का साहित्य-दर्शन

प्रसादजी हिन्दी के युग-प्रवर्त्तक कवि और साहित्य-स्रष्टा तो थे ही, एक असाधारण समीक्षक और दार्शनिक भी थे। बुद्ध, मौर्य और गुप्त-काल के ऐतिहासिक और सांस्कृतिक अन्वेषणों पर उनके निबन्ध पाठक पढ़ चुके हैं। उनका महत्त्व इस दृष्टि से बहुत अधिक है कि वे इतिहास की सूखी रूप-रेखा पर तत्कालीन व्यापक उन्नति या अवनति के कारणों और रहस्यों का रंग चढ़ा देते हैं। व्यक्तियों और समूहों की कृतियों का ही नहीं, उन विचारधाराओं का भी वे उल्लेख करते हैं, जिनका सामयिक जीवन के निर्माण में हाथ रहा है। इस प्रकार प्रसादजी ने इतिहास के अस्थि-पंजर को कार्य-कारणयुक्त दार्शनिक सजीवता प्रदान की है, जिससे उनका अध्ययन करने में एक अनोखा आनन्द प्राप्त होता है। वे इतिहास को मानव-निर्मित संस्थाओं ,उनके सामूहिक उद्योगों, मनोवृत्तियों और रहन-सहन की पद्धतियों के साथ देखना चाहते हैं और मनुष्यों की इन सारी प्रगतियों का केन्द्र सम-सामयिक दर्शन को मानते हैं। इस प्रकार मानव-जीवन का अन्त:प्रेरण दर्शन को और बहिर्विकास इतिहास को मान कर वे इन दोनों का घनिष्ठ सम्बन्ध स्थापित कर देते हैं। कोरी भौतिक घटनाओं का इतिहास या कोरा पारमार्थिक दर्शन उनके लिए कोई महत्त्व नहीं रखते।

प्रसादजी की इस दृष्टि के कारण भारतीय इतिहास और दर्शन दोनों ही राष्ट्रीय संस्कृति के अविच्छिन्न अंग बन गए हैं, कहीं भी इनका विछोह नहीं होने पाया। जहाँ कहीं दार्शनिक विवेचन है, वहाँ मानव-जीवन और इतिहास की पृष्ठभूमि अवश्य है और जहाँ कहीं किसी राष्ट्रीय मानवीय-उद्योगों का आकलन है, वहाँ भी दर्शन का साथ कभी नहीं छूटा। 'काव्य और कला' पुस्तक में प्रसादजी की साहित्यिक समीक्षाओं का संग्रह है। साहित्य भी एक सांस्कृतिक प्रक्रिया ही है; इसलिए हम देखते हैं कि प्रसादजी ने इन निबन्धों में भारतीय दार्शनिक अनुक्रम का साहित्यिक अनुक्रम से युगपत सम्बन्ध स्थापित किया है, और प्रसंगवश दर्शन और साहित्य की समानता भी मानवात्मा के सम्बन्ध से सिद्ध की है। मुख्य-मुख्य दार्शनिक धाराओं के साथ मुख्य-मुख्य काव्यधाराओं का समीकरण करके इन दोनों का एक इतिहास भी प्रसादजी ने प्रस्तुत पुस्तक में हमारे सामने रक्खा है।

प्रसादजी की ये उद्भावनाएँ इतनी मार्मिक हैं, इनकी ऐतिहासिक प्रामाणिकता का पुट इतना प्रगाढ़ है, और साथ ही इनकी मनोवैज्ञानिक विवृत्ति इतनी सुन्दर रीति से हृदय का स्पर्श करती है कि हम सहसा यह भूल जाते हैं कि ये अधिकांश एकदम नवीन हैं, किसी क्रमागत विचार-परिपाटी से इनका सम्बन्ध नहीं है। किन्तु, नवीन होना इनका दोष नहीं है, गुण ही है; क्योंकि परम्परागत शैली के अनुयायी तो केवल लीक पीट रहे थे। जब उन लीक पीटनेवालों से हिन्दी का कल्याण होता नहीं दीखा और नवशिक्षित समाज की दार्शनिक पिपासा शान्त नहीं हुई, तभी इस प्रकार की विचार-धाराओं और व्याख्याशैलियों की ओर

प्रसादजी-जैसे दो-चार इने-गिने विद्वानों की अभिरुचि हुई।

किन्तु परम्परागत व्याख्याशैली से दूर हटकर भी प्रसादजी ने प्राचीन पारिभाषिक शब्दावली का, वह साहित्यिक हो या दार्शनिक, त्याग कहीं नहीं किया; अपितु अपनी दृष्टि से उसकी यथातथ्य व्याख्या ही की है। न उन्होंने उन पारिभाषिक शब्दों का अनुचित या अन्यथा प्रयोग ही किया है, जैसा कि आधुनिक असंस्कृतज्ञ करने लगे हैं। इसका कारण यही है कि प्रसादजी ने दर्शन और साहित्य-शास्त्रों का विस्तृत अध्ययन किया था और कहीं भी शाब्दिक खींचतान या अर्थ का अनर्थ करने की चेष्टा नहीं की। यह बात दूसरी है कि उनकी उपपत्तियाँ सब को एक-सी मान्य न हों, किन्तु जिन्हें वे मान्य न हों, वे भी उन्हें अशास्त्रीय नहीं कह सकते; क्योंकि उनका आधार शास्त्र ही है। शास्त्रीय वस्तु को ही उन्होंने इतिहास और मानव-मनोविज्ञान के दोहरे छन्नों से छानकर संग्रह किया है। इस छनी हुई वस्तु को अशुद्ध या अप्रामाणिक कहने के लिए साहस चाहिए।

अब मैं प्रसादजी की उन उपपत्तियों को, जो इस पुस्तक में हैं, संक्षेप में उपस्थित करके ही आगे बढ़ूँगा। 'काव्य और कला' निबन्ध में प्रसादजी की सबसे मुख्य और महत्वपूर्ण उद्भावना यह है कि काव्य स्वतः आध्यात्मिक है, काव्य से ऊँची अध्यात्म नाम की कोई वस्तु नहीं। साहित्य-शास्त्र में काव्यानन्द को ब्रह्मानन्द-सहोदर कहा गया है और 'कविर्मनीषी परिभू-स्वयंभू' यह श्रुति भी प्रसिद्ध है, जिसमें कवि और मनीषी (अर्थात् आध्यात्मिक) समानार्थी कहे गए हैं। किन्तु जहाँ मान्यता की बात आती है, वहाँ आध्यात्मिक क्षेत्रों में इसको अर्थवाद ही मानते हैं, सिद्धान्त-रूप में स्वीकार नहीं करते। किन्तु, प्रसादजी इसे सिद्धान्त-रूप में प्रतिपादित करते हैं। उनका कथन है कि पश्चिमी विचार-प्रणाली के अनुसार जहाँ मूर्त और अमूर्त का आध्यात्मिक भेद प्रचलितं है, काव्य को मूर्त होने के कारण, आध्यात्मिक सीमा से, जिसमें अमूर्त के लिए ही स्थान है, अलग करने की चेष्टा भले ही की गई हो, किन्तु भारतीय विचारधारा में ब्रह्म मूर्त भी है और अमूर्त भी, अतः मूर्त होने के कारण काव्य को अध्यात्म से निम्न श्रेणी की वस्तु नहीं कह सकते।

यहीं प्रसादजी ने काव्य की मार्मिक व्याख्या की है। 'काव्य आत्मा की संकल्पात्मक अनुभूति है, जिसका संबंध विश्लेषण, विकल्प या विज्ञान से नहीं है।' आत्मा की संकल्पात्मक अनुभूति की दो धाराएँ हैं—एक काव्यधारा और दूसरी वैज्ञानिक, शास्त्रीय या दार्शनिक धारा। समझ रखना चाहिए कि इन दोनों में कोई मौलिक अन्तर नहीं है, दोनों ही आत्मा के अखंड संकल्पात्मक स्वरूप के दो पहलू-मात्र हैं। कुछ लोग श्रेय और प्रेय भेद से विज्ञान और काव्य का विभाजन करते हैं; किन्तु प्रसादजी का स्पष्ट मत है कि यद्यपि विज्ञान या दर्शन में श्रेय-रूप से ही सत्य का संकलन किया जाता है और काव्य में प्रेय-रूप की प्रधानता है; किन्तु श्रेय और प्रेय दोनों ही आत्मा के अभिन्न अंग हैं। काव्य के प्रेय में परोक्ष श्रेय निहित है। काव्य की व्याख्या में उन्होंने कहा है कि काव्य को संकल्पात्मक मूल अनुभूति कहने से मेरा जो तात्पर्य है, उसे भी समझ लेना होगा। आत्मा की वह असाधारण मननशील अवस्था, जो श्रेय सत्य को उसके मूल चारुत्व में सहसा ग्रहण कर लेती है, काव्य में संकल्पात्मक मूल अनुभूति कही जा सकती है।

इस प्रकार मूर्त और अमूर्त की द्विविधा हटा कर प्रसादजी ने श्रेय और प्रेय के झगड़े को भी साफ कर दिया। इसका यह आशय नहीं कि वे काव्य और शास्त्र में कोई अन्तर नहीं मानते। उन्होंने न केवल इनका व्यावहारिक अन्तर माना है, प्राचीन भारत की शिक्षा-पद्धति का भी विवरण दिया है, जिसमें इन दोनों विषयों की शिक्षा पृथक्-पृथक् दो केन्द्रों में दी जाती थी। शास्त्रीय व्यापार के सम्बन्ध में प्रसादजी स्वयं कहते हैं—'मन संकल्प और विकल्पात्मक है। विकल्प विचार की परीक्षा करता है। तर्क-वितर्क कर लेने पर भी किसी संकल्पात्मक प्रेरणा के ही द्वारा जो सिद्धान्त बनता है, वही शास्त्रीय व्यापार है। अनुभूतियों की परीक्षा करने के कारण और इसके द्वारा विश्लेषणात्मक होते-होते उसमें चारुत्व की, प्रेय की, कमी हो जाती है।'

किन्तु काव्य को आत्मा की संकल्पात्मक अनुभूति मान लेने और संकल्पात्मक अनुभूति की उपर्युक्त व्याख्या कर देने भर से समस्या का समाधान नहीं होता, बल्कि यहीं से शंकाएँ आरम्भ होती हैं। सबसे पहली शंका प्रसादजी ने स्वयं उठाई है और उसका उत्तर भी दिया है। वे लिखते हैं—'कोई भी प्रश्न कर सकता है कि संकल्पात्मक मन की सब अनुभूतियाँ श्रेय और प्रेय दोनों ही से पूर्ण होती हैं, इसमें क्या प्रमाण है?' उत्तर वे यह देते हैं—'इसीलिए तो साथ-ही-साथ 'असाधारण अवस्था' का उल्लेख किया गया है। यह असाधारण अवस्था युगों की समष्टि अनुभूतियों में अन्तर्निहित रहती है, क्योंकि सत्य अथवा श्रेय-ज्ञान कोई व्यक्तिगत सत्ता नहीं, वह एक शाश्वत चेतनता है.........जो व्यक्तिगत स्थानीय केन्द्रों के नष्ट हो जाने पर निर्विशेष रूप से विद्यमान रहती है। प्रकाश की किरणों के समान भिन्न-भिन्न संस्कृतियों के दर्पण में प्रतिफलित होकर वह आलोक को सुन्दर और ऊर्जस्वित बनाती है।'

'असाधारण अवस्था' का इस प्रकार निर्वचन कर प्रसादजी ने काव्य और उसकी व्याख्या को रहस्यात्मक पुट दिया है। वह असाधारण अवस्था क्या है, उसके स्वरूप का अन्तिम निर्णय नहीं हो सकता। अवश्य यह अनुभवजन्य है, किन्तु युगों की समष्टि अनुभूतियों में अन्तर्निहित होने के कारण वह इतिहास की वस्तु भी है। इतिहास के अनुशीलन से उसका आभास हम पा सकते हैं।

प्रसादजी ने प्रस्तुत पुस्तक में उस असाधारण अवस्था का ऐतिहासिक अनुशीलन भी किया है। उनके इस अनुशीलन से आत्मा की उस असाधारण अवस्था का—जिसे मननशील संकल्पात्मक अनुभूति या काव्यावस्था कहते हैं—जो परिचय प्राप्त होता है, हम बहुत संक्षेप में उल्लेख कर सकते हैं। यह अवस्था आत्मा की है; इसलिए स्वभावत: अवस्था के साथ-साथ आत्मा-सम्बन्धी विभिन्न युगों की धारणाओं का परिचय प्रसादजी देते गए हैं। आत्मा का विशुद्ध अद्वय स्वरूप आनन्दमय है और उस अद्वयता में सम्पूर्ण प्रकृति सन्निहित है, यह प्रसादजी की सुदृढ़ धारणा और उपपत्ति है। आदि वैदिक काल में इस आत्मवाद के प्रतीक 'इन्द्र' थे और यही धारा शैव और शाक्त आगमों में आगे चल कर बही। यही विशुद्ध आत्मदर्शन था, जिसमें प्रकृति और पुरुष की द्वयता विलीन हो गई थी। शैव और शाक्त आगमों में जो अन्तर है, उसे भी प्रसादजी ने प्रकट किया है—'कुछ लोग आत्मा को प्रधानता देकर जगत् को, 'इदम्' को, 'अहम्' में पर्यवसित करने के समर्थक थे, वे शैवागमवादी कहलाए। जो लोग आत्मा की अद्वयता को शक्तितरंग जगत् में लीन होने की साधना मानते थे, वे

शाक्तागमवादी हुए।' आत्मा का यही विशुद्ध अद्वय प्रवाह परवर्त्ती रहस्यात्मक काव्य में प्रसरित हुआ, इसीलिए प्रसादजी रहस्यात्मक काव्य-धारा को ही आत्मा की संकल्पात्मक अनुभूति की मुख्य धारा मानते हैं। कहने की आवश्यकता नहीं कि यह शक्ति और आनन्द-प्रधान धारा थी, जिसमें आदर्शवाद, यथार्थवाद, दु:खवाद आदि बौद्धिक, विवेकात्मक और प्रसादजी के मत से अनात्मवादों का, स्वीकार नहीं था। दु:ख या करुणा के लिए वहाँ भी स्थान था; किन्तु यहाँ वेदना आनन्द की सहायक और साधक बन कर ही रह सकी।

इससे भिन्न दूसरी धाराओं के कई विभाग प्रसादजी के लिए हुए हैं; किन्तु स्थूल रूप से उन्हें हम विवेकवादी या आत्मवादी धारा के अन्तर्गत ग्रहण कर सकते हैं। इन्हीं धाराओं के प्रतीक वैदिक काल में 'वरुण' (जो एकेश्वरवाद के आधार हुए और जिनकी गणना असुरों में की गई) और परवर्त्ती काल में अनात्मवादी बौद्ध थे, जो चैत्यपूजक हुए। पौराणिक काल में इसी दु:खवादी विचारधारा की प्रधानता थी और राम इसी विवेक-पक्ष के प्रतिनिधि थे। कृष्ण के चरित्र में यद्यपि आनन्द की मात्रा कम न थी, किन्तु मुख्य पौराणिक विचारधारा—दु:खवाद—से उनकी चरित्र-सृष्टि भी आक्रान्त है। शांकर वेदान्त बौद्धों के दु:खवाद में संसार से अतीत सच्चिदानन्द स्वरूप की प्रतिष्ठा करता है। यह आदिम आर्य आत्मवाद की दु:ख से मिश्रित धारा है। यद्यपि इसमें आत्मा की अमरता और आनन्दमयता का संदेश है; किन्तु संसार मिथ्या या माया की आर्त पुकार भी है। परवर्त्ती भक्ति-संप्रदायों के सम्बन्ध में प्रसादजी की धारणा है कि ये अनात्मवादी बौद्धों के ही पौराणिक रूपान्तर हैं। अपने ऊपर एक त्राणकर्त्ता की कल्पना और उसकी आवश्यकता दु:खसंभूत दर्शन का ही परिणाम है। यद्यपि प्रसादजी का यह मत है कि 'मनुष्य की सत्ता को पूर्ण मानने की प्रेरणा ही भारतीय अवतारवाद की जननी है'; किन्तु भक्ति-संप्रदायों में यह प्रेरणा दृढ़मूल नहीं हो सकी और दु:खवादी या रक्षावादी विचारों ने उस पर कब्जा कर लिया। कबीर आदि निर्गुण संत भी दु:खवादी ही थे। समय की आवश्यकता से सच्चे आनन्दवादी रहस्यवादियों को उनके लिए स्थान छोड़ना पड़ा।

प्रसादजी ने केवल ये आरोप ही नहीं किए, इनके लिए प्रमाणों की भी व्यवस्था की है। वैदिक काल के संबंध में वे लिखते हैं—'सप्तसिन्धु के प्रबुद्ध तरुण आर्यों ने इस आनन्दवाली धारा (इन्द्र की उपासना) का अधिक स्वागत किया, क्योंकि वे स्वत्व के उपासक थे······· आत्मा में आनन्द-भोग का भारतीय आर्यों ने अधिक आदर किया। भारत के आर्यों ने कर्मकाण्ड और बड़े-बड़े यज्ञों में उल्लासपूर्ण आनन्द का ही उद्देश्य देखना आरम्भ किया और आत्मवाद के प्रतिष्ठापक इन्द्र के उद्देश्य से बड़े-बड़े यज्ञों की कल्पनाएँ हुईं। किन्तु इस आत्मवाद और यज्ञवाली विचार-धारा की वैदिक आर्यों में प्रधानता हो जाने पर भी कुछ आर्य लोग अपने को उस आर्य-संघ में दीक्षित नहीं कर सके। वे व्रात्य कहे जाने लगे।·······उन व्रात्यों ने अत्यन्त प्राचीन अपनी चैत्यपूजा आदि के रूप में उपासना का क्रम प्रचलित रक्खा और दार्शनिक दृष्टि से उन्होंने विवेक के आधार पर नए-नए तर्कों की उद्भावना की·······वृष्णि-संघ ब्रज में और मगध में अयाज्ञिक आर्य, बुद्धिवाद के आधार पर, नए-नए दर्शनों की स्थापना करने लगे। इन्हीं के उत्तराधिकारी वे तीर्थंकर लोग थे, जिन्होंने ईसा से हजारों वर्ष पहले मगध में बौद्धिक विवेचना के आधार पर दु:खवाद के दर्शन की प्रतिष्ठा की। फिर तो विवेक की मात्रा यहाँ तक बढ़ी कि वे बुद्धिवादी अपरिग्रही, नग्न, दिगंबर, पानी गरम करके पीने और मुँह पर कपड़ा

बाँध कर चलनेवाले हुए। इन लोगों के आचरण विलक्षण और भिन्न-भिन्न थे।'

इस प्रसंग को अधिक विस्तार देने की आवश्यकता नहीं। पाठक मूल में ही उसे पढ़ेंगे। यहाँ इसी के साथ अब भारतीय साहित्य की प्रमुख धाराओं और अंगों के सम्बन्ध में प्रसादजी की धारावाहिक समीक्षा का सारांश उपस्थित किया जाता है, जो उन्होंने काव्य की अपनी मूल परिभाषा को स्पष्ट करते हुए की है। ऊपर कह चुके हैं कि प्रसादजी रहस्यवाद को आत्मा की संकल्पात्मक अनुभूति की मुख्य धारा मानते हैं। यह काव्यात्मक रहस्यवाद वैदिक काल के 'ऊषा' और 'नारदीय' सूक्तों में; अधिकांश उपनिषदों में, शैव शाक्तादि आगमों में, आगमानुयायी स्पन्दशास्त्रों में, सौन्दर्य-लहरी आदि रहस्यकाव्य में तथा सहजानन्द के उपासक नागप्पा, कन्हप्पा आदि आगमानुयायी सिद्धों की रचनाओं में मिलता है। बीच में इन रहस्यवादी संप्रदायों के 'बौद्धिक गुप्त कर्मकाण्ड की व्यवस्था भयानक हो चली थी और वह रहस्यवाद की बोधमयी सीमा को उच्छृंखलता से पार कर चुकी थी।' यही अवसर रहस्यवादियों के ह्रास का था; किन्तु फिर भी इस धारा का अत्यन्ताभाव कभी नहीं हुआ। पिछले खेवे भी तुकनगिरि और रसालगिरि आदि, सिद्धों के रहस्य सम्प्रदाय के शुद्ध रहस्यवादी कवि, लावनी में आनन्द और अद्वयता की धारा बहाते रहे। प्रसादजी का यह भी स्पष्ट मत है कि 'वर्तमान हिन्दी में इस अद्वैत रहस्यवाद की सौन्दर्यमयी व्यंजना होने लगी है। वह साहित्य में रहस्यवाद का स्वाभाविक विकास है। इसमें अपरोक्ष अनुभूति, समरसता तथा प्राकृतिक सौन्दर्य के द्वारा 'अहम्' से 'इदम्' के समन्वय करने का सुन्दर प्रयत्न है।' उनके शब्दों में 'वर्तमान रहस्यवाद की धारा (जिसे छायावादी काव्य भी कहते हैं) भारत की निजी सम्पत्ति है, इसमें संदेह नहीं।'

यह न समझना चाहिए कि काव्यात्मक रहस्यवाद बस इतना ही है। इतना तो वह तब होता, जब प्रसादजी की दृष्टि पूर्ण साहित्यिक न होकर मुख्यतः सांप्रदायिक होती। काव्य में जहाँ कहीं वास्तविक आनन्द या रस का प्रवाह है, वहीं आत्मा की संकल्पात्मक प्रेरणा है और वहीं वह 'असाधारण अवस्था' है, जिसे काव्य की—विशेषकर रहस्य-काव्य की—जन्मदात्री माना गया है। जिन काव्यों का प्रवाह आनन्द के ओजस्वी, आध्यात्मिक स्रोत से उद्रिक्त है, दुःख जिनमें निमित्त बनकर आया है, लक्ष्य नहीं, जो मुख्यतः प्रगतिशील सृष्टियाँ हैं—वे सभी प्रसादजी की रहस्य-काव्य की व्याख्या के अन्तर्गत आ जाती हैं। प्राचीन भारतीय साहित्य में नाटक एक प्रधान अंग है। नाटक में रस या आनन्द की प्रधानता मानी गई है। साहित्य के अन्य अंग काव्य, उपन्यास आदि तो दुःखान्त हो सकते हैं, किन्तु नाटकों के लिए ऐसी व्यवस्था सर्वमान्य रही है कि उसमें दुःखान्त सृष्टि नहीं होनी चाहिए। प्रसादजी ने इसका कारण यह बतलाया है कि नाटकों में आनन्द या रस का साधारणीकरण होता है। प्रत्येक दर्शक अभिनीत वस्तु के साथ हृदय का तादात्म्य करके पूर्ण रस की अनुभूति करता है। वह अभिनीत दृश्यों से एकाकार हो जाता है, इसलिए अभिनीत वस्तु में न तो व्यक्ति वैचित्र्य (अद्भुत चरित्र-सृष्टि) के लिए अधिक स्थान माना गया है, न दुःखातिरेक के लिए। इसका आशय यह नहीं है कि नाटक में दुःख के दृश्यों के लिए स्थान नहीं है अथवा आनन्द के, रस के नाम पर श्रेयहीन प्रेय का ही प्राधान्य है। इसका आशय केवल इतना है कि नाटक में आत्मा की संकल्पात्मक प्रेरणाओं की प्रधानता होती है; क्योंकि वे मुख्यतः जन-समाज के

आनन्द के साधक होते हैं। आए दिन सिनेमा की दृश्यावली में भी हम इसी स्वाभाविक प्रवृत्ति को पाते हैं, यद्यपि उनमें सर्वत्र श्रेय सुरुचि का ध्यान नहीं रक्खा जाता और न उनकी आनन्द-धारणा ऊँची मनोभूमि पर उठ पाती है!

प्रसादजी की एक अन्य उपपत्ति यह भी है कि दार्शनिक रहस्यवाद का नाटकीय रस से घनिष्ठ सम्बन्ध है। जिस प्रकार रहस्यवाद में आनन्द के पक्ष की प्रधानता है, उसी प्रकार नाटक में भी। जिस प्रकार भक्ति आदि विवेक और उपासना मूलक दर्शन को अद्वैत रहस्य में स्थान नहीं है, उसी प्रकार भक्ति की रस में गणना नहीं हो सकती। यह स्पष्ट है, इसीलिए कि भक्तिकाव्य के पात्रों और व्यवहारों का नाटक द्वारा रस-रूप में साधारणीकरण नहीं हो सकता। वे पात्र तो उपासना के हैं, उनका साधारणीकरण हो कैसे! इसलिए वे साहित्यिक अर्थ में नीरस हैं। साहित्यिक रस तो तभी तक है, जब तक तादात्म्य की पूर्ण सुविधा है।

इसी तादात्म्य या साधारणीकरण के प्रसंग को लेकर प्रसादजी ने वह अत्यन्त मार्मिक दार्शनिक निष्पत्ति की है, जिसके आधार पर उनका सारा ऊर्ध्व-लिखित विवेचन स्थिर है। वह निष्पत्ति पूर्णतः मनोवैज्ञानिक आधार पर स्थित है। अभिनय देखते हुए दर्शक के हृदय में साधारणीकरण या तादात्म्य के आधार पर जो रसानुभूति होती है, वह साहित्यिक शास्त्र से सर्वथा स्वीकृत है और ब्रह्मानन्द-सहोदर कही गई है; किन्तु, साधारणीकरण होता किस वस्तु का है? अभिनीत पात्रों के प्राकृतिक व्यवहारों और वासनाओं का। इससे स्पष्ट है कि प्राकृतिक वासनाओं का आत्मस्वरूप में स्वीकार ही रस का हेतु है—वह रस जो ब्रह्मानन्द-सहोदर कहा गया है। इससे यह निष्कर्ष निकला कि ब्रह्मानन्द-सहोदर रस प्रकृति के उपादानों से ही बना है—उनका बहिष्कार करके किन्हीं अलौकिक उपादानों द्वारा नहीं। दार्शनिक क्षेत्र में यही उपपत्ति इस प्रकार ग्रहण की जायेगी कि आनन्द की सत्ता को प्रकृतिबाह्य मानने की आवश्यकता नहीं है, प्रकृति का आनन्दस्वरूप में स्वीकार ही वास्तविक अद्वैत है।

यहाँ फिर यह कहने की आवश्यकता है कि प्राकृतिक वासनाओं का जो साधारणीकरण रस रूप में होता है, वह श्रेयहीन प्रेय नहीं है, श्रेयपूर्ण प्रेय है। वह प्राकृतिक द्वैत से संयुक्त नहीं है, आत्मिक अद्वैत से निष्पन्न है। उपकरण प्रकृति है, किन्तु आत्मविरहित प्रकृति नहीं। यही रस आत्मा की मननशीलता का परिणाम है, कोई प्राकृतिक प्रक्रिया नहीं। इसी अर्थ में प्रसादजी ने काव्य को आध्यात्मिक वस्तु सिद्ध किया है और इसी अर्थ में वे प्राकृतिक सत्ता का आत्म-सत्ता में समन्वय करते हैं।

प्रसादजी का यह मन्तव्य है कि आत्मा की यह विशुद्ध अद्वय तरंग जैसी प्राचीन भारतीय नाटकों में प्रवाहित है, वैसी अन्य साहित्यिक कृतियों में नहीं। उनका कथन यह है कि नाट्य-साहित्य में रस या आनन्द अनिवार्य होने के कारण काव्य की मूल रहस्यात्मक धारा नाटकों में ही प्रवर्तित हुई। रामायण और महाभारत-जैसे महाकाव्य भी विवेकवाद से (जो दुःखवाद का ही एक रूप है) अभिभूत हैं। उनमें से एक (रामायण) आदर्शात्मक विवेकवाद की पद्धति पर रचा गया है और दूसरा यथार्थवादात्मक पद्धति पर। दोनों के मूल में विवेक या विकल्प का अंश है। पूर्णतः संकल्पात्मक ये कृतियाँ नहीं हैं। आदर्शवाद और यथार्थ शब्दों का प्रयोग स्पष्ट रूप से इस प्रसंग में न करने पर भी प्रसादजी का आशय यही जान पड़ता है। ये शब्द प्रसादजी ने आधुनिक प्रचलित अर्थ से कुछ भिन्न अर्थ में व्यवहृत किए हैं, जिसे हम

आगे देखेंगे। यहाँ समझने के लिए इतना ही पर्याप्त है कि आदर्शवाद में लोकोत्तर चरित्रों और भावों का समावेश प्रसादजी ने माना है और यथार्थवाद में लोकसामान्य घटनाओं, मनोवृत्तियों आदि का। किन्तु ये दोनों ही वाद प्रसादजी की सम्मति में बौद्धिक या विवेक-प्रसूत हैं। ये रसात्मक या आनन्दात्मक नहीं हैं।

यही नहीं, प्रसादजी का मत है कि पौराणिक साहित्य से लेकर अधिकांश श्रव्य काव्य (जिन्हें प्रसादजी ने समयानुयोगी 'पाठ्य काव्य' नाम दिया है) जिनमें कथा-सरित्सागर और दशकुमार-चरित्र की 'यथार्थवादी' रचनाएँ और कालिदास, अश्वघोष, दण्डि, भवभूति और भारवि का काव्यकाल भी सम्मिलित है, बाहरी आक्रमण से हीनवीर्य हुई जाति की कृतियाँ हैं। इनमें प्राचीन अद्वैत भावापन्न 'नाट्यरस' नहीं है। आत्मा की मननशक्ति की वह असाधारण अवस्था (वह रहस्यात्मक प्रेरणा) नहीं है, जो श्रेय सत्य को उसके मूल चारुत्व में सहसा ग्रहण कर लेती है।

संक्षेप में प्रसादजी की मुख्य विवेचना यहाँ समाप्त हो जाती है। स्थूल रूप से हम कह सकते हैं कि उन्होंने एक ओर आनन्द-प्रधान, रहस्यात्मक या रसात्मक और दूसरी ओर विवेक-प्रधान, बौद्धिक या आलंकारिक साहित्य की दो कोटियाँ स्थिर की हैं और उन्हें अद्वैत और द्वैत दर्शन से क्रमशः अनुप्राणित माना है। इस प्रकार का श्रेणी-विभाग नया, विचारोत्तेजंक और प्रसादजी की प्रतिभा का परिचायक है। हिन्दी के साहित्यिक और दार्शनिक क्षेत्रों में यह प्रायः अश्रुतपूर्व है। अवश्य ही ये श्रेणियाँ बहुत दृष्टि से परस्पर नितांत विरोधिनी नहीं हैं। ऐसी भी संभावनाएँ ध्यान में आती हैं, जब ये दोनों ऊपर से एक दूसरे के बहुत निकट आ जायें, किन्तु इनके मूल स्रोतों, लक्षणों और प्रक्रियाओं में स्पष्ट अन्तर है। यद्यपि प्रसादजी ने यह बात कहीं स्पष्ट रूप से नहीं कही है और ऐतिहासिक शैली से ही विवेचन किया है, तो भी यह कई स्थानों पर ध्वनित होता है कि प्रथम धारा का साहित्य ही वास्तव में प्रगतिशील साहित्य है और दूसरी धारा का साहित्य मुख्यतः ह्रासोन्मुख है। इस विचार से हिन्दी-साहित्य के इतिहास पर दृष्टि डाली जाय, तो प्रचलित धारणाओं में बहुत अधिक फेरफार करने की आवश्यकता प्रतीत होगी।

इसी प्रकार अद्वैत और द्वैत के सम्बन्ध की प्रसादजी की दार्शनिक उद्‌भावना—प्रकृति का आत्मा से पृथक्करण नहीं, वरन् उसमें पर्यवसान अद्वैत है; और द्वैत आत्मा और जगत् की भिन्नता का विकल्प है—आधुनिक आध्यात्मिक क्षेत्रों में कम उत्तेजना नहीं उत्पन्न करेगी। यद्यपि विचारपूर्वक देखा जाय, तो इसमें प्राचीन प्रवृत्तिमार्ग अथवा आत्मा की छत्रछाया में निष्काम कर्म की आधुनिक आँध्यात्मिक उपपत्ति से विशेष भिन्नता नहीं है, तो भी प्रकार-भेद तो है ही।

प्रसादजी की सम्मति में अद्वयता की साधना ही मुख्य साहित्यिक और दार्शनिक साधना है तथा इन दोनों का ही हिन्दी-क्षेत्र में प्रायः अभाव है। साहित्य में वे आनन्द-सिद्धान्त के पृष्ठपोषक हैं (हिन्दी के भक्ति और श्रृंगार दोनों ही कालों में वास्तविक आनन्द की न्यूनता थी) और दर्शन में शक्ति-अद्वैत-वाद के संदेश-वाहक। आत्मा की संकल्पात्मक अनुभूति में इन दोनों का समन्वय हो जाता है।

इसके अतिरिक्त प्रसादजी के अन्य आनुषंगिक विचारों का अनुशीलन भी कम उपादेय नहीं है। उदाहरणार्थ रस के प्रसंग में उन्होंने प्रदर्शित किया है कि अलंकार, रीति, वक्रोक्ति और ध्वनि आदि के साहित्य-संप्रदाय विवेक-मत की उपज हैं, अकेला रस-मत ही आनन्द-उद्‌भूत है। एक अन्य निबन्ध में आधुनिक साहित्य का हवाला देते हुए आदर्शवाद, यथार्थवाद, छायावाद आदि कई पारिभाषिक शब्दों का उन्होंने प्रयोग किया है। वे लिखते हैं कि 'श्री हरिश्चन्द्र ने वेदना के साथ ही जीवन के यथार्थ रूप का चित्रण आरम्भ किया। प्रतीक-विधान चाहे दुर्बल रहा हो, परन्तु जीवन की अभिव्यक्ति का प्रयत्न हिंदी में उसी समय हुआ था।.......यद्यपि हिन्दी में पौराणिक युग की पुनरावृत्ति हुई और साहित्य की समृद्धि के लिए उत्सुक लेखकों ने नवीन आदर्शों से भी उसे सजाना आरम्भ किया; किन्तु श्री हरिश्चन्द्र का आरम्भ किया हुआ यथार्थवाद भी पल्लवित होता रहा। यथार्थवाद की विशेषताओं में प्रधान है लघुता की ओर साहित्यिक दृष्टिपात। उसमें स्वभावतः दुःख की प्रधानता और वेदना की अनुभूति आवश्यक है। लघुता से मेरा तात्पर्य है साहित्य के माने हुए सिद्धान्त के अनुसार महत्ता के काल्पनिक चित्रण के अतिरिक्त व्यक्तिगत जीवन के दुःख और अभावों का वास्तविक उल्लेख।'

यथार्थवाद की यह व्याख्या दार्शनिक की अपेक्षा ऐतिहासिक अधिक है और श्री हरिश्चन्द्र के समय की यथार्थोन्मुख प्रवृत्तियों का संकेत करती है। अभाव के साथ-ही-साथ यथार्थवाद का एक भावपक्ष भी है, जिसमें दैनिक जीवन के यथातथ्य चित्रण, काल्पनिक के स्थान पर बौद्धिक दृष्टि, और फ्रायड आदि की सुझाई मनोवैज्ञानिकता का अनुसरण मुख्य है। इस यथार्थवाद के साथ ऐतिहासिक भौतिक विज्ञानवाद (Historical Materialism) और नवीन काम-विज्ञान का भी घनिष्ठ सम्बन्ध हो गया है। सामाजिक समस्याओं का व्यावहारिक नहीं, बौद्धिक समाधान भी इस वाद की विशेषता है।

प्रसादजी ने आदर्शवाद के सम्बन्ध में लिखा है—'आरम्भ में जिस आधार पर साहित्यिक न्याय की स्थापना होती है—जिसमें राम की तरह आचरण करने के लिए कहा जाता है, रावण की तरह नहीं—उसमें रावण की पराजय निश्चित है। साहित्य में ऐसे प्रतिद्वन्द्वी पात्र का पतन आदर्शवाद के स्तम्भ में किया जाता है।' यह आदर्शवाद की परिपाटी भी ऐतिहासिक है सैद्धान्तिक नहीं और मेरे विचार से आदर्शवाद की यह अवनतिशील परिपाटी है। अपनी उन्नत अभिव्यक्तियों में आदर्शवाद अतिशय निस्पृह विज्ञान है; किन्तु प्रसादजी जिस ऐतिहासिक आदर्शवाद का उल्लेख करते हैं, अपने स्थान पर वही ठीक है। वाद के रूप में आदर्श को प्रसादजी दुःखवाद की ही सृष्टि मानते हैं। इसीलिए वे कहते भी हैं—'सिद्धान्त से ही आदर्शवादी धार्मिक प्रवचनकर्त्ता बन जाता है। वह समाज को कैसा होना चाहिए, यही आदेश करता है और यथार्थवादी सिद्धान्त से ही इतिहासकार से अधिक कुछ नहीं ठहरता। वह चित्रित करता है कि समाज कैसा है या था।' स्पष्ट ही यहाँ प्रसादजी ने यथार्थ और आदर्श दोनों ही वादों को विवेक-प्रसूत माना है, आनन्दोद्‌भूत, अद्वैत अथवा सच्चा सांस्कृतिक नहीं। इसीलिए प्रसादजी की ये व्याख्याएँ प्रचलित पारिभाषिक व्याख्याओं से कुछ भिन्न हो गई हैं।

प्रसादजी स्पष्ट ही इन दोनों वादों का विरोध करते हैं। उनका कथन है कि 'सांस्कृतिक केन्द्रों में जिस विकास का आभास दिखलाई पड़ता है, वह महत्त्व और लघुत्व दोनों सीमान्तों

के बीच की वस्तु है, यहाँ महत्त्व और लघुत्व के दोनों सीमान्तों से प्रसादजी का तात्पर्य ऐतिहासिक आदर्शवादों और यथार्थवाद के सीमान्तों से है। दार्शनिक सीमान्तों की ओर यहाँ उनकी दृष्टि नहीं है।

इस बीच की वस्तु या मध्यस्थता के निर्देश से यह अर्थ नहीं लगाना चाहिए कि प्रसादजी सिद्धान्ततः मध्यमार्गी थे। प्रसादजी आदर्शवाद और यथार्थवाद की बौद्धिक दार्शनिकता के विरोधी थे। उनके रहस्यवाद या शक्ति-सिद्धान्त में दोनों के अंश हो सकते हैं; किन्तु दोनों की सीमाएँ नहीं हैं और दोनों की मूल दुःखात्मकता का भी निषेध है।

हिन्दी-साहित्य के इतिहास में इस नई रहस्यधारा का नाम छायावाद पड़ा और ऐतिहासिक-दृष्टि से इसमें उक्त दोनों वर्गों (आदर्शवाद और यथार्थवाद) की मध्यस्थता के चिह्न भी, संभव है मिलें; किन्तु दार्शनिक दृष्टि से वह अद्वैत पर स्थित है और वे दोनों वाद द्वैत पर। प्रसादजी ने इस अन्तर का ही अधिक आग्रह किया है। उनकी मीमांसा से प्रकट होता है कि छायावाद ऊपरी दृष्टि से तो यथार्थवाद के ही निकट है (ऐसा कहते हुए उनका ध्यान आरंभिक आदर्शवादी छायावादियों की ओर नहीं गया, जिनकी एक प्रतिनिधि रचना 'साधना' है), किन्तु प्रसादजी की सम्मति में यथार्थवाद श्री हरिश्चन्द्र के 'भारत दुर्दशा' आदि में स्थूल, बाह्य वर्णनों तक ही सीमित रहा, और दुःख-प्रधान था। छायावाद में 'वेदना के आधार पर स्वानुभूतिमयी अभिव्यक्ति होने लगी।''''''वे नवीन भाव आन्तरिक स्पर्श से पुलकित थे। सूक्ष्म आभ्यन्तर भावों के व्यवहार में प्रचलित पद-योजना असफल रही। उनके लिए नवीन शैली, नया वाक्यविन्यास आवश्यक था।'

यह प्रबल नवीन उत्थान किसी मध्यमार्गी के मान का नहीं था। इसके लिए नव्य दर्शन की आवश्यकता थी। यह नवीन दर्शन अद्वैत रहस्यवाद ही है, जिसके अनुसार 'विश्वसुन्दरी प्रकृति में चेतनता का आरोप प्रचुरता से उपलब्ध होता है। यह प्रकृति अथवा शक्ति का रहस्यवाद है, जिनकी सौन्दर्यमयी व्यंजना वर्तमान हिन्दी में हो रही है।' छायावाद एक ऐतिहासिक आवश्यकता भी है और दार्शनिक अभ्युत्थान भी। प्रसादजी का यह स्पष्ट मत है कि दार्शनिक दृष्टि से वह अभ्युत्थान प्राचीन रहस्यात्मक परंपरा में है, जिसे भूले भारत को बहुत दिन हो गए थे।

*   *   *

'नाटकों का आरम्भ' और 'रंगमंच' पर प्रसादजी के दो निबन्ध उनकी उपर्युक्त पुस्तक में हैं, जिन्हें मूल में ही अध्ययन करने की आवश्यकता है। यहाँ उनका विवरण अधूरा और अप्रासंगिक भी होगा; क्योंकि उनमें व्याख्येय कोई विशेष वस्तु नहीं है, सब-का-सब विवरणात्मक है।

चार प्रश्न और भी विचारणीय हैं—वे चारों पहले ही निबन्ध (काव्य और कला) के हैं। वे उक्त पुस्तक के मूल प्रश्नों में से नहीं हैं, इसीलिए अब तक छूटे हुए थे। किन्तु, अपने स्थान पर वे सभी महत्त्वपूर्ण हैं। पहला प्रश्न कला की परिभाषा और दूसरा मूर्त और अमूर्त आधार पर कलाओं के वर्गीकरण का है। तीसरा काव्य पर राष्ट्रीय संस्कृति के प्रभाव और अन्तिम

प्रश्न काव्य में अनुभूति और अभिव्यंजना के संबंध का है। 'कला' शब्द का भारतीय व्यवहार पाश्चात्य व्यवहार से भिन्न है। यहाँ कला केवल छन्द-रचना के अर्थ में व्यवहृत हुई, इसीलिए काव्य नहीं 'समस्यापूर्ति' की गणना कला में की गई। स्पष्ट ही काव्य केवल 'समस्यापूर्ति' नहीं है, समस्यापूर्ति या छन्द तो उसका वाहन-मात्र है—बिना सवार का घोड़ा। पाश्चात्य अर्थ में कला सवार-सहित घोड़ा है, इसलिए उसकी शिक्षा-दीक्षा और सामाजिक संस्कृति में उसका स्थान स्वभावतः भिन्न होना ही चाहिए।

कलाओं के वर्गीकरण का प्रश्न कला के पाश्चात्य अर्थ में है। चित्र, संगीत, स्थापत्य, साहित्य आदि कलाओं के वर्गीकरण का कुछ क्रम आवश्यक है। हीगेल ने कलाओं के मूर्त आधार को लेकर उनकी सूक्ष्मता और स्थूलता के विभेद से वर्गीकरण किया है, जिसके अनुसार अत्यन्त सूक्ष्म, भावमय होने के कारण साहित्य को सर्वोच्च स्थान दिया गया है। और सब से नीचे स्थापत्य का स्थान है; क्योंकि उसका उपकरण अपेक्षाकृत स्थूल है। यहाँ स्मरण रखना चाहिए कि यह विभाजन व्यावहारिक है और इन कलाओं की वास्तविक उच्चता या नीचता का परिचायक नहीं। काव्य भी निम्न कोटि का हो सकता है। सुन्दर मूर्ति उससे कहीं श्रेष्ठ कलावस्तु मानी जा सकती है। हीगेल का प्रयोजन इतना ही है कि और सब बातें बराबर हों, तो काव्य का स्थान उसके सूक्ष्मतर उपकरण के कारण सर्वोच्च होगा और उसके नीचे क्रमशः संगीत, चित्र, मूर्ति और स्थापत्य कलाएँ होंगी। कला के उत्कर्ष-अपकर्ष की तुलना यहाँ नहीं है। वह तो एक-एक कलावस्तु की समीक्षा द्वारा ही हो सकती है। यहाँ तो केवल व्यावहारिक विभाग की चर्चा है। इस सम्बन्ध में मतभेद के लिए विशेष स्थान मुझे नहीं दिखाई देता।

तीसरा प्रश्न काव्य-साहित्य पर राष्ट्रीय-संस्कृति की छाप का है। यह निश्चय है कि काव्य में राष्ट्र की स्थाई सांस्कृतिक प्रवृत्तियों का प्रचुर प्रभाव पड़ता है। प्रसादजी ने इसका एक सुन्दर उदाहरण भी दिया है—'यह स्पष्ट देखा जाता है कि भारतीय साहित्य में पुरुष-विरह विरल है और विरहिणी का ही वर्णन अधिक है। इसका कारण है भारतीय दार्शनिक संस्कृति। पुरुष सर्वथा निर्लिप्त और स्वतंत्र है। प्रकृति या माया उसे प्रवृत्ति या आवरण में लाने की चेष्टा करती है; इसलिए आसक्ति का आरोपण स्त्री में ही है। 'नैव स्त्री न पुमानेष न चैवायम् नपुंसकः' मानने पर भी व्यवहार में ब्रह्म पुरुष है, माया स्त्री-धर्मिणी। स्त्रीत्व में प्रवृत्ति के कारण नैसर्गिक आकर्षण मान कर उसे प्रार्थिनी बनाया है।' देशान्तर और जात्यन्तर से इस प्रथा में भिन्नता भी पाई जाती है; इसलिए काव्य के देश-जाति-गत कुछ स्थाई उपलक्षण (Conventions) मानने पड़ते हैं।

अन्तिम प्रश्न काव्य में अनुभूति या अभिव्यक्ति की प्रधानता-विषयक है। अभिव्यंजनावाद अभिव्यक्ति की ही प्रधानता स्वीकार करता है; किन्तु प्रसादजी अनुभूति की प्रधानता मानते हैं। उन्होंने इस सम्बन्ध में हिन्दी के सर्वश्रेष्ठ कवियों का उदाहरण सामने रक्खा है—सूरदास और गोस्वामी तुलसीदास का। वे पूछते हैं—'कहा जाता है कि वात्सल्य की अभिव्यक्ति में तुलसीदास सूरदास से पिछड़ गए हैं। तो क्या यह मान लेना पड़ेगा कि तुलसीदास के पास वह कौशल या शब्द-विन्यास-पटुता नहीं थी, जिसके अभाव के कारण ही वे वात्सल्य की संपूर्ण अभिव्यक्ति नहीं कर सके?' प्रश्न का उत्तर भी वे देते हैं—'मैं तो

कहूँगा, यही प्रमाण है आत्मानुभूति की प्रधानता का। सूरदास के वात्सल्य में संकल्पात्मक मौलिक अनुभूति की तीव्रता है, उस विषय की प्रधानता के कारण।·····तुलसीदास के हृदय में वास्तविक अनुभूति तो रामचन्द्रजी की भक्त-रक्षण-समर्थ दयालुता है, न्यायपूर्ण ईश्वरता है, जीव की शुद्धावस्था में पाप-पुण्य-निर्लिप्त कृष्णचन्द्र की शिशु मूर्ति का शुद्धाद्वैतवाद नहीं।'

प्रसादजी का यह उत्तर सोलह आना सत्य है, किन्तु अभिव्यञ्जनावादियों का प्रश्न यह है कि अनुभूति है क्या वस्तु? एक ओर तो कवि को अनुप्रेरित करनेवाले सृष्टि के वस्तु-व्यापार हैं और दूसरी ओर है कवि का काव्य या अभिव्यक्ति। इन दोनों के बीच में अनुभूति है। यह अनुभूति काव्य-व्यापार में कहीं भी स्वतन्त्र नहीं है। एक ओर वह बाह्य अभिव्यक्ति (संसार और उसके भावादिकों) से प्रतिक्षण निर्मित होती है और दूसरी ओर काव्याभिव्यक्ति में परिणत होती है। केवल अनुभूति काव्य का कोई उपादान नहीं है। अनुभूति चाहे जितनी हो, काव्य का निर्माण नहीं हो सकता। काव्य-निर्माण के लिए काव्यात्मक अभिव्यक्ति ही आवश्यक है। अभिव्यक्ति केवल रचना-कौशल नहीं है, अनुभूतिपूर्ण रचना-कौशल है।

प्रसादजी का इस मत से कोई विरोध नहीं है; किन्तु वे इसकी छानबीन में उतरे नहीं हैं। हाँ, वे अभिव्यञ्जनावादियों की भाँति अनुभूति को गौणता न देकर उसे मुख्य मानते हैं। अनुभूति का निर्माण कैसे होता है, यह तो प्रश्न ही दूसरा है। वस्तुतः वे अनुभूति को मननशील आत्मा की असाधारण अवस्था मानते हैं, और अभिव्यञ्जनावादियों की बाह्य प्रक्रियाओं और विवेचनों को विशेष महत्त्व नहीं देते। अभिव्यञ्जनावादी 'क्रोचे' और रहस्यवादी 'प्रसाद' में इतना ही मुख्य अन्तर है।

(१९३९ मार्च)